映画のなかの「北欧」

その虚像と実像

村井誠人・大島美穂・佐藤睦朗・吉武信彦●編著

目次

執筆者紹介（五十音順）

上倉あゆ子（あげくら・あゆこ）東海大学准教授
池上佳助（いけがみ・けいすけ）東海大学教授
石黒暢（いしぐろ・のぶ）大阪大学大学院教授
石野裕子（いしの・ゆうこ）国士舘大学准教授
岩崎昌子（いわさき・まさこ）
バルト＝スカンディナヴィア研究会会員
遠藤美奈（えんどう・みな）早稲田大学教授
大島美穂（おおしま・みほ）津田塾大学教授
岡部昌幸（おかべ・まさゆき）
帝京大学教授・群馬県立近代美術館長
岡本健志（おかもと・たけし）
フェリス女学院大学兼任講師
小川有美（おがわ・ありよし）立教大学教授
小澤実（おざわ・みのる）立教大学教授
オールセン八千代（おーるせん・やちよ）
バルト＝スカンディナヴィア研究会会員
北川美由季（きたがわ・みゆき）北欧文化協会会員
小松弘（こまつ・ひろし）早稲田大学教授
小森宏美（こもり・ひろみ）早稲田大学教授
先山実（さきやま・みのる）
バルト＝スカンディナヴィア研究会会員
佐藤睦朗（さとう・むつお）神奈川大学准教授
志摩園子（しま・そのこ）昭和女子大学教授
清水謙（しみず・けん）立教大学助教
高橋美野梨（たかはし・みのり）北海道大学助教
田辺欧（たなべ・うた）大阪大学大学院教授
椿清文（つばき・きよふみ）津田塾大学教授
出町未央（でまち・みお）津田塾大学大学院後期博士課程
中里巧（なかざと・さとし）東洋大学教授
中嶋瑞枝（なかじま・みずえ）外務省ＯＧ
成川岳大（なりかわ・たかひろ）立教大学兼任講師
新堀太一（にいぼり・たいち）
ストックホルム大学大学院修士課程
古谷大輔（ふるや・だいすけ）大阪大学大学院准教授
本間晴樹（ほんま・はるき）東京音楽大学教授
松村一（まつむら・はじめ）
在エストニア日本大使館参事官
松本涼（まつもと・さやか）福井県立大学講師
村井誠人（むらい・まこと）早稲田大学名誉教授
百瀬宏（ももせ・ひろし）津田塾大学名誉教授
柳橋大輔（やなぎばし・だいすけ）早稲田大学非常勤講師
山川亜古（やまかわ・あこ）
大阪大学／東海大学兼任非常勤講師
吉武信彦（よしたけ・のぶひこ）高崎経済大学教授
渡邊あや（わたなべ・あや）津田塾大学准教授

映画のなかの「北欧」

その虚像と実像

はじめに

「北欧」を、現地言語を駆使して研究している研究者が、大学や研究機関の枠を超えて集っているバルト＝スカンディナヴィア研究会（会員、約八〇人）の仲間と、北欧に関わっている知己の研究者たちが一緒に北欧映画を紹介して、それが一般の方々の「北欧理解」の一助になるのではないかと私たちは考えてきました。昨今は各種の映画祭や「映画週間」などを通じて、直接、映像という形で「北欧」が私たちの周囲に伝えられてきており、それらの映像の〝虚像と実像〟を私たちなりに解説していきます。ここに、三七名の執筆者による六〇本以上の映画を取り上げてみました。デンマーク・フィンランド・アイスランド・ノルウェー・スウェーデンのいわゆる北欧五ヵ国に加えて北極海からバルト諸国を含めた大きな地域として「北欧」を積極的にイメージし、そこを扱った映画を題材にして『映画のなかの「北欧」――その虚像と実像』を皆様にお届けします。

冒頭から、筆者の個人的経験からお話しすることをお許しいただきたい。筆者がデンマークに初めて行ったのが一九六九年であり、それ以前にデンマーク語を学ぶために『独習デンマーク語（*Teach Yourself Books, Danish*）』（一九五八）を使っていました。そこには、九歳、七歳の女の子と、五歳の男の子がいる会社勤めの「ハンセン氏一家」の日常が描かれていました。そこでの家庭内状況を拾い出すと以下のようになります。

＊私たちがシャワーを浴び、服を着、私が髭を剃り終わると、朝食が準備されていて、私たちは食卓に着きます。（誰が朝食の食卓を準備していたかは、記述がありません）

＊（朝）私たち家族のほかのものが出かけると、家の中は平和になり、妻は主婦が家庭で行なうすべてのことを始めることができます。

＊昨晩、六時に私たちは夕食をとりました。（食後）妻が食器を洗っている間、私はラジオでニュー

スを聴いていました。娘たちは妻の手伝いをしました。

＊子どもたちがベッドに入ると、いつも灯りスタンドのもとで私は本を読む習慣がありますが、私はパイプでたばこを吸ったり、葉巻を燻らし、妻は縫物や繕いをしながら、私たちはラジオを聞くこともあります。

＊先だって、妻と私はダンスに出かけました。私が会員となっている街のスポーツクラブがダンスパーティーを開いたからです。ダンスに行くのは私の趣味ではないのですが、私は妻のために出かけました。家の中ではやることがたくさんあって、たまには彼女は外出して楽しむ資格があります。また、彼女は着飾ることが好きですし、ちょうど新しいドレスを手にいれたので、試しに着てみたかったからです。

こうして学んだデンマーク語とデンマークの家庭事情は、当時の筆者にとってはそれまで育ってきた〝日本人男性〟の意識に違和感を生じさせることのないそれなりの家父長的家族状況が基盤となっていて、その後に実際に訪れたデンマークでは穏やかで平和なデンマーク社会が展開していました。街中の人々はにこやかで親切で、平等な民主主義社会とは斯くあるのだと感じさせられました。スーパーマーケットに行けば、「主婦割引（husmors rabat）」の品があり、「主婦（家にいるお母さん husmor）」なる言葉が〝生きて〟いました。今のデンマークには「主婦」なる言葉は存在しません。

そして、筆者は、ほぼ一〇年後に、映画『男性のようにやってみな、奥さん（*Ta' det som en mand, frue*）（邦題：女ならやってみな！）』（一九七五年製作）に日本で出会います。それはデンマークの女性の社会的立場を支援・擁護する目的の「女性の家（Kvindehuset）」を運営・組織する団体によって製作された映画であり、我が国では「「女ならやってみな！」買っちゃおう会（女たちの映画祭実行委員会）」が上映権を買い、各地で自主上映会が一九七九年夏に行なわれました。デンマーク語のそのリーフフレットを見ると、「その生活のすべてで母であったし、主婦であって、子どもたちが成長してしまうと、人生が終わったように感じてしまっている」五〇歳の〝普通の主婦〟エレン・ラスムセンを映画の中心に据えたとあります。映画の内容は、以下のリーフレットの記述（抄訳）を映像化し、〝良き夫〟がいても家庭生活で何が不満なのかわからないエレンのもやもやを描いています。

彼女の経験を通して、私たちが女性であるということから、彼女の、そして私たち女性の生き方がいかに制約されてしまうかを私たちは表現しようと考えた。

私たち女性は結婚するのが当たり前で、母になるものとして育てられ、――そのこと自体は必ずしも悪いことではないとはいえ――、私たちがただそのことを望んでいるかのように育てられてきたことで、労働市場であっても、家庭であっても、またその他の場所であってもそのように扱われるのだ。女性への抑圧は一〇〇〇年の長きにわたって行なわれてきた。それは賢明な考えではなく、経済的にも、感情の面からも不快な現実である。

映画の中で私たちはエレンの生活の場面を見るのだが、彼女の周りは彼女を理解しようとするが、それは何も役に立たない。自分が何かをするしかないのだ。

エレンは男女の役割が入れ替わる世の中の夢を見る。その夢は本来の男女の役割がグロテスクなものとして暴露されるユーモアに富んだ悪夢なのだ。

エレンは現実に戻って、自らの立場を深刻に考え始める。彼女は大きな困難に出くわす――誰が五〇歳の主婦を雇い入れるのか、他人から見たら彼女にはいかなる価値があるのだろうか。彼女はほかの女性たちが同じ問題を抱えていることを知る――なぜ、女性たちは団結しないのか？

現在、デンマークおよび北欧諸国は民主主義・男女平等の実現、国民の幸せ度ランキングでも世界的な称賛をもって語られますが、それが時間をさかのぼって考えられたり、どのような経緯を経て今に至ったか、といったことが語られることは少ないのではないでしょうか。背景となる文化事情を捨象しても、一九六〇年代までの家庭内の人間関係では、我が国の状況とあまり相違がなかったのであり、その後にデンマークでは大きく変化し、我が国では状況はあまり動かなかっのです。実際に大きく変化していくきっかけは一九六八年の学生を中心とする「若者の蜂起（Ungdomsoprør）」でした。世界的規模における学生運動がもたらした社会的不合理に対する訴えを、デンマークでは〝大人側〟も受け止めていき、社会全体の変化を促すことになっていきました。わが国では同じ時期の学生の動きは、時間が経ってみると「学園紛争」といった表現をもって懐かしく回顧される一社会現象であったかのように矮小化されてしまっています。デンマークではそれを機会に社会がより民主主義の方向に大きく動き出し、私たちのもとでは旧態依然とした年功序列的な価値観、「老」による支配秩序は揺るぎませんでした。

長い間当たり前とされてきた社会上の常識や通念が問題視され、社会的弱者の立場にも関心が寄せられていきました。とくに、社会を構成する者の半分を占める女性こそは、その変化していく社会そのものの中にあって、自らの足元の不満を解消していくべき当事者であったのです。筆者の友人の中にはエレンと同じ世代の女性たちがいましたし、「主婦」であった彼女たちが社会の急激な変化に戸惑い、それにどのように対処するかを悩んでいたことを見て知っています。たとえば、人間関係がまずはファースト・ネームの「名」を用いて呼ぶことに移行する中で、義母をどのように呼ぶのか、というときに、名を直接呼ぶことに戸惑い、自分の息子たちの立場から「おばあちゃん（お父さんのお母さん（farmor））」と呼ぶしかないのよ、と苦笑していました。むしろ、そうした社会の変化には、個人の意識の変化よりも世代交代が大きく関わったのであろうと筆者は実感しています。

すなわち、ここで紹介した語学本のテキストと映画『男性のようにやってみな、奥さん』はその変化の流れを証拠立てるものとして見ることはできないでしょうか。

以上のように、北欧史を専門とする者の立場から、映画の設定する時代背景や時代的景観にこだわり、それらの時代状況がどのように映像化されているかに筆者は興味を持っています。ストーリーが完全なフィクションであっても、歴史的景観の設定において、その時代を知っている人々が映画製作の時点でも生きていたり、また製作者が時代考証に忠実であろうとするでしょうから、過去の人々の営みを扱う映画では歴史的景観をまったく無視しては映像が成立する訳はない、と確信しております。

本書では北欧を研究対象とする外国人の私たちが、スクリーンに目を凝らし、それぞれの時代的景観をつぶさに捉えようとしています。そして、本書を通じて、北欧から遠く離れた我が国に棲んでいて、本来の映画鑑賞とはいささか異なった「観察眼」をもって北欧の実像の匂いを少しでも嗅ごうとし、スクリーンを凝視している私たち、北欧研究者が存在していることを、読者の皆様に知っていただけたら幸いです。

本書では、三七名の筆者がそれぞれの立場からそれぞれの映画を論じます。映画の題名などのデータ・〈ストーリー〉・〈作品の背景と現実〉・〈さらに興味のある人に〉という章立て以外にはトータルな基準を設けることなく自由に書かれることを期待しています。

〈カナ表記について〉

個々の映画が我が国で公開された際、その初公開時に、その後慣用化されるカナ表記が作られます。たとえばデンマーク人俳優、マッツ・ミケルセン（Mads Mikkelsen）のファースト・ネームは、本来「マス」であるものが、「マッツ」と表記されています。基本的には、本書でのカナ表記の基準を『北欧文化事典』（iii～v、丸善出版、二〇一七年）の基準に合わせます。ただし、映画の本邦公開時に用いられたカナ表記には、本文の記述上、原則的に従うものの、原音に忠実なカナ表記を用いた場合に混乱が生じない場合にはその限りではありません。また、本書巻末では、各映画のデータを一覧にして掲載するのですが、原題名・監督名・出演者名などの表記には原綴をも表現し、カナ表記の混乱を最小限にとどめることを試みます。

また、近年、デンマーク映画が公開される際、その翻訳者によってカナ表記がきわめて原則的に正しく表記されているものの、人名の姓などで、デンマークで一般的な〝……sen〟が「……スン」と音標されていますが——音標としてはそれが正しいのですが——本書では、歴史的な慣習上の「……セン」としています。

〈村井誠人〉

第1部　北欧映画入門——代表的映画監督

第1章 北欧映画の巨匠 ドライヤーとベルイマンの場合

【主要対象国・地域】北欧、デンマーク、スウェーデン

【キーワード】映画藝術、デンマーク映画史、スウェーデン映画史、ドライヤー、ベルイマン

スカンディナヴィアの言語・文化圏の映画において、真の意味での巨匠を挙げるとするならば、デンマークのカール・Th・ドライヤー（ドライア）と、スウェーデンのイングマール・ベルイマン（イングマル・バリマン）の二人に絞ることに異議をさしはさむ者はいまい。映画の地域研究という範囲を超えて、世界映画史の観点から見ても、これら二人の巨匠は、疑いなく映画藝術に特筆すべき貢献を行なった人物である。

〈カール・Th・ドライヤー〉

ドライヤーは寡作な映画監督の部類に入るが、その数少ない作品群のかなりの部分を、デンマークの外、すなわち外国で製作した。これを理解するためには、一九一〇年代から一九六〇年代までのデンマーク映画史に関する知識が要求される。

デンマークはスカンディナヴィアでは最も初めに世界の映画マーケットに進出した国で、ドライヤーはその最盛期である一九一〇年代の初めに脚本家として映画の仕事を開始した。そして一九一八年に『裁判長』で映画監督としてのデビューを飾るのだが、それは国際的な映画製作国としてのデンマークがしばらく前からすでに凋落を示していた時期でもあった。自分の構想した映画に関して妥協することのなかったドライヤーは、彼を映画監督として雇っていたノーディスク映画社にとっては厄介な存在となった。こうして、ドライヤーは自らの映画の企画を実現させるべく、外国の映画会社を頼りにして映画を監督することになる。一九二〇年代に入ると、彼はスウェーデン、ドイツ、ノルウェー、フランスといった国々で、映画製作の機会を得ることができた。

ドライヤーが映画を製作した国々を見ると、第一次世界大戦以降のヨーロッパにおける映画興隆の地勢図とも関連付けられる。中立国であったスウェーデンは第一次世界大戦中から次第に映画の国際的な地位を確立するようになる。ドイツは戦中から蓄えた映画製作の力を、ワイマール期に一気に開花させる。映画製作に関しては弱小国であり続けるノルウェーがドライヤーを監督として

招いたのは、それまでのノルウェーとデンマークの映画交流の関連で理解しうる。そして傑作『裁かるるジャンヌ』を製作したフランスの場合は、ドライヤー自身の同時代のアヴァン・ギャルド藝術への関心とも連関する。いずれにせよ、デンマーク人ドライヤーによるこれらの国々の映画史への貢献は、同時代の国際的映画製作の勢力状況とも密接に結びついており、それ故に、ドライヤー作品の理解は、映画史そのものを理解することなしには困難であるといえるのだ。

ところで、ドライヤーがデンマーク以外の国でも重要な作品を作っているという事実は、この監督をデンマーク映画史というコンテクストでどのように考える方向性を与えてくれるだろうか。たとえば彼の『不運な人々』や『ミカエル』はドイツのプロデューサーによって製作された、明らかにドイツ国籍の映画なのだ。『裁かるるジャンヌ』はカトリック史の問題をも扱い、フランスのプロデューサーによって製作されている。ジャンヌ・ダルクに関する映画が、異国人のプロテスタントによって作られているという皮肉が、同時代のフランスで囁かれた。しかし、むしろ、ドライヤーは外国人で、プロテスタントの教会に所属していたからこそ、あのような客観的な映画ができたと考えるのが現代では普通である。客観的？　そう、確かにあの映画は極めて詳細な学術調査を経て演出された、ジャンヌ・ダルクについての客観的描写を核としている。そうした事実も、この映画自体の歴史的コンテクストを知らなければ分かりえない。

【図１】ドライヤー

ドライヤーの映画は彼が活動していた時代の映画史の藝術上の動向と切り離して考えることはできないが、二〇世紀藝術の一般史との関連も指摘されよう。とりわけ『裁かるるジャンヌ』のような映画は、同時代のフランスを中心に開花したアヴァン・ギャルド藝術と無縁ではないことを先に指摘したが、それではドライヤーが何か特定の藝術の流派に所属したかといえば、決してそのようなことはなかった。フランス時代のドライヤーの周囲には数多くの著名なアヴァン・ギャルドの藝術家やパトロンがおり、その中の幾人かと彼は非常に親しくしていたにもかかわらず、である。さらに、彼の作品を時代を追ってみていくと、そこには様式上の不統一が非常に顕著に認められる。たとえば、視覚的な形式に言葉や音楽をも従属させるために極度に台詞を制限した『吸血鬼』のような作品と、のちの『奇跡』や『ゲアトルーズ』のような会話に圧倒的な重みを示した作品の相違は、単に後者が舞台作品を原作としているという理由だけによるものではない。これらの相違は、これらの作品が作られた時代の藝術創作の問題の相違であるのだ。

〈イングマール・ベルイマン〉

次に、スウェーデンのイングマール・ベルイマンの場合を見てみよう。藝術家としてのベルイマンは、ドライヤーとはかなり異なっているように見える。まずはデンマークとスウェーデンの映画監督の違いとして、ある時期までのスウェーデンの重要な映画監督は、大概が舞台演出家と映画監督の仕事を兼ねていたということが挙げられる。ベルイマンはこのスウェーデンの伝統を受け継ぎ、まずもって演劇の世界に入り、生涯その世界にとどまりながら、さらに映画の世界にも入った。ベルイマンは、彼の演劇演出との大きな違いとして、映画演出を自己告白的な手段として使っている。ドライヤーとの大きな違いはここにある。ドライヤーの映画には彼がまだ赤ん坊のころ死亡した母の原姿が無意識的に記載されているという研究もあるが、その当否は別にして、少なくともベルイマンと同様の意味において、ドライヤーが自己告白的な映画を作っているとは思えない。ベルイマンの映画にある特徴は、その重要な部分においてベルイマン自身の生い立ちと分かちがたく結びついており、その意味では映画の世界では珍しいことだが、私小説的ではある。もっとも私小説的なものにとどまっているならば、世界中の映画観客を魅了するような映画監督にはなれないだろう。ベルイマンの重要性はそうした個人的な事柄を普遍的な映画表現にまで高めたところにある。

【図2】ベルイマン

ドライヤーとは違い、ベルイマンは多作な映画監督であった。映画を作り続けるばかりでなく、ほかの監督のために映画脚本を書き、また舞台演出を手掛け、さらには小説を書いている。この創作のエネルギーはすさまじく大きなものであった。映画監督としての彼は、同時代の世界の主要な映画藝術の動向に敏感であったばかりでなく、時代を先取りしたような映画形式を見せる作品すら発表した。ベルイマンの作風は、初期の段階では、彼の青春期の映画でもあるフランスの詩的リアリズムと呼ばれる作品群からの特徴を示す映画に明確に見いだせる。あるいは、戦後まもなくイタリア映画界からもたらされたネオレアリズモ映画の特徴を示す『愛慾の港』のような映画も作っている。さらには、同時代に流行した思想であるフランスの実存主義の傾向も初期のいくつかの作品の中でさりげなく示している。若き日のベルイマンは、映画監督として外国の藝術や思想の諸潮流に敏感であり、それらを自分の作品に取り入れていた。ドライヤーの場合と比較すると、ベルイマンはスウェーデンにとどまりながら、スカンディナヴィアの、という概念を超え、グローバルな藝術創作の最前線に立っていた。

それでは、ベルイマンにおけるスカンディナヴィア的なもの、あるいは固有性はどこに見られるだろうか。第一に挙げるべきは、ベルイマンの師でもあるアルフ・シェーベルイ（シューバリ）から学んだ、映画演出法である。シェーベルイも舞台演出と映画監督の両方の仕事を行ない、演劇的なセンスを映画演出に取り入れている。ベルイマンの『夏の夜は三たび微笑む』には、こうした手法のきわめて洗練された形が見られるし、『第七の封印』にはシェーベルイのいくつかの映画に見られるような、きわめて様式化された寓意的演出がある。また、シェーベルイは舞台でだけではなく、映画においてもストリンドベリ（ストリンドバリ）を取り上げ、『令嬢ジュリー』や『父』といった驚くほどに映画的なストリンドベリ作品の映画化を成し遂げているが、ベルイマンも『叫びとささやき』で、ストリンドベリ風の映画世界を作り上げた。精神が時として錯乱しているかに見える、こうした世界は、とりわけ一九六〇年代の終わりころからのベルイマンの映画に共通する特徴を作り上げていった。

ドライヤーの映画がデンマークにおいて、『奇跡』のような例外を除けば、一般の映画観客には決して歓迎されなかったように、スウェーデンの観客は一九六〇年代の後半以降、世界的な巨匠になったベルイマンの映画を決して好みはしなかった。ボー・ヴィーデルベリ（ヴィーデルバリ）のようなスウェーデンの新しい波に所属する監督は、ベルイマンの映画をブルジョワ映画と批判し、労働者階級の映画を意識的に製作した。一九七〇年代に入って、ベルイマンはテレビ映画の製作を積極的に行ない、新たな観客層を見いだした。こうしたテレビ用映画のいくつかは再編集されたのち、とりわけ国際的な映画観客のために映画館でも上映された。彼の作品はブルジョワ映画であり続けたが、テレビというメディアを得たことで、映画館用の作品以上に、登場人物たちの心理的関係がより親密に深化された。それは映像による室内劇のような形式でもあった。ベルイマンはオフィシャルには『ファニーとアレクサンデル』で映画に別れを告げたが、それは自分の少年時代の思い出を重ね合わせた、巨匠の最後の、映画による自己告白の世界であった。

〔小松　弘〕

第2章

奇跡

原題／Ordet［言葉］、監督／カール・Th・ドライヤー（ドライア）、製作国／デンマーク、製作年／一九五五年、日本公開年／一九七九年、上映時間／一二四分

【主要対象国・地域】 デンマーク

【キーワード】 デンマーク、グロントヴィ派、敬虔主義、国教会、カイ・ムンク、セーレン・キルケゴール

〈ストーリー〉

本作品の原作は、デンマーク人で国教会牧師であり作家であったカイ・ムンク（Kaj Munk 一八九八～一九四四）によるデンマーク語戯曲『言葉』（一九二九年脱稿・一九三二年コペンハーゲンのベティ・ナンセン劇場で初演）である。この戯曲を翻案して、いくらか簡潔にまとめる仕方でドライヤー自身が映画脚本を執筆している。原作戯曲によれば、舞台の地域は、ユトランド（ユラン）半島の西海岸にある田舎町ヴィーザスーであり、カイ・ムンクは一九二四年春から一九四四年一月にナチのゲシュタポによって暗殺されるまで、この田舎町で国教会牧師として牧会の仕事をしていた。舞台の時代は、一九三〇年前後であり、季節は一二月頃と思われる。

主人公は、農場を経営する富裕なボーウン家の次男ヨハネスであり、コペンハーゲン大学神学部でセーレン・キルケゴールの思想を勉強しすぎて発狂したあげく、自分をイエス＝キリストと思い込んでいる（【図1】）。ヨハネスの老いた父モーテンはボーウン家の当主であり、地域を立て直した有力者であって、グロントヴィを信奉し、此の世の生を謳歌することを神は祝福していると信じている。しかし長男ミケールは、キリスト教信仰や神の存在そのものに疑念を抱いている。ミケールの妻インガは、家族思いの働き者で身重であり臨月を迎えている。三男アナスには恋人がいる。その恋人アネは、仕立屋の主人ピーダ・ピーダセンの一人娘であるが、ピーダセンはデンマーク敬虔派の指導者であり、平信徒でありながら、地域で説教や祈祷会を主宰していて、グロントヴィ派のボーウン家と対立している。そのため、アナスは仕立屋ピーダから結婚を許してもらえない。ときに、彼らの住む田舎町に新しいデ

【図1】映画冒頭、狂ったヨハネスがイエス＝キリストになったつもりで、荒野で説教しているシーン

ンマーク国教会牧師バンブルが赴任してくる。バンブルにとって信仰は、道徳と何ら変わらず、キリスト教において奇跡が起こりえたのはせいぜい新約聖書までの話であって、時代は今や理性全盛なのであるから、奇跡などというものは迷信に他ならないと確信している。

　ボーウン家の当主モーテンは、孫が二人とも女子であるため、ボーウン家の後継者となる男子が生まれることをインガに期待していたところ、インガに陣痛が始まり医師ホーウンや産婆の介助むなしく、インガも男子の赤子も難産のため死んでしまう。そこにイエス＝キリストと思い込んでいるヨハネスがやって来て、インガを復活させようとするが失敗して、家出してしまい、家族総出でヨハネスを探すが見つからない。死から数日して、インガの葬式がボーウン家で執り行なわれる。仕立屋ピーダセンは、インガの死に悲嘆するボーウン家を喜ばすため、一人娘アネとアナスの結婚を許すことを、ボーウン家当主モーテンに伝える。国教会牧師バンブルが葬儀を執り行ない始めると、精神錯乱から正常に戻ったヨハネスがやって来て、再びインガを復活させてみせると云う（【図2】）。国教会牧師バンブルは神に対する冒涜だと云って止めようとするが、医師ホーウンがそれを制すると、ヨハネスは、イエス＝キリストの御名によってインガに向かいながら、「起き上がりなさい」と云って祈る。すると、インガの手の指が静かに動きだし、インガは目を開けて復活する。

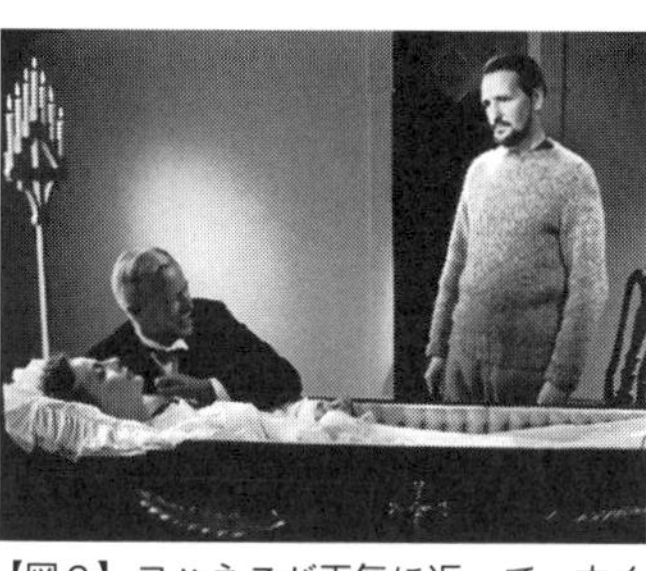

【図2】ヨハネスが正気に返って、亡くなった義姉を復活させようとしているシーン（映画のほとんど最後の場面）

〈作品の背景と現実〉

　本作品の醍醐味は、グロントヴィ派・敬虔主義・国教会の三つ巴のかたちで、キリスト教信仰の内実が描き出されていることである。本作品のなかで描き出されているグロントヴィ派の楽観さや現世肯定感、敬虔派の集会や教条的倫理観ならびに即物的聖書理解、国教会牧師における伝統的信仰の欠落と合理的知性や啓蒙的理性に対する絶対的信頼感など、これらすべて、二〇世紀前半のデンマークにおけるキリスト教信仰の嘘偽りのない現実であった。二一世紀初頭の現代においてはこれら三つの要素はそれぞれ著しく減退して見えにくくなってはいるものの、姿形を変えて今なお、デンマークにおけるキリスト教界のみならず、何らかの仕方で、デンマーク人の精神性を形作るものとして波及し続けていると思う。錯乱してイエス＝キリストと思い込んでいる主人公ヨハネスが、国教会牧師と対面して、教会こそが神を殺害しているのだと語るくだりは、まるで一九世紀デンマークの哲学宗教思想家キルケゴールによる教会批判そのままで、鑑賞者の溜飲が下がる。
しかしながら本作品の素晴らしさは、当時のキリスト教信仰の内実が見事に描き出されていることだけではない。本作品は、思想的にきわめて奥の深いものであり、生と死という一見矛盾しあうものが実際には相補い合っているといった、生と死の一体性、言い換えれば、生きるとは死につつあることであり、死ぬとは生ききることであるといった生と死の神秘的な繋がりを、奇跡という表現で示唆して、生と死のそれぞれの意義深さや尊さを、鑑賞者に気づかせようとする隠された意図があるように思う。なお、本作品に描かれているボーウン家の様々な調度品や西ユトランド（ユラン）の丘状の大地、長男ミケールが履いている木靴の音など、まさにデンマークの実生活を彷彿とさせて、本作品の登場人物たちは血の通った者となっている。

〈さらに興味のある人に〉

北欧の映画は、気分が重くなるような厳しい現実を語る作品が多いように思う。そうした北欧の映画のなかで奇跡を主題とする作品は、一見したところ希なように考えがちだが、実際には、本作以外にもいくつかある。たとえば、『処女の泉』（原題／*Jungfrukällan*［処女の泉］、監督／イングマール・ベルイマン、製作国／スウェーデン、製作年一九六〇年、日本公開年／一九六一年）や『奇跡の海』（原題／*Breaking the Waves*［波を砕いて］、監督／ラース・フォン・トリアー、製作国／デンマーク、製作年／一九九六年、日本公開年／一九九七年）である。また、北欧の作品ではないが、苛酷な冬の北方ロシア辺境を舞台にしたロシア映画『島』（原題／Остров、監督／パーヴェル・ルンギン、製作国／ロシア、製作年／二〇〇六年）がある。
『処女の泉』の舞台は中世スウェーデンであり、娘を陵辱され殺害された農夫が復讐を果たした後、人殺しの罪の許しを神に請うて、罪の償いとして教会建設を神に誓ったとき、殺害された娘の亡骸の横たわる地面から泉が湧き始めるという物語である（【図3】）。『奇跡』と『処女の泉』の両作品は、一九五〇年代後半から一九六〇年初頭にかけて制作され公開されたものであり、時代的状況はほぼ同じであると云ってよい。これら二つの作品に共通するのは、第二次世界大戦後の精神的荒廃感と同時に、将来に希望を抱くことの切実さではないかと思う。『奇跡』も『処女の泉』もともに、商業映画である以上、鑑賞する者が納得するような説得力やリアリティをもっていなければ、そもそも映画として成り立つはずがない。「奇跡」を主題とするこれら二作品はともに、多くの鑑賞者によって高く評価され、映画賞を受賞している。人々は、戦後の精神的荒廃感を克服して希望を持って生きることが許されているのだという内面的確証を、必死に求めていたのではないかと思う。そうした人々の求めに、これら二作品が提示した「奇跡」は、見事に応えたのではないだろうか。しかし、二〇世紀末になると、もはや既存既成の宗教的リアリティは誰からも遠ざかり、神や奇跡など存在しないと信じることこそ真実であるという実感こそが、人々の内面を満たすようになった。

『奇跡の海』は、まさにそうした精神状況のなかにおいてさえ、なお人々が心の深層において奇跡を望んでいることを、見事に描き出している。主人公の女性は、瀕死の夫を愛するあまり、自己犠牲から死に至るが、夫は病から回復し、天空から教会の鐘の音が響き渡る。『奇跡の海』における精神的苦悶とそれに続く奇跡的出来事は、常識的通念からほど遠く、既存既成のキリスト教理解から逸脱しているにもかかわらず、鑑賞者は、この作品をとおして神の愛のリアリティを感じるのである。『島』は、第二次世界大戦中に船乗り仲間を裏切って殺害したことに思い悩むロシア正教会の一人の修道僧の物語である。この修道僧は、到底許されぬ罪を悔い続け、自分を罰し続けているのだが、なぜか、神に祈ると人々のあらゆる病を癒すことができるのである。『奇跡の海』や『島』は、現今の我々の無宗教的精神状況を十分に汲み取って、それぞれの作品の主人公の苦悶は、尋常ではない。彼らの苦悶が極端なまでに苛酷であるゆえにこそ、両作品の提示する奇跡は、我々鑑賞者にとって実感のあるものとなっている。

【図３】映画『処女の泉』から。殺された娘のむくろの横たわっていたところから、奇跡が起こって、泉が湧いてくるシーン

なお、奇跡を主題とした作品は総じて、神の沈黙についても語っていることを付記しておく。遠藤周作の小説『沈黙』は、幕府による切支丹弾圧に苦しむ人々の葛藤を描いた作品として海外においても著名であるが、神の沈黙という主題は、奇跡について描いた映画作品においても総じて、人間の内面の苦悶として何らかの仕方で扱われている。

日本公開時には、「奇跡」というタイトルが付けられた。カイ・ムンクの原作戯曲のデンマーク語タイトル「Ordet（言葉）」は、新約聖書のヨハネ福音書第一章第一節「初めに言葉ありき」に由来し、ドライヤーも原作戯曲のタイトルを映画のタイトルにしているのだが、日本ではキリスト教の精神風土が薄く、わかりにくいと考えられて、「奇跡」に変更されたのではないかと思われる。

〔中里 巧〕

第3章

ゲアトルーズ

原題／Gertrud［ゲアトルーズ］、監督／カール・Th・ドライヤー（ドライア）、製作国／デンマーク、製作年／一九六四年、日本公開年／二〇〇三年、上映時間／一一九分

【主要対象国・地域】スウェーデン、ストックホルム
【キーワード】弁護士の妻、結婚生活、愛情、オペラ歌手

〈ストーリー〉

二〇世紀初頭のストックホルム。かつてはオペラ歌手であったゲアトルーズ（イェトルド）は、歌手生活を引退して今では著名な弁護士カニングの妻となっている。夫は、大臣への任命を目前としている。だがゲアトルーズは夫の出世には関心なく、夫が自分への愛以上に権力や名誉に執着しているとし、家を出てゆくつもりであると告げる。彼女の愛の対象は、若い作曲家エアランに移っている。

二人は公園で逢引きする。ゲアトルーズはエアランが自分を愛しているかどうか言葉によって確かめ、またその夜エアランが予定していた仲間との酒場でのパーティーに行かないよう、求める。そのあと、ゲアトルーズはエアランのアパートに行き、二人は肉体関係を持つ。

次の日の夜、著名な詩人ガブリエル・リズマンの凱旋帰国を祝うため、大学の学生組合で宴が催される。宴に招かれたカニングが祝辞を述べているさなか、ゲアトルーズは急に気分が悪くなり、隣席の紳士に介助され、別室で休息をとる。そこに旧友のアクセル・ニュグレンがゲアトルーズに挨拶しにやってくる。彼は普段パリに住んでいるが、所用でストックホルムに戻ってきており、リズマンの凱旋帰国の宴にやってきた。アクセルはパリでの生活のことなどをゲアトルーズに語る。祝辞を終えた夫カニングが、ゲアトルーズの様子を見に来る。アクセルが去った後、カニングは昨晩ゲアトルーズがどこにいたかを問い詰める。

ガブリエル・リズマンが部屋に入ってきて、カニングが部屋を出た後、ゲアトルーズとガブリエルの会話から、二人が以前愛人関係にあったことが明かされる。さらに、ガブリエルは昨晩酒場のパーティーで作曲家エアランを目撃し、そこで彼が酔っぱらいながらゲアトルーズのことを自慢げに人々に語っていたことを、彼女に知らせる。

ゲアトルーズの歌を聞きたいという学長の求めに応じて、エアランのピアノ伴奏で彼女はシューマンの歌曲を歌い始めるが、途中で気絶し、その場に倒れてしまう。

翌日、ゲアトルーズとエアランは再び公園で会う。彼女はこの若い作曲家に、一緒に外国へ行って二人で暮らそう

と提案する。しかしエアランは、自分には経済的に支援してくれた女性がいて、彼女と結婚の約束をしており、しかも彼女は自分の子供を妊娠していると、告白する。

家に戻ったゲアトルーズは、彼女にまだ未練がある夫を振り切って、家を出る。彼女はアクセルのいるパリに向かう。

年老いたゲアトルーズ。彼女は一人、小さく質素な家に隠者のように暮らしている。一人の召使が彼女の生活の世話をしている。アクセルが彼女を訪ねる。彼女はアクセルからもらった手紙の束を彼に返す。彼は手紙を暖炉に投げ捨て、燃やす。ゲアトルーズは一六歳の時に書いた短い詩をアクセルに読んで聞かせる。それは愛に関する詩である。彼女は愛がすべてであり、自分は愛を体験したと語り、アクセルに別れを告げる。

〈作品の背景と現実〉

ドライヤーの遺作となった『ゲアトルーズ』は、スウェーデンの作家ヤルマル・スーデルバリが一九〇六年に発表した同名の戯曲を原作としている。一九世紀の終わりころの北欧演劇における自然主義の中で目立っているテーマの一つとして、家庭や結婚生活に縛られている女性の自立、あるいは反逆がある。イプセンの『人形の家』やストリンドバリの『令嬢ジュリー』などの芝居に見られる女性像がそうした傾向を端的に示している。スーデルバリのこの作品はまず、こうした演劇のテーマ的潮流の中に位置づけられる。一八八九年生まれのドライヤーは、世紀末のこのような北欧の気分を身をもって体験していた。

一九六二年にスーデルバリの研究者であるステン・レインの学術論文が出版された。これは『ゲアトルーズ』に関する新しい研究で、そのなかでこの筆者は『ゲアトルーズ』がスーデルバリの自伝的戯曲で、ゲアトルーズは一九〇二年から一九〇六年までこの作家の愛人であったマリア・フォン・プラーテンという女性であることを解明している。この研究に関心を抱いたドライヤーは、当時デンマークに住んでいたスーデルバリの娘と接触し、『ゲアトルーズ』の映画化権を取得した。ドライヤーはいくつかの削除と付け足しはあるものの、一九〇六年にストックホルムとコペンハーゲンの両都市で上演されたこの劇の台詞と構成を基本的には非常に忠実に守っている。前作『奇跡（言葉）』がそうであったように、彼は原作の芝居の展開をこの作品でも忠実にとどめようとしている。最後の年老いたゲアトルーズに関する幕は原作にないが、このエピローグを入れるために、ドライヤーはスーデルバリの娘であり著作権継承者であったベッティー・スーデルバリの許可を得た。オリジナルの戯曲にはないこの部分と、二ヵ所入るフラッシュバックの場面に関しては、映像の画調を意識的に変え、かなりハイキー気味に（すなわち全体を明るくして、白っぽい調子に）撮影している。

映画におけるモダニティー、あるいは現代映画という概念を打ち立てるのに貢献したこの映画は、藝術の概念を新たなものにしようとする他の諸藝術の歴史において時として見られるように、初公開の際にはスキャンダラスな話題を巻き起こした。世界的に有名なデンマーク映画界の巨匠ドライヤーの新作のプレミア上映は一九六四年一二月一八日にパリで行なわれることになり、フランス駐在のデンマーク大使アイヴィン・ヴァーテルスも立ち会って、この、今や伝説的ともなった上映会が行なわれた。同日の朝に、すでにプレス向けの上映会があり、フランスの批評家らはこの朝の上映でドライヤーの新作映画を見ていた。この映画を見た多くのジャーナリストや批評家は、それが初めから終わりまでおしゃべりだけで進行する、ひどく退屈な映画であるとし、その噂はすでに夜のプレミア上映に立ち会うデンマーク大使の耳にも入っていた。

デンマークの誇る世界的な映画藝術家が、これほど退屈な映画を作った。長椅子に座った男と女たちが、際限なく愛と死と夢について延々と語り続ける。この夜のデンマーク大使は相当気まずい思いをしたに違いない。彼自身、この上映会の模様を原稿にまとめ、デンマークの新聞社に送っている。その中で映画『ゲアトルーズ』は完璧なまでに否定的に扱われた。

本作品を理解するためには、映画の歴史についての最低限の知識が必要になる。それはたとえば、キュビスムの美術を理解するために最低限のキュビスム以前の美術史の知識が求められるのと同様である。物語映画は映像によって物語を語るために、さまざまな方式で、観客に対してイリュージョン（フィクションの世界に没入するための視覚的・聴覚的幻影）を与えてきた。作りごとのお話であっても、観客がいかにそれを迫真に満ちた出来事として捉えるかが重要であり、映像や音響の組み合わせが、観客を映画のフィクション世界に巻き込む手伝いをする方式の進展が、従来の映画の歴史の進展であったと言ってもよいほどである。たとえばキュビスムの絵画が古典主義的な絵画の視覚的イリュージョンを使用せず、絵画上の形体を抽象的な図形を基本としているかのように再現しているとしたら、古典的なイリュージョンのみによって絵画の価値を認める観客にとっては、それらはただの下手な絵に過ぎないかもしれない。似たようなことは、『ゲアトルーズ』の伝統的な映画の視覚的展開とはあまりにも異なる形式に当惑した最初の観客たちが心に抱いたことであろう。すなわちこれは下手な映画であって、それ故に退屈なのだと。

しかし現代において、ドライヤーの遺作『ゲアトルーズ』はこの巨匠の藝術のもっとも純化した形式を見せて

【図1】『ゲアトルーズ』の一場面

いる作品と考えられている。その後の現代映画の歴史が進む方向性を考慮に入れるなら、この作品は真の意味で現代映画の現代性の起点となった作品といえる。現代的映画といっても、ここにあるのはむしろ一九世紀的なロマン主義に通じる愛と死がテーマとなっている。主人公のゲアトルーズはあのイプセンやストリンドバリの主人公たちに近い、現状では実現が不可能といえるような強烈な愛を秘めた女性である。これらの女性たちは諦めはしないし、妥協することもない。ゲアトルーズにとっては何よりも愛を体験することが重要で、そうした自己の理想的な愛をパートナーである男性にも求める。所詮は他者であるそれら男性たちは、遅かれ早かれ、ゲアトルーズの抱く愛とのズレを露見させる。この映画はいわば、決して男女二人の調和という形では実現されえない愛を求め続ける女性の、生涯の場面のいくつかを提示している（【図1】）。

〈さらに興味のある人に〉

かつてドライヤーは無声映画の末期に『裁かるるジャンヌ』の中で通常の映画では複数の人物の視線の方向をショットで釣り合わせるという編集技法を拒否し、前のショットにある人物の視線が、それに続くショットにある人物の視線と全く交差しないという奇妙な映像連鎖を作り出した。『ゲアトルーズ』においては、同一ショット内にいる人物同士がお互い視線を別々の方向に向ける。二人の人物は同じ空間に捉えられていながら、もはや同じ空間にはいないも同然なのだ。それどころか、二人は同じ空間にいるように見えて、まるで異なった時間を体験しているかの如くである。このことはこの作品が、あまり変化のない空間の中で展開するように見えて、じつは限りなく変化する空間と限りなく前後する時間によって展開していることを意味している。際限なく続く会話、といった批判的な批評が出たのは、じつは興味深いことなのだ。空間も、時間も、際限なく続くものだからである。エピローグにおいて、手紙の束は筆者に戻され、それは焼かれる。物質として残っていた過去の時間はこうして消される。愛の記憶はこうしてゲアトルーズの心の中だけにとどめられ、もはや他者には見ることのできぬその記憶をもって、彼女は死を迎えることになる。扉は閉められる。歴史上もっとも美しい映画のエンディングの一つがここにある。

〔小松 弘〕

第4章 不良少女モニカ

原題／Sommaren med Monika［モニカと一緒の夏］、監督／イングマール・ベルイマン（イングマル・バリマン）、製作国／スウェーデン、製作年／一九五三年、日本公開年／一九五五年、上映時間／九七分

【主要対象国・地域】スウェーデン・ストックホルム
【キーワード】不良少女、労働者街、スーデルマルム、夏

〈ストーリー〉

一九歳の青年ハリーはストックホルムの南部にある労働者街にあるガラスとやきもの会社の倉庫で働いている。彼は近所の八百屋で働く一七歳の少女モニカと知り合う。二人はすぐに互いを好きになる。モニカの以前の彼氏であったレレは嫉妬から、ある夜ハリーを殴りつける。

早くに母を亡くしたハリーは、孤独で病気がちの父と暮らしている。モニカのほうは子だくさんの貧しい労働者階級の家に暮らしている。モニカはある夜酔っぱらって帰宅した父と口論となり、家を飛び出す。行く当てもなく、モニカはハリーのもとを訪ねる。しかしアパートの鍵を管理しているのがハリーの叔母であったため、二人はこの家に一緒に暮らすのを断念し、ハリーの父が所有するボートに向かう。その夜二人はボートの中で過ごす。

翌朝寝過ごしたハリーが職場に行くと、彼は上司に怒鳴られ、仕事を辞める決意をする。モニカのほうも仕事をやめ、二人はボートに乗って、島に向かう。島から島へ移動しながら彼らは幸せな時を過ごす。

あるとき、レレが島に来ている。彼はハリーのボートに乗り込み、ハリーとモニカの私物を海の中に投げ込み、ボートに火をつける。ボートから煙が出ているのに気づいたハリーは、急いで戻って、レレを叩きのめす。

夏も終わりに近づくころ、モニカは自分が妊娠していることに気づく。食べ物も底をつき、モニカはキノコばかりの料理にうんざりしていた。モニカは島に家を見つけ、そこに侵入し、ローストビーフを盗もうとするが、家の所有者に見つかり、警察を呼ばれてしまう。しかしモニカはすきを見て、ローストビーフを持って逃げる。ハリーとモニカはもはや島での生活を続けるのは無理であることに気づく。二人はストックホルムに戻る。

ハリーの叔母は、若い二人を子供が生まれる前に牧師のところに連れて行き、結婚証明書を取得させる。ハリーとモニカは小さなアパートに移る。ハリーは工場で仕事を見つけ、夜は将来のために勉強をする。赤ん坊と二人きりの

【図1】ハリエット・アンデルション演ずるモニカ

モニカはすぐに母親の役割にうんざりし、夜泣きする赤ん坊の世話をハリーに任せる。モニカは赤ん坊をハリーの叔母に任せ、自分は再び仕事を始める。

ある朝仕事からハリーが家に帰ると、モニカがレレとベッドに入っているのを見つける。モニカはハリーが自分をほおっておくのが悪いのだと彼を責める。モニカは家を出る。ハリーはモニカが家賃を支払うための金で、自分のコートを買ったことを知る。

ハリーは一人で子供を育てる決心をする。彼はモニカとの幸せな夏の島での生活を思い出している（【図1】）。

〈作品の背景と現実〉

一九四八年三月二六日、ストックホルム南部の島スーデルマルムで、若者たちの暴動が起こった。日頃の若者たちの社会に対する不満が爆発したこの暴動は、これが起こった通りの名前を付けて「イェール通りの騒乱」という名称で知られている。短縮してスーデルとも呼ばれるこの地区は、当時労働者の街としても知られ、ストックホルムの中でも比較的所得の低い階層の人々が多く暮らしていた。この暴動を目の当たりにした作家ペール・アンデシュ・フォーゲルストゥルムは、翌年にこうした社会の底辺にいる若者たちの犯罪を描いた小説『不良少年たち』を発表する。これに関心を抱いたベルイマンは、戦後のストックホルムの一つの現実を映し出す、スーデル地区を舞台にした映画を構想した。ベルイマンの構想に基づき、フォーゲルストゥルムとラーシュ＝エーリック・チェルグレーンが脚本を書き、チェルグレーンが監督した『都会が眠る間』は、一九五〇年九月に公開され、大都会の片隅に生きる若者たちの生態をとらえた作品として注目された。

ペール・アンデシュ・フォーゲルストゥルムは、引き続きスーデル地区を舞台とした、若者の生態を描く小説『モニカと一緒の夏』を書く。これは一九五一年九月に出版された。翌一九五二年の春に、スウェーデン社会民主主義労働党の系統の週刊誌『フォルケット・イ・ビルド』がこの小説を連載小説として再録し、これによってこの小説はかなり広範な読者を得た。週刊誌に採録連載された際、画家エーリック・パルムクヴィストが毎回この小説に挿絵を描いたことで、この小説はヴィジュアルな側面も持つようになる。今度は自らの演出による作品としてこの小説の映画化を企画したベルイマンは、映画の場面構成において、この連載小説版に添えられた挿絵を参考にしている。
『不良少女モニカ』はベルイマンの作品群の中でも異彩を放っている。ティーンエイジャーを扱っているという点で、まずベルイマン作品らしくはない。たしかに彼が脚本を書き一部分演出もしたアルフ・シェーベルイ（シューバリ）監督の『もだえ』はギムナシウムの学生を主人公にしているが、それはきわめて自伝的であり、ベルイマン自身の社会的階層にかなり近い人物である。これに対して、『不良少女モニカ』は労働者街に生まれ育ち、経済的な事情で早くから自らが働かなければならない青少年が、登場人物となる。さらに注目すべきは、この映画が戦後のスウェーデンにおける若者の反逆をテーマにしているという意味で、怒れる若者たちを先取りしたような内容を持っているということだ。イギリスの作家ジョン・オズボーンやアラン・シリトーが所謂怒れる若者たちの小説を発表するのは一九五〇年代も後半のことだ。『不良少女モニカ』には後に描かれることになるこうした怒れる若者たちのテーマが、すでにはっきりと存在している。比較映画史的には、アメリカでは暴走族を扱ったマーロン・ブランド主演の『乱暴者』が一九五三年の作品だから、『不良少女モニカ』とほぼ同じころに製作されている。しかし、もっとも代表的な不良少年の映画、ジェームズ・ディーン主演の『理由なき反抗』などのアメリカ映画ができるのはもっと後の時代だし、日本の『狂った果実』も先駆的な作品ではあるが、映画として製作されたのは一九五六年のことだ。そしてまた興味深いことに、ベルイマンはこの映画限りで当時としては先鋭的なこうしたテーマから離れてしまうのだ。

たしかにこのテーマは一見ベルイマンの映画らしからぬようには見える。しかしより接近してみるならば、そこにはベルイマンの映画の中核をなす女の映画としての強烈な側面が見えてくるはずだ。これは不良少年の映画というより、不良少女の映画だ。ハリーもモニカもともにこの映画の主人公だが、最終的に倫理的なのはハリーのほうである。モニカは赤ん坊の養育を拒否し、夫となったハリーのもとを去り、自らの欲望のなすがままに行動する。ハリーのほうは、改めて赤ん坊を養育するという責任を自覚する。この非対称は、ベルイマンの女性映画に共通している。それらの中で、ベルイマンの女主人公たちはフロイト的な意味で無意識の欲動に身を任せている。

より形式的にみるならば、ハリーとモニカは創世記のアダムとイブであろう。ハリーは父の所有するボートに乗って、モニカと都会を脱出し、島へと向かう。ボートが父の所有であることは重要であろう。なぜならそれは父なる神の所有でもあり、彼らの島への旅は神である絶対者からの命令でもあるからだ。島は彼らにとって楽園であり、初め彼らはここで二人だけの幸福な時を過ごす。しかしイブが蛇の誘惑によって禁断の木の実を食べたように、邪悪が目覚めるのは、まずはモニカのほうなのである。そして楽園追放。都会に戻った彼らには、義務という社会の掟、過酷な現実が待ち構えている。

〈さらに興味のある人に〉

本作品（原題は「モニカと一緒の夏」）には、スウェーデンの文学や映画にしばしばみられる幸福のシンボルとしての夏という季節がある。夏は人々を開放的にする。モニカは全裸になって、島の中を駆ける。風俗的な意味で、戦後のスウェーデン映画を有名にした、女性の裸体をストレートに見せたり、セックスやエロスを主題とする傾向が、この映画では特徴的だ。本作品の前年に作られたアルネ（アーネ）・マットソン監督の『春のもだえ』（原題は「彼女はある夏に踊った」）は、そうしたスウェーデン映画の端緒を作った作品で、これは主演女優の裸体を売り物にして、世界中に輸出された。『不良少女モニカ』にもそうした側面がある。当時、ベルイマンの名前は世界的にはまだそれほど知られていなかった。彼の作品が作家の作品として国際的に受容されるようになったのは、『夏の夜は三たび微笑む』がカンヌ映画祭で賞を受賞した一九五六年以降のことである。『不良少女モニカ』は、同時代的には、少なくとも国際的には、一般的に風俗映画として見られていた。日本でも、公開当時のスチール写真などを見ると、モニカを演ずるハリエット・アンデルション（アンデション）の裸体を見せる場面がとりわけ強調されている。

公開当時の風俗的な意味でのセンセーショナリズムは、ベルイマンのすべての作品を作家の作品、スウェーデン映画史を代表する巨匠の作品としてみることが当たり前になっている現代において、どのようにとらえられるべきであろうか。現代においてこの映画を見ると、当時のストックホルムの風俗的な映像、若者たちの生活をストレートに見せるような映像が不在であることに気づく。この作品はのちのヌーヴェル＝ヴァーグを予告するような作品としても知られるが、そうしたのちの時代に登場する若い作家たちの作品にみられるドキュメンタリー的な映像の側面がこの映画にはないのだ。したがって、このセンセーショナリズムは、厳密に演劇的とすら言えるほどに演出された映像であるとみてよいだろう。島の中でモニカが突然木の陰に走って行ってそこにしゃがみ込むロングショットでとらえられた映像があるが、あれはよく見るとモニカが木陰で放尿している場面なのだ。あのような、あたかも偶然に遠くから目撃されたようなショットであっても、厳密に演出された場面ととらえるべきであろう。

〔小松　弘〕

第5章 春にして君を想う

原題／Börn náttúrunnar［自然の子供たち］、監督／フリズリク・ソウル・フリズリフソン、製作国／アイスランド・ノルウェー・ドイツ、製作年／一九九一年、日本公開年／一九九四年、上映時間／八二分

【主要対象国・地域】アイスランド

【キーワード】アイスランド映画、フリズリク・ソウル・フリズリフソン、都市化と過疎、ナショナル・アイデンティティ、トランスナショナル・シネマ

〈ストーリー〉

年老いたやもめの農夫ギェイリは、独力では農場を営むことができなくなり、娘一家の暮らすレイキャヴィークのアパートへ向かう。突然の訪問に戸惑う家族はギェイリを受け入れることができず、彼を老人ホームへ入居させる。そこでギェイリは少年時代に恋した女性ステラに出会う。施設での生活に不満を募らせ、ここで死ぬわけにはいかないという強い思いを吐露するステラ。彼女の願いを実現すべく、ギェイリはステラとともにジープを盗み、いまは住む者もいない故郷を目指す。

同郷の女性の家で休息をとっていた二人は、自分たちが追われる身となったことをラジオのニュースで知る。危うく追手を逃れたのち、故障したジープを乗り捨て、やむなく徒歩で故郷を目指す二人。ヒッチハイクしたトラック運転手の弟がボートで行先の海岸まで渡してくれることになり、ついに故郷にたどり着いたステラとギェイリ。懐かしい過去のイメージがステラの心を満たす。翌朝、安らかに永遠の眠りについたステラを、ギェイリは教会を望む花ざかりの草原に埋葬するのだった。

〈作品の背景と現実〉

アイスランド映画の歴史は長く、そして短い。すでに一九〇三年には映画上映が行なわれ、その三年後にはデンマーク人の手でレイキャヴィークに常設映画館が設立された。ロフトゥル・グズムンソンによるアイスランド初の短篇劇映画『ヨウンとグヴェンドゥルの冒険』（一九二三年）以来、映画の製作も行なわれているが、おもに小規模な国内市場に起因する財政的な困難により、いずれも散発的な試みにとどまった。アイスランドでコンスタントに映画が製作されるには、国立の映画助成制度「アイスランド映画基金」の設立（一九七九年）を俟たなくてはならない。破産を覚悟する必要がなくなったアイスランドの映画作

家たちはその後、意欲的に映画作りにうって出ることになる（いわゆる「アイスランド映画の春」）。この意味で、現代アイスランド映画史は一九八〇年ごろにようやく始まったと言ってもいいかもしれない。

「アイスランド映画基金」は助成条件のひとつに、企画中の映画が「アイスランド文化との結びつきを有している」ことを挙げている。この条項も一因となり、一九八〇年代以降に製作された映画の大部分はアイスランドの歴史的・文化的アイデンティティと深いかかわりをもっている。助成第一号作品『田舎と息子たち』（一九八〇年、アウグスト・グズムンソン）をはじめとする映画のなかでしばしば取り上げられた主題に、アイスランド近代史を代表する社会現象のひとつである農村の過疎化と都市への人口集中がある。アイスランドの歴史は中世に農民たちによって構成された〈共和国〉に始まるとされるが、一九世紀後半以降、レイキャヴィークなどの都市部に人口が集中し始める。二〇一九年現在、三六万人強を数える全人口の約六四％にのぼる二三万人近い人々が首都圏に居住している。この流れと反比例するように、農村部の過疎化も進行していった。『田舎と息子たち』は一九三〇年代のアイスランドを舞台に、経済的困窮から農場を捨て都市へ移住する主人公の決意を描き、アイスランドの成人人口の半数が観たといわれる成功を収めた。

およそ十年後に制作されたフリズリク・ソウル・フリズリフソンの映画『春にして君を想う』もまた、農村からの離脱と首都圏への移住を扱っている。レイキャヴィークへの出発にあたり主人公ギェイリが老犬を殺める冒頭近くのシーンは『田舎と息子たち』の引用（ただしここでは馬）であり、フリズリフソンがアイスランド映画史を強く意識していることをうかがわせる。しかしこの典型的な主題に、彼はふたつの点でねじれをもたらしている。

まず、映画の物語はその途中で、農村の過疎化と都市への人口集中という近代アイスランド史の流れを逆転させるような展開を見せる。ギェイリの農村からレイキャヴィークへの移動のベクトルは、ステラとの再会を機に、失われた故郷への帰還の試みへと反転するのだ。主人公の老人二人の〈自然の子供たち〉への回帰は、自然とのふれあい（澄明な小川でのどを潤すギェイリ、繁茂する草花と戯れるステラ）によって象徴的に表されているだけでなく、アイスランドの前近代を特徴づける民間信仰の復活と重ね合わされる。ステラとギェイリのジープは岩山の手前で忽然と姿を消すことにより追手を逃れ、またボートで海を渡る二人は海岸から手を振る裸身の妖精を目撃する。さらに、神話の古層への帰還は個人のレベルを超え、近代化によって失われつつあるアイスランドの文化的ルーツへの回帰と結びつけられる。神秘的な力により救われたジープ

【図１】ステラとギェイリはアイスランド国旗が飾られた独立記念日の祝祭に立ち寄る。

が、その直後、名勝ディンヤンディの滝のふもとで催されるアイスランド独立記念日（六月一七日）の祝祭を訪れるのは偶然ではないだろう（【図1】）。

この段階では、この映画は農村や自然というアイスランドの文化的ルーツをノスタルジックに理想化するもののようにみえるが、後半からさらに異なる展開を見せはじめる。ギェイリは望みどおり故郷で息を引き取ったステラを教会の墓地へ埋葬する際、J・S・バッハ《マタイ受難曲》の旋律でコラールを朗唱する。そして合唱に引き継がれたこの讃美歌が流れるなか、ギェイリはその歌詞に歌われているゴルゴタの丘へ向かうイエスと同様、裸足で山の頂きを目指すのである。ここで彼は文化的ルーツをないがしろにしてきた近代アイスランド人の罪を贖う救世主的存在として描かれている。

しかし、厳密にいえばアイスランドにとってキリスト教は中世になって流入した外来の文化だったはずである。この作品がアイスランドの純粋なナショナル・アイデンティティ復活を目指す回顧的愛国主義に基づくものではないことは、これに続くラディカルな転回によって明瞭になる。たどり着いた山上でギェイリは天使と出会うのだが、その舞台となるのはアイスランドの無垢なる自然ではなく、すでに放棄された米軍基地なのである。

第二次世界大戦中の一九四〇年に宗主国デンマークがドイツに占領されたのち、アイスランドは連合国軍の支配下に入る。翌四一年から駐留を始めた米軍は四四年の独立後もとどまり続け、その後のアイスランドの歩みに決定的な影響を及ぼすことになる。アイスランドにとり、アメリカは独立を支援し物質的豊かさと自由を夢見させてくれる解放者であると同時に、国土を軍事的に占領し国民に劣等感を抱かせる支配者でもあった。フリズリフソンは『ムービー・デイズ』（一九九四年）や『精霊の島』（一九九六年）といったのちの監督作品で、アイスランドの人々が抱えるアメリカへの複雑な意識を主題化している。『春にして君を想う』の結末の舞台に米軍基地の廃墟を選んだ監督の選択には、現代アイスランドを考えるうえでアメリカの影響を無視することは不可能だとの思いがうかがえる。

こうして、この映画の結末はアイスランドのナショナル・アイデンティティについてそれまでとは異なるコンセプトを提示する。孤立した島国という地政学的条件にもかかわらず、アイスランド文化を考えるうえで外部との交流を度外視することはできない。かかる視点を象徴的に示しているのは、ここで登場する天使の造型である。この天使はスイス出身の名優ブルーノ・ガンツがドイツの映画監督ヴィム・ヴェンダースの映画『ベルリン・天使の詩』（一九八七年）で演じたそれの引用なのである。これにとどまらず、一連のシークェンスにはさまざまな外国映画への間接的言及が認められる（《マタイ受難曲》はアンドレイ・タルコフスキーを、またギェイリが霧のなかに消えるラストはテオ・アンゲロプロスを意識したものである）。映画狂であるフリズリフソンが外国（とりわけヨーロッパ諸国）のアートフィルムから受けた影響がなければ、この映画はそもそも成立しなかったに違いない。フリズリフソンを現代アイスランドの代表的映画作家たらしめているのは、国際的映画文化により培われたその映画美学なのである。

監督自身によれば、天使の引用には「アイスランド映画基金」設立を後押ししてくれたヴェンダースへの感謝が込められている。アイスランド文化を主題とする映画を製作する条件が整備できたのはかかる国境を越えた交流のおかげなのだ。実際、『春にして君を想う』は「アイスランド映画基金」のみならず、欧州審議会が運営する映画助成制度ユーリマージュなどの出資を受けている。今日のアイスランド映画では一般的になっているトランスナショナルな資金調達の面でも、フリズリフソンはパイオニア的存在である。

〈さらに興味のある人に〉

一九九五年の『コールド・フィーバー』において、フリズリフソンはトランスナショナルな映画作りをさらに推し進めている。国際的なスタッフ（プロデューサーはジム・ジャームッシュ作品で知られるジム・スターク）やキャスト（主演は永瀬正敏）とともに、ほぼ全篇外国語（英語・日本語）で制作されたこのコメディタッチのロードムービーがテーマとするのは、アイスランドを旅する日本人の眼から見たこの国の風土や文化の特色である。トランスナショナルな眼差しにおいてこそ、アイスランドのナショナル・アイデンティティはより際立って見えてくる。たえず越境し続けるフリズリフソンの制作活動を動機づけているのはこの弁証法的な認識なのである。

〔柳橋大輔〕

第6章 過去のない男

原題／Mies vailla menneisyyttä〔過去のない男〕、監督／アキ・カウリスマキ、製作国／フィンランド、製作年／二〇〇二年、日本公開年／二〇〇三年、上映時間／九七分

【主要対象国・地域】フィンランド
【キーワード】フィンランド、不況、ホームレス、救世軍、恋愛

〈ストーリー〉

中年男性の主人公は電車でヘルシンキに到着したが、まだ夜が明けていないためつい公園で寝てしまった。そこを三人組の若い暴漢に襲われてしまう。病院に運ばれた主人公は医師から死亡宣告を受けたものの、生き返り、病院を脱出する。力尽きて海岸で倒れた主人公を見つけた少年たちが、住まいのコンテナに連れて帰る。港湾のコンテナに住む一家に助けられた主人公だが記憶を失い、自分の名前さえ思い出せない。そのような主人公は一家の主人であるニーミネンに救世軍の炊き出しに誘われ、そこで働いているイルマと知り合う。主人公は港湾を警備しているアンティラから別のコンテナを借り、住まいを整えていく。救世軍から仕事をもらった主人公はイルマと距離を縮めていく。

ある日、野外で溶接作業を見た主人公は溶接作業が上手にできることを知る。溶接工として雇ってもらうため、銀行に口座を作りに来た主人公は銀行強盗に巻き込まれてしまう。取り調べを受けた主人公は、夕刊に顔写真が載ってしまい、それを見た妻と名乗る女性が警察に連絡をしてくる。

二〇〇二年のカンヌ国際映画祭で審査員グランプリを獲得し、ヒロイン役を演じたカティ・オウティネンも主演女優賞を受賞した映画である。

〈作品の背景と現実〉

アキ・カウリスマキ監督（一九五七年生まれ）は以前から独自の世界観を創り出すことで定評があったが、カンヌ国際映画祭で審査員グランプリを獲得したこの映画で国際的な名声を獲得し、現在ではフィンランドを代表する映画監督の筆頭に挙げられる。

物語の舞台はフィンランドの首都ヘルシンキである。電車でヘルシンキに降り立った主人公が、暴漢に襲われるところから映画は始まる。死にかけた主人公に手を差し伸べ

たのは、港湾のコンテナに違法に住む一家であった。ホームレスがあちこちにいる風景は、日本人が想像するような「クリーン」な北欧先進国の首都には見えない。また主人公や彼を取り巻く人物は「美男美女」でもなく、フィンランドのどこにでもいそうな人たちばかりである。

　映画ではフィンランドを代表する作曲家ジャン・シベリウスの肖像が掲載された一〇〇マルッカ紙幣が使われていることから、二〇〇二年以前の時代だということが推測できる。フィンランドは一九九五年にヨーロッパ連合（EU）に加盟し、一九九九年にユーロに参加し、二〇〇二年一月一日からユーロ紙幣・硬貨の流通が開始された。フィンランドは二〇一九年七月現在、EUに加盟している北欧三ヵ国（デンマーク、スウェーデン、フィンランド）の中で唯一ユーロを使用している国である。

【図1】救世軍で働くイルマ（左）と「過去のない」主人公（右）
Sakari Toiviainen, *Sata vuotta-sata elokuvaa*, Helsinki: SKS, 2007, s. 291.

　また、イルマが勤めている救世軍とはキリスト教（プロテスタント）の国際的団体で、フィンランドでは独立前の一八八九年にすでに設立されている。[1] 日本では、年末に街角で行なわれている義援金募集の「社会鍋（慈善鍋）」が救世軍の活動として知られているだろう。炊き出しやバザーなどの社会福祉活動を熱心に行なっており、映画では毎週金曜日に炊き出しを行なっている。救世軍のブラスバンド活動も映画で観られる。主人公は救世軍からスーツをもらい、就職活動を始めるが、名前さえ思い出せないため職安に登録もできない。結局、救世軍で仕事をすることになる。

　救世軍の恋愛物としては、一九五〇年に初演されたブロードウェイミュージカル『ガイズ&ドールズ』が、一九五五年に映画化され、日本では翌年の五六年に『野郎どもと女たち』という邦題で上映された。宝塚歌劇団でもミュージカルとして一九八四年の初演を皮切りにこれまで三回上演されている。『ガイズ&ドールズ』は第二次世界大戦後のニューヨークが舞台で、賭博師と救世軍の女性との恋愛物語であるが、この映画は記憶を失ったホームレスと救世軍との恋愛物語である。ただし、恋愛映画と単純にカテゴライズするのは難しい。

　なぜなら、社会の弱点に焦点を当てることが多いカウリスマキ映画の中で、この映画は特にフィンランド社会における格差が強調されているからである。冷戦が終結し、一九九一年にソ連が崩壊すると第二の貿易相手国を失ったフィンランドの経済は大打撃を受け、金融危機が起こった。その影響は大きく、一九九一～九三年の間フィンランドでは不況が続き、一時期、失業率は二〇％に達したほどであった。

夜の港で主人公が見つめる対岸にそびえる綺麗なマンション群の灯りが映し出された次のシーンでは、道端で寄り添って寝る夫婦のホームレス、杖を持ったまま眠る孤独なホームレスの姿が映る。物語の後半に登場する銀行強盗も元は土木工事会社を経営していた人物だが、新しい機械二台を買った時に不況が襲ったと主人公に告白する。機械は銀行に買い叩かれ、口座も凍結されたので、解雇せざるを得なかった従業員に未払いの給料を払うために銀行に押し入ったのである。その銀行も行員が一人しかおらず、防犯カメラは壊れていた。しかも、銀行は北朝鮮に売却されたため、今日で閉店だという。これらのエピソードにフィンランドを実際に襲った不況の影を感じられる。この長い不況を経験し、フィンランドはEU加盟申請に乗り出すことになる。

また、カウリスマキ映画の主な特徴として、（1）暴力的な人物と人情的な人物が対比的に登場する、（2）陰気な中でも静かなユーモアが見られる、（3）突然、詩的な会話がボソボソっと繰り広げられる、（4）登場人物はやたらとタバコと酒を嗜む、（5）現代的なフィンランドの姿は出てこないという点が挙げられる。この映画にもふんだんにこれらの特徴が見られる。

たとえば、（1）では物語の冒頭、暴漢らはラジオをかけて楽しみながら、ためらいもなく無抵抗の主人公に暴力を振るう。その一方で、主人公を助けてくれたホームレス一家はもちろんのこと、お金がない主人公に、喫茶店の店番の女性は残り物だからといって食事をご馳走してくれる。（2）その喫茶店でご馳走してもらうきっかけは、主人公が無料のお湯をもらいに来たことだが、マッチ箱から使用済みのお茶のティーバッグを出してお湯に入れて飲む主人公の姿はやるせないが、そこにユーモアが見出せる。海岸で倒れている主人公を最初に見つけたホームレスが、主人公を助けることなく主人公の靴と自分のボロボロの靴を勝手に交換するシーンも、不謹慎だが笑ってしまう。また、警備員が主人公への脅しに使う番犬「ハンニバル（食人鬼）」も、名前と裏腹に可愛い犬である。

（3）は、新しい住まいとなるコンテナに電線を違法に配線してくれた電気技師に、主人公が「礼には何を」と尋ねると、彼は「おれが死んだら情けを」と答えるシーンが当てはまるだろう。そのコンテナをこれも違法に手配してくれた警備員に、主人公が「金は払う。死と同じで確かだ」と家賃を待ってもらうように頼むシーンも印象的である。（４）も多くのシーンで見られる。タバコを室内で吸うことはフィンランドで禁止されているが、そんなことは構いもしない。タバコはコミュニケーションとしても使用されている。たとえば、主人公はゴミ箱に住むホームレスにタバコをあげて職安の場所を聞く。（５）は、ヒロインのイルマが住んでいる寮を見れば一目瞭然だろう。質素な作りの部屋で、電話も部屋になく、廊下に共用電話が一台あるだけである。

以上のような「カウリスマキ・ワールド」が展開する中で、記憶を失った主人公はイルマとの距離を近づけていく。若くもなく、美しくもない中年同士のぎこちない恋は主人公の過去が明らかになった時点で消えそうになる。妻がいる家に戻る主人公を駅で見送りに来たイルマは、手作りのサンドイッチを渡し、「私の初恋の人よ」と告白する。この恋の結末は映画を見て欲しい。

蛇足だが、日本ファンであるカウリスマキは唐突に日本にまつわるシーンを入れてくる。本編でも二曲日本語の歌が使われ、主人公が寿司を食べるシーンが出てくる。これも映画を見て確認してほしい。

暴漢と対峙するホームレスたちの最後のシーンも印象的である。カウリスマキが映画で描く人間は弱いけど、少しずつ前を向いて歩いていく。そのような姿に励まされる人も多いだろう。

〈さらに興味のある人に〉

「カウリスマキ・ファン」が多い日本では、幸運なことにほとんどのカウリスマキ作品をＤＶＤで観ることができる。まずは「敗者三部作」を本作品とともに構成する『浮雲』（原題／*Kauas pilvet karkaavat*, 製作国／フィンランド、製作年／一九九六年）、『街のあかり』（原題／*Laitakaupungin valot*, 製作国／フィンランド、製作年／二〇〇六年）がお勧めである。『浮雲』は失業してしまった夫婦がレストランを開業する話である。悲しい中にも思わずクスッと笑ってしまうユーモアがある作品である。『街のあかり』は夜間の警備員として働く若者の主人公が、ある女性に騙されて無実なのに刑務所に送られてしまう話である。カウリスマキ作品は同じ俳優が繰り返し出演することでも知られている。本書で紹介されている『希望のかなた』（第35章）も必見である。これらの作品全てに、『過去のない男』のヒロインを演じたカティ・オウティネンが出演している。『浮き雲』はヒロイン役だが、残りの二作品にはちょっとした役であるが出演しているので、見つけて欲しい。

〔石野裕子〕

註

（１）フィンランド救世軍ホームページ（https://www.pelastusarmeija.fi/pelastusarmeija/historia）（二〇一九年七月二七日閲覧）。

第2部　北欧の歴史的歩み①——二〇世紀前半までの展開

第7章

ヴァイキング　海の覇者たち

原題／Vikings［ヴァイキング］、製作総指揮／マイケル・ハースト、製作国／アイルランド・カナダ、製作年／二〇一三年〜、日本公開年／二〇一五年〜、上映時間／一話四四分（シーズン1は九話）

【主要対象国・地域】 北欧、イングランド、フランク王国、地中海、ロシア
【キーワード】 ヴァイキング、ラグナル・ローズブローク、「デンマーク人の事績」、ロロ

〈ストーリー〉

本作品は、伝説上のヴァイキング、ラグナル・ローズブロークとその家族や友人の活動をドラマの主軸に据えた、アメリカのケーブルテレビ番組放映企業ヒストリーチャンネルのテレビドラマである。二〇一三年にはじまったシーズン1以降、現在シーズン5まで放映されており、すでにシーズン6で完結することが予告されている。

八世紀末、デンマークの北側海域カテガットに面した地域に住むラグナルは、領主であるハラルドソンの意に反して、西方つまりイングランドへの冒険行に出ることを決意する。ラグナルは、女性戦士、妻のラゲルサや預言者でもある友人のフロキらと協力しながらイングランドを略奪する。その間、イングランド人聖職者のアセルスタンと出会うことでキリスト教という新しい文化に接触している。その後、兄弟のロロと対立しながらも領主ハラルドソンを追い落とし、彼自身がカテガットの領主となることでシーズン1は終わる。

シーズン2以降もラグナルとその周囲の人物との人間関係を軸にストーリーは進む。シーズン4の途中でのラグナルの退場以降は、彼の子供たち、家族、友人らによる群像劇となる。舞台は、北欧とイングランドにとどまらず、歴史上のヴァイキングがそうであったように、フランク王国、地中海、さらにはロシアにまで拡大する。

〈作品の背景と現実〉

主人公のラグナル・ローズブローク（皮ズボンのラグナルの意）は、一二世紀のサクソ・グラマティクスによるラテン語作品『デンマーク人の事績』や中世アイスランドで執筆された『ラグナル・ローズブロークのサガ』などで描写される架空の人物である。彼は『ヴァイキング』で描写されるラグナルと同様に、ラゲルサとアスラウグを妻とし、複数の子供を持ち、「大軍勢」を率いてイングランドやフランク王国を略奪した、ヴァイキングの英雄にして王

として記録されている。しかし、ラグナルの存在は歴史学的には確認されていない。専門家によれば、ラグナルとは、様々な記録に残るヴァイキングのリーダーたちの事績を組み合わせて創作された、伝説上の存在と見なされている。ただし史料上彼の息子とされている骨なしのイーヴァル、剛腕のビョルン、蛇の目のシグルズらのモデルとなったヴァイキングらは実在していた。

　制作総指揮のマイケル・ハーストは、背景となる初期中世世界とヴァイキングの活動ならびにその慣習についても資料にあたり、作品に反映させている。したがって本作品は、スペクタクルと人間関係の機微にも触れた愛憎劇を押し出しつつも、一定程度ヴァイキング世界の現実を反映したものとなっている。ノーサンブリア王エッラ、ウェセックス王アルフレッド、西フランク王シャルル禿頭王といった実在の人物の登場、七九三年のリンディスファーン修道院への襲撃、八四五年のパリ攻略、八六六年以降のイングランドへの大軍勢の攻勢、九一一年のロロに対するノルマンディの付与といった、ヴァイキングに関心を持つものであれば誰もが知っている歴史的事実のドラマへの折り込みだけではなく、ドラマ内で用いられる小物、とりわけヴァイキング船へのこだわりは注目すべき点であろう。

【図1】女戦士ラゲルサと主人公ラグナル

　他方で本作品は、その公開以来、学者たちを含め批判の対象ともなってきた。ここでは、次に三点に触れておきたい。

（一）歴史的事実とりわけクロノロジーの改変

　シリーズを通じて数多くの事例を挙げることは可能である。たとえばラグナルの弟とされているロロを取り上げよう。高校世界史程度に通じている視聴者であるならば、九一一年に西フランク王からノルマンディに封土を与えられノルマンディ公領の創始者となったロロをモデルにしていることは理解できるだろう。しかし歴史上のロロはラグナルの兄弟ではないし、彼が現実に活躍した時代とラグナルが活躍したとされる時代は半世紀ほどずれている。歴史上のパリ攻略は、八四五年と八八五年の二度があるが、ラグナルが参加しえたとするならば前者（だとしてもその時ラグナルはヴァイキング活動を引退して老境を迎えていたはずだろう）、歴史的ロロであれば後者である。このような史実との齟齬があちこちにあるために、一定程度ヴァイキングについての知識を持つ視聴者にとっては違和感をぬぐい得ない。

（二）女性ヴァイキングの描き方

ラグナルの最初の妻ラゲルサは、北欧の伝説でしばしば言及される「盾の乙女」と呼ばれる勇猛な女性戦士をモデルとしている。しかし現在、彼女のような勇猛かつリーダーシップのある女性ヴァイキングの存在は必ずしも確認されていない。本作のヒットと歩を合わせるように、女性ヴァイキング戦士の墓ではないかと注目されていたスウェーデンのヴァイキング都市ビルカで発見された戦士の墓（Birka 581）に埋葬されていた女性の研究が再び注目を浴びるようになった。考古学者アンナ・シェルシュトゥルムは、遺骨のDNA鑑定の結果、この墓に葬られているのは女性ヴァイキングであると結論づけ、ラゲルサがそうであったような女性ヴァイキングによる戦士団の指揮を主張した。しかし歴史家のジュディス・ジェッシュらは現状のデータでは女性戦士であるとは断定できないと慎重論を唱えている。一般視聴者はラゲルサらの活躍に喝采を送るかもしれないが、先陣を切る女性戦士の存在は現実のヴァイキング像とは（現段階では）かけ離れていると言わざるを得ない。

【図2】ビルカ博物館による女性戦士像（Birka581）の再現図

（三）ヴァイキングの暴力性

本作品は成人向けの指定のある作品であるだけに、シリーズを通じて性的描写に加えて残酷な暴力的場面も頻出する。確かにヴァイキングの世界が親族間の対立やそれに伴う暴力に満ちていたことは否定できないが、その暴力性を担保するかのように「未開な」彼らの異教性をことさらに強調し、「平和な」キリスト教社会と対置している点は見逃せない。たとえばドラマ中で「再現され」ているウップサーラの異教神殿や残虐な処刑方法である「血の鷲」などは、同時代のヴァイキングの実態を知るための基本史料である『ハンブルク大司教事績録』や『アングロサクソン年代記』には伝聞としての記述があるものの、歴史学的には実在が疑われている。その結果として本作品は、全体として未開かつ暴力的なヴァイキングのイメージを決定づける方向に舵を切っている。

リアリティを背景としたフィクションとして本作品は間違いなく成功を収めており、シーズン6まで製作されたことが何よりの証拠であろう。しかしそこで描かれるすべてが、必ずしも学問成果によって担保されているわけではないことは言い添えておきたい。

〈さらに興味のある人に〉

イギリスのルイス・フィッツハモン監督の『ヴァイキングの花嫁（*The Viking's Bride*）』（一九〇七）以来、ヴァイキングを題材とした映画作品は欧米各国において数多く公開されてきた。なかでも、そのスペクタクル性ゆえに映画史に名前を残すのは、本作同様、ラグナル・ローズブロークを主人公とした、カーク・ダグラス主演の『バイキング（*The Vikings*）』（一九五八）である。最新の映画では、ロシアのアンドレイ・クラフチュク監督による『バイキング誇り高き戦士たち（*Viking*）』（二〇一六）があり、キリスト教に改宗したキエフ・ルーシの君主ウラディーミルを主人公としている。過度に、と言って良いほどキリスト教（のちのロシア正教）の役割を強調する本作品がロシアで大きなヒットを見たのは、壮大かつ美しい映像のためだけではなく、宗教意識が高まる昨今のロシアの現状を反映してのことかもしれない。

本作品と同じく九世紀のイングランドを舞台とし、そこで生きるヴァイキングを描いたＢＢＣ放映のテレビドラマ、人気歴史作家のバーナード・コーンウェル原作の『ラスト・キングダム』（二〇一五〜）がある。本作品に比べるとスペクタクル性という点では劣るが、より現実の初期中世世界に近い考証が行なわれている。とりわけヴァイキングとイングランド人が「共生」する世界を描写しているという点では、キリスト教世界へのヴァイキングによる闖入を強調した本作よりも、時代の複雑な社会状況を反映した作品といえる。また、アメリカで制作されたテレビドラマ、『ゲーム・オブ・スローンズ（*Game of Thrones*）』（二〇一一〜二〇一九）は、架空の中世風世界を舞台とした作品であり、その成功は、本作品および『ラスト・キングダム』の人気と相俟って、二一世紀初頭における中世趣味への志向として理解される社会現象と見て良いかもしれない。

ヴァイキングの映像化という点では日本のアニメーションも見逃せない。古典としてあげるべきはスウェーデンの作家ルーネル・ヨンソン原作で日独共同製作の『小さなバイキングビッケ（英語版原題／*Vicky the Viking*）』（一九七二〜七四）である。二〇一九年からは、幸村誠原作で薮田公平監督の『ヴィンランド・サガ』も全二四話の予定で放映され、架空の登場人物による人間ドラマを前面に出しつつも、紀元一〇〇〇年という背景の中世世界は可能な限りリアリティを追求しているという点では本作品と通じている。

〔小澤 実〕

第8章 ラスト・キング 王家の血を守りし勇者たち

原題／Birkebeinerne［ビルケベイナル（白樺の脚党の戦士たち）］、監督／ニルス・ガウプ、製作国／ノルウェー、製作年／二〇一六年、日本公開年／劇場未公開、二〇一六年DVDのみ発売、上映時間／九九分

【主要対象国・地域】 ノルウェー

【キーワード】 中世、王家の血統、白樺の脚党、錫杖党、ホーコン四世、カトリック教会

〈ストーリー〉

西暦一二〇四年のノルウェー。複数の党派と教会との間での権力闘争が錯綜するなか、暗殺された「白樺の脚党（ビルケベイナル）」の若き王、ホーコン三世の忘れ形見の赤子ホーコン（のちに四世として王に即位）を亡き者にしようと、対立派閥である「錫杖党」（バーグラー）のみならず味方内の内通者らの魔の手が、その赤子と母インガに迫る。

「白樺の脚党」の従士であったシェルヴァルドとトシュテンの二人に、ノルウェー東部から厳冬の雪山を越え、中部ノルウェーの王都ニダロス（トロンハイム）へと幼いホーコンを護衛して連れてくる任務が託された。当初、ノルウェー東部の農民の出であったシェルヴァルドは任務の続行に消極的であり、家族のもとに留まりたがっていたものの、王子の行方を突き止めようとする「錫杖党」の分遣隊に妻と息子を殺されてしまう。追手がせまる吹雪のなか、スキー板とストック代わりの槍で雪の荒れ野を越える。王子の身の安全が確保されるニダロスにたどり着き、王子の死を偽造して自らが王位に就こうとする、対立派と手を結んだ指導者ギスレの陰謀をくじくのだ。

〈作品の背景と現実〉

「実話に着想を得て製作された」と冒頭の英語の字幕で解説が入るように、本作品のもととなる故事は、ノルウェー王ホーコン四世（在位一二一七～六三）の伝記としてその死後まもなく執筆された『ホーコン・ホーコンソンのサガ』の三章の中で語られている。本作品の主人公として扱われる二人の従士（親衛隊）についても、一三世紀ノルウェーに関する最も重要な同時代の史料であるこの『サガ』のなかに言及されているのである。

一九世紀にデンマークから分離されたノルウェーでは、北大西洋の島々を傘下に収め、中世ノルウェー王国の絶頂期に君臨したホーコン四世にまつわる故事が、ナショナ

ル・ロマン主義的な歴史学勃興の中で、「歴史的記憶」のエピソードとしてふたたび脚光を浴びることとなった。画家ベルグスリェンが一八六九年に描いた有名な絵画（【図1】）は、赤子を抱えたシェルヴァルドとトシュテンがスキーを走らせる姿を見事に視覚化したものだ。一九三二年からは、二人にちなんだスキーのクロスカントリー大会、「ビルケベイナル・スキー競争」も毎年初春に内陸ノルウェーで行なわれてきた。

【図１】ベルグスリュンの絵画

作品の展開では、二人の従士と母子によるノルウェー内陸の雪山の逃避行が語られる部分と、ニダロスの王宮を舞台とした政治上の動きを語る部分とが交互に扱われて、映画は進行していく。前者で展開するノルウェーの自然景観を生かしたスキーでの逃亡と戦闘シーンについてはノルウェー外での評価がとくに高い。また、服装や武器については、人口に膾炙した上述のベルグスリェンの絵画と歴史考証を秤にかけつつ、追手に対する視覚表現も十分配慮していることがわかる。

その一方で、ノルウェー国内で複数の映画評が共通して指摘しているのは、「史劇」としてみた場合の宮廷における映像の中の人物関係の明確な説得性に欠けていた点である。そこで以下では、主として宮廷にまつわる四つの点から歴史的背景の補足を行なっていこう。

（二）「白樺の脚党」と「錫杖党」（日本語版では「対立派」と表現されている）、二つの派閥

筆者が本稿の執筆にあたり入手及び鑑賞した北欧外配給版では、開始約三〇秒間、デンマークと連携して東ノルウェーを支配する「錫杖党」とその他を支配する「白樺の脚党」の二派閥が英語字幕で紹介されていた。ただし、日本語版では字数の制約により、この英語字幕の背景情報でさえ完全には日本語で紹介されていない。

白樺の樹皮を貧しさゆえに毛皮替わりに脚に巻いて防寒具とした、という蔑称に由来する「白樺の脚党」の名の由来に対し、一方の「錫杖党」は、司教の権威の象徴である「錫杖」の名が示すように教会権力の擁護派である。一一三〇年ごろから北欧三王国すべてで王位継承をめぐる権力闘争が激化するが、ノルウェーではこの権力闘争に教会がとくに深く関わっていた。教会の最高指導者である大司教は、「白樺の脚党」に対する敵対派閥の最有力政治同盟者である。両者は教会の特権をめぐっても対立した。

とくに一一九〇年に新たに大司教に就任したエイリークは就任後すぐにデンマークに亡命し、ローマ教皇庁に訴えを起こす一方、ノルウェー内の親教会派に「白樺の脚党」出身の王スヴェッレ（本作品で登場する二人のホーコンの父、祖父）支配への抵抗を求めた。「錫杖党」は、この大司教の呼びかけに応え結成された派閥である。これに対し、父王スヴェッレの死（一二〇二年）後、その息子であるホーコン三世は教会との関係修復の意向を表明しており、本映画冒頭の彼の急死はその矢先のことであった。

この両陣営の対立におけるイデオロギー性、そしてその中でのホーコン三世の立ち位置の意義の説明の双方を省いた結果、本作品では悪役「ギスレ」の個人的野心に多くを押し付ける結果となってしまっている。

(二) 宮廷内の王位継承資格者

英語版からの直訳でもある邦題『ラスト・キング』で語っているように、急死した王の忘れ形見のホーコンに幼いながらも王位継承の優先権があることが半ば自明とされている。しかし、なぜ第一継承者とされるホーコンが側近にも存在が知られておらず、王宮から離れた地に暮らしていたのかという説明が本映画の中ではほぼ何もなされていない。

一二世紀ノルウェーで王位継承争いが激化したのは、王家成員の間での嫡子相続原則が未確立であったためとされる。特にホーコンの祖父スヴェッレをはじめスヴェッレ王家直系の男子は、全員が婚姻関係にない女性から生まれていた。当時のノルウェーでは王家との血縁が証明された場合には直接に先王との関係がなくても、あるいは非嫡出の男子であっても、幅広く請求資格が認められており、しかも優先順位に関しては明白な序列が存在していなかった可能性が高い（一応、男系が女系より重視されていたふしはあるのだが）。本映画において「白樺の脚党」の王位請求資格者とされるインゲ、ギスレの兄弟は、いずれも女系を介して王家と血縁を持つ人物である。

(三) 悪役・ギスレ

宮廷を舞台として展開する人間関係における〝黒幕〟の役を担う人物、ギスレは、インゲの弟としてそれまで日陰の身であったとされるにもかかわらず、本作内では八面六臂の活躍をする。先の王妃マルグレーテをそそのかし教会との関係修復を図っていた王を暗殺させ、つづいて敵対しているはずの「錫杖党」を、いつのまにか異論を唱えさせずに王宮に招き入れ、さらに先王の娘クリスティンと政略結婚を結ぶことでノルウェーをわがものとしようとした。「物語」の舞台装置である両陣営の対立が、こうしたギスレの登場をもってほとんど意味をなさなくなってしまっている。

しかも、一二〇〇年頃の史実のノルウェー王家関係者にこの名の人物は存在していない。これらの行為は、本映画内に登場することのない複数の王位請求者の事績や立ち位置を一人物の行為としてまとめることではじめて可能になるものだ。彼のモデルはノルウェー語圏の映画情報サイトではインゲの兄であったホーコン・ガッレン（一二一四年没）とされるが、インゲの弟という属性は後にホーコン四世の義父となるヤール・スクッレ（一二四〇年没）に由来し、さらに「錫杖党」との同盟とクリスティンとの政略結婚については、作品中で王位請求者を持たない「錫杖党」側が王位請求者に立てたフィリップス（一二〇七年没）との類似点が際立っている。

本映画の「尺」に収めるための苦肉の策ではあるが、それは黒幕の人物の劇中での立ち位置そのものと歴史背景の説明とのどちらの点からみても不満が残る解決法である。

(四)「神話」か歴史か

本作中では、赤子のホーコン（四世）が王家の血を享けたことは王家に伝わるペンダントの存在によって保証され、その権威に異議を挟む者はいなかった。そして、主人公二人は彼を守るため死力を尽くした。しかし、ペンダントに刻まれたノルウェー王家の紋章の歴史における実際の初出はホーコンの死後の一二八〇年であり、王家の血の正当性も本作中で描かれたほどには〝史実〟として自明のものではなかった。ノルウェー国内の複数の映画評には、ホーコンの即位直後に、母インガが白熱した鉄を素手で掴むという神判を受け、王家の血縁を証明しなければならなかった故事の存在（一二一八）と、この映画内の設定との間の矛盾を指摘しているものがある。

〈さらに興味のある人に〉

主人公の口からは、「俺たちが死んだ後も、残した功績は生き続ける」という言葉が語られる。だが、そもそもこの作品が描こうとしたのは、約八百年前のノルウェーに生きた戦士の姿と史実そのものなのであろうか。あるいは、出自上のハンディキャップを乗り越え、内戦を終結させたホーコンとその後継者の一三世紀の事績が「サガ」においてて語られ、次に一九世紀のロマン主義的な歴史観のもとでより広くノルウェー国民に受容された王家に関する「神話」、すなわち、言い換えるならば〝構築された表象〟に焦点をこの作品が当てたものではないか。ベルグスリェンの絵画の視覚イメージを優れた撮影技術で二一世紀によみがえらせたガウプ監督は、どうも後者の側面をより強く意識していたように筆者には思われてならない。さて、皆さんはどのように考えるだろうか。

〔成川岳大〕

第9章 エスケープ　暗黒の狩人と逃亡者

原題／Flukt〔逃亡〕、監督／ローアル・ユートハウグ、製作国／ノルウェー、製作年／二〇一二年、日本公開年／劇場未公開、二〇一三年DVDのみ発売、上映時間／八二分

【主要対象国・地域】 ノルウェー

【キーワード】 中世、黒死病、ルーン文字

〈ストーリー〉

一三六三年のノルウェー。一〇年前に蔓延した黒死病でノルウェーの国土は荒廃し、その原野を農民の娘シグネの一家が旅していた。山賊の襲撃を受け、シグネの両親と弟は殺されてしまう。シグネの前に姿を現した山賊団の首領、ダグマルは女性だった。殺されずに彼らの野営地に連れていかれたシグネは、ダグマルから実の娘のように扱われる謎めいた少女、フリッグと出会う。だが、ダグマルはシグネに対し、山賊の男たちの誰かの子を産むように脅す。シグネの命を奪わなかったのは、子を産めないダグマル自身に代わって、フリッグの「妹」を生ませようとしたのである。翌朝、夜が白むなか、シグネの拘束をひそかに解いたのはフリッグだった。野営地から二人は逃げ出した。フリッグを生きて連れ戻し、〝家族〟として山賊団に再び迎え入れることにとりわけこだわる女首領は、五人の男に二人の追跡を命じる。かくして、南ノルウェーの山岳と渓谷を舞台とした歴史上無名の人々による逃走劇が幕を開けた（【図1】）。

【図1】シグネとフリッグ、ダグマル

〈作品の背景と現実〉

静かながらも荒々しいノルウェー南部（西アグデル県シールダール（Sirdal）で撮影[1]）の山野を舞台に展開する本作には、歴史上名を遺した人物は姿を見せない。ファンタジー映画を想起させるDVDの邦題とは対照的に、直接的な映像に現れる超自然的存在の描写は皆無である。それどころ

か、一見する限り、「一三六三年のノルウェー」という時代設定が生かされる余地さえあまりないように思われる。主人公の少女二人の逃走と成長、そしてその間の争いごとはスクリーン上の一時間半弱の短い〝尺〟に収められ、二人とダグマルを除く男性登場人物らの人物像の掘り下げはほとんどない。人里離れた無法地帯ということなら、どの時代のどの地域にもさほど手間をかけずに舞台を移し替えられる、と感じるむきもあるだろう。

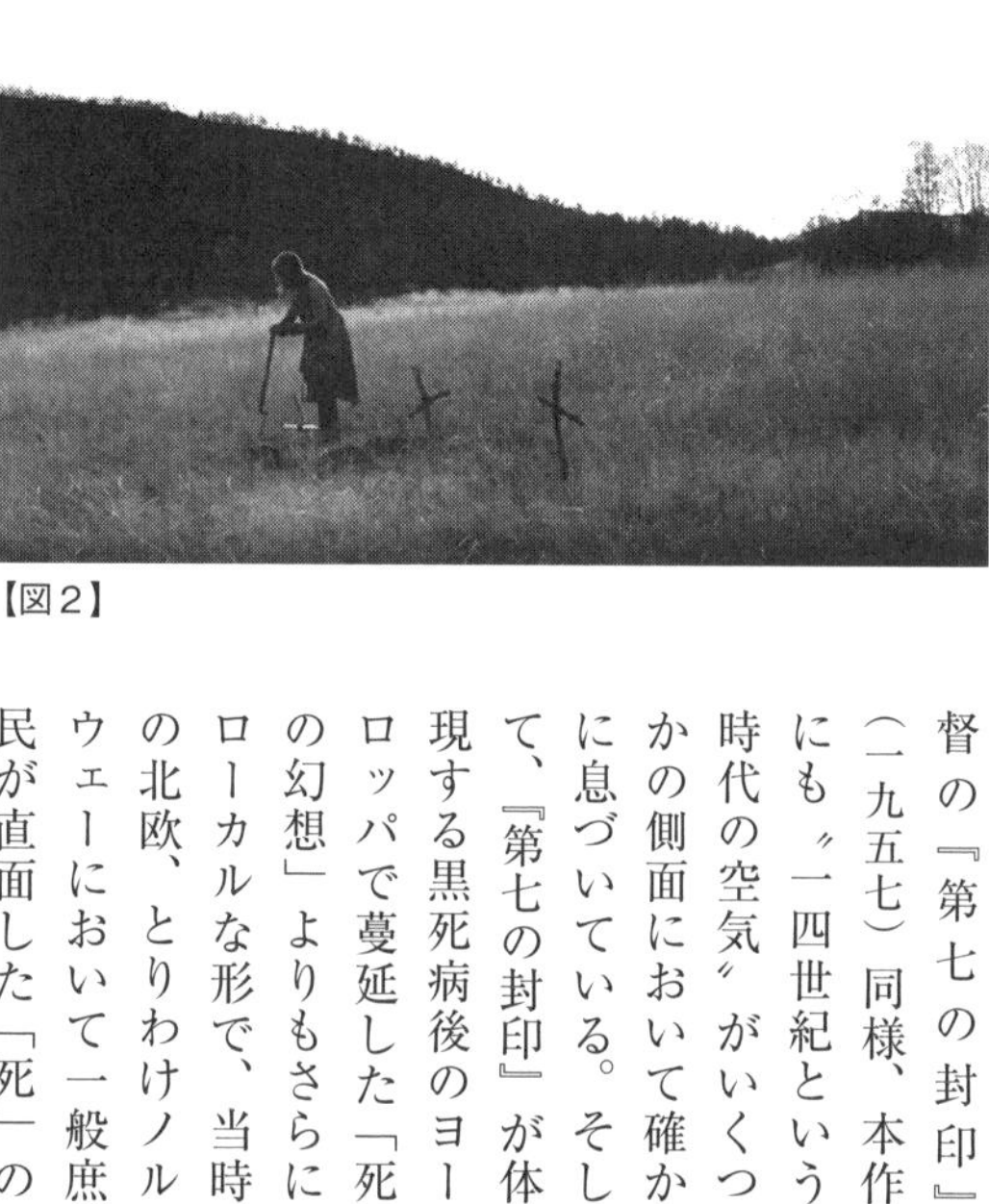
【図2】

だが、スウェーデンの巨匠ベルイマン（バリマン）監督の『第七の封印』（一九五七）同様、本作にも〝一四世紀という時代の空気〟がいくつかの側面において確かに息づいている。そして、『第七の封印』が体現する黒死病後のヨーロッパで蔓延した「死の幻想」よりもさらにローカルな形で、当時の北欧、とりわけノルウェーにおいて一般庶民が直面した「死」のかたちが本映画の視覚表現として現れる。物語の要所要所で映し出される木製の簡素な木製の十字架（【図2】参照）が一番わかりやすい事例だろう。

一三四七年暮れに東地中海からイタリア半島に上陸した黒死病（ペスト）は、一三四九年（四八年の異説も存在する）にノルウェーの港町に到達し、同年から翌年にかけノルウェー西部・南部から北方、東方に広まった。同時代アイスランド人の遺した記録によれば、本作の舞台となったアグデル県では短期間に七つの教区が壊滅し、司教が追加で派遣した聖職者も皆、病に倒れたという。人口の三分の一以下の人々しか生き残れなかった、という同時代の記録を完全に鵜呑みにはできないものの、二〇世紀後半に行なわれた社会経済史研究によって、黒死病の流行後、北欧各国ではそれまで人が居住していた農場のうち、じつに平均して約六割が放棄されたことが判明し、黒死病の短期・中期的な影響が可視化されている。シグネ一家が後にした農場も、作品中盤でシグネが訪れる廃屋も、住むものがいなくなり、忘れ去られた廃村だったのではないか。

黒死病の帰結は、大幅な人口減に留まらなかった。廃村は疫病による集落の直接的な全滅だけではなく、より良い生活環境を求める生存者たちの移動の引き金ともなったのだ。新たな安住の地を求めたシグネ一家、さらに、一家の命を奪った山賊たちも、おそらくはこの黒死病がもたらした社会的流動性の中で生きようともがく農民たちを代表する存在であった。後者のうちで背景が掘り下げられているのは女首領ダグマルだけだが、一番の古株らしい彼女が堅気の出身であったということからも、山賊団が元来からの無法者集団ではない寄せ集めの人々であるとする解釈も可能だろう。ノルウェー国内での本作への論評では、山賊集団の構成員のノルウェー語訛りが統一されていないことを「考証ミス」として扱われていたが、黒死病流行直後の社会的混乱をむしろそのことで反映させようとする試みであったともとれよう。

ただし、一三六三年当時のノルウェー社会、とりわけ農村部についての信頼できる史資料はきわめて乏しく、作品の舞台となったノルウェー南部はもとより、北欧一円について、同時期に治安の悪化を受け、犯罪者が増加したことを直接裏付けるような証拠は存在しない。スウェーデン王位によるノルウェー・スウェーデンの同君連合が成立したことにより、ノルウェー王国内に「王」が不在の期間が長期化するなか、地方の集会を結合軸とする農民共同体が、農民と「お上」の間の利害調整役や最低限の治安の維持といった役割を果たすようになっていく。同君連合が三王国に及んだカルマル連合成立後の中世末期に、ノルウェー東部で散発的に発生した農民「反乱」は、近年では支配者と被支配者間の「階級闘争」というよりは、むしろ秩序の担い手でもあったこの種の農民共同体と連合王デンマーク王ら支配エリート間の政治交渉の一環として解釈する向きもある。

本作品の装束や武装の考証に関しては、文字、考古史資料から再構築される一四世紀の北欧社会のそれにかなり忠実である。女首領ダグマルが使用する石弓（クロスボウ）は、一三六一年にゴットランド島のヴィースビー郊外で島の農民兵とデンマーク兵が干戈を交えた戦場跡から発見されており、当時のノルウェーに出回っていても不思議ではない。ヴィースビーの戦いに関する戦場考古学から得られた知見は、同時代のヨーロッパの他地域と比較しても豊かなものであり、本作品にもその一端が生かされていると言えよう。さらに、北欧各国の法史料で、王が主として防衛目的で各地の農民を徴用する「海軍役」の召集をかける際、かれらが保管している武器を人員とあわせて供出を義務付け、また定期的に使用可能な状態か地方役人が監査を行なうという規定が存在する。その諸規定で言及が存在する剣や槍、斧、弓については、当時の農民の武装に準じた装備を、農民崩れの山賊が使っていたと考えれば自然なものばかりである。

〈さらに興味のある人に〉

その一方で、文化面の考証を中心に、近年の研究水準に照らした場合、やや疑問が残る箇所が散見される。わかりやすい例を挙げるならば、北欧神話の神々由来の人名のうち、「トール Tor-（古北欧語ソール Þor-）」を合成名詞の構成要素として持つ人名以外はノルウェーではキリスト教を社会全体が受け入れた一一世紀以降については稀であり、とりわけ山賊の一人が名乗る「ローケ Loke（古北欧語ロキ Loki のノルウェー語形）」は、キリスト教への改宗前の史資料でもほぼ類例がない。作品中、キーアイテムとして扱われるルーン文字を刻んだ木製の護符についても、いささか疑問が残る。黒死病直前まで農村社会でのルーン文字知識が存続していたことは知られているものの、本作中に登場する刻まれたルーン文字は中世期のものではなく、ヴァイキング時代より前に廃れた「古フサルク」中の一文字であるように筆者には見えた（なお、現実には人名などの単語でルーン碑銘は刻まれることが多く、一文字だけ特別な文字を用いるといったことはほとんど存在しない）。本作に関する海外サイトの情報によれば、劇場公開版では山賊らをキリスト教受容以前の北欧神話の神々、「アース（エーシル）」の信者とするシーンがカットされたとのことだが[2]、この情報が正しいとするならば、劇場公開版の方が現在想定されている一四世紀ノルウェーの社会像により忠実である、ということになる。

また、作品中のある登場人物の過去にかかわる妖術使いへの私刑（水中に投じる）という挿話については、中世北欧の歴史叙述ではかなり早いものに類似の記述が存在するため、ノルウェーの土俗的慣習を再現したものか、あるいは近世ヨーロッパの魔女狩りとの連想を想起させようとするものか、そのあたりは筆者には判断ができない。

このように、キリスト教が社会の主要組織原理となって数世紀以上経過した時代についてでさえ、前キリスト教的な土俗文化との混交が存在したとする本作品での中世北欧民衆文化像は、必ずしも第一義的に学問的な検証に基づくものではないだろう。むしろ、学術的な社会の再構成よりも、ベルイマンの古典『処女の泉』（一九六〇）との連続性、あるいは二〇世紀後半からの異教復興運動（ネオ・ペイガニズム）からの影響という二つの系譜から考察を行なう方が、二一世紀における北欧人自身の持つ「中世北欧」イメージを考える上では有益かもしれない。

〔成川岳大〕

註

（1）Ingunn Økland, «Ondskap etter Svartedauden: En veldig liten historie fra middelalderen», Aftenposten, Sep. 27, 2012 <https://www.aftenposten.no/osloby/byliv/i/0nLrG/Ondskap-etter-Svartedauden>（二〇一九年八月二四日閲覧）

（2）<https://www.imdb.com/title/tt2076850/trivia?ref_=tt_trv_trv>（二〇一九年八月二四日閲覧）

第10章 バルト・キングダム

原題／Nameja gredzens［ナメイの指輪］、監督／アイガルス・グラウバ、製作国／ラトヴィア、製作年／二〇一八年、日本公開年／二〇一九年、上映時間／一一〇分

【主要対象国・地域】 ラトヴィアの南部地域（ゼムガレ）

【キーワード】 一三世紀、キリスト教世界の拡大、帯剣騎士団、北方十字軍

〈ストーリー〉

時代は一三世紀。ヨーロッパ北東部では、ローマ教皇の指示で「異教徒」の地の征服と、それにともなうキリスト教の影響力の拡大が進められていた。バルト海東南岸地域も例外ではなく、現在のラトヴィア人の居住地域では、諸部族が統一されないままに、外からの侵入者にさらされることとなった。現在のラトヴィアで文化的な四地方として認められているヴィジェメ、クルゼメ、ゼムガレ、ラトガレの四地方が、諸部族の文化的まとまりを形成しつつあった時代であった。

本作品の題名のナメイの指輪は、ラトヴィア人の自立、連帯、信頼などを表す伝統的な指輪で、現在のラトヴィア人の間でも多くの人々が身につけている。

その伝説を語るのが本作品である。現在のラトヴィア南部のゼムガレが舞台である。ゼムガレの人々は、自然信仰を持ちつつも、すでにローマとの交易を享受していた。バルト海に浮かぶ、現在はエストニア領のサーレマー島は、すでにローマ教皇の息子によって征服されていた。豊かな自然とともに生活するゼムガレの人々の王ピエストルスが、サーレマー島の族長の葬儀に息子を連れて訪れる。そこは、ローマ教皇の私生児マックスによってすでに征服されており、住民のキリスト教への改宗が強いられていた。マックスは、司教を帯同し、異教徒の改宗という宗教的名目を掲げていたが、実際には異教の地であるゼムガレの征服をもくろんでいた。その征服のための軍隊となったのは、ドイツ人帯剣騎士団であった。マックスの征服に抗えないサーレマーの新しい族長は、父の弔いに訪れたピエストルス王親子を葬祭の行事にかこつけて毒殺に手を貸すことになる。ゼムガレに帰り着いた直後に、ピエストルス親子は、毒に倒れ、間もなく他界する。亡くなる直前にピエストルス王は、姉の息子であるナメイに、王の象徴である指輪を渡し、ゼムガレの将来を託した。族長でもないナメイが王の指輪を受け取ったことに対して、族長たちは、必ずしも、ナメイの統治

を快く思ってはいなかった。

ゼムガレの征服をもくろむマックス率いる帯剣騎士団に対抗するには、諸部族が結束して闘うしかないと主張するナメイに対し、王の指輪を手渡すようにと迫る族長、またある族長は豊かな交易がもたらされるのだから、マックスによる支配に甘んじようと主張し、諸部族の結束を困難にしていた。人望のあるトライデニスが、「自分の土地にいながら奴隷のように束縛され、税を払わされることに立ち向かおう」と、王となったナメイを支持し、ようやく服従より対決を、そのために団結が必要であるということに人々は気づく。

バルト海沿岸での帯剣騎士団とゼムガレの人々との凄惨な戦闘シーンが続き、女性に至るまで斧をもって戦っている様子が本作では描かれている。ナメイは一度は敵に捉えられたが、からくも脱出に成功し、彼は王の証である指輪を溶かし、皆が同じ指輪を結束の証とし、ドイツ人との決戦に向かう。「跪(ひざまず)いて奴隷になるより、立って死ぬ方がましだ」と、ナメイは騎士団側に寝返った旧側近に語る。一方、激しい抵抗に窮したマックスは父であるローマ教皇にさらに多数の兵士の増員を要請し、兵力を増強しゼムガレの征服をめざした。

ナメイの指輪のペンダント・トップ

残虐なドイツ人の帯剣騎士団の侵入によって、陣地から撤退するナメイたちは、指導者だけが神と対話するとされていた聖なる沼沢の地に逃れこみ、マックス率いる帯剣騎士団と対決する。ナメイたちの奇襲作戦によってマックスは倒れ、沼に沈む。マックスの死を知らされたローマ教皇は、後続の軍を派遣せよと指令を発す。

この故事から、ゼムガレの人々にとっては指輪をもつことが己の選択に責任をもつことであると示唆され、ナメイの指輪は「誠意と勇気、自由の象徴」となった。そして、エンディングのテロップでは、百年後、ゼムガレはローマ教会の権力のもとに屈したと、記される。

〈作品の背景と現実〉

二〇一九年の「EU フィルム・デイズ（EU Film days）」において日本で公開された歴史物語。ラトヴィアの多くの人々が持っている「ナメイの指環」の由来とともに、バルト海東南岸地域の人々がキリスト教世界へ組み込まれる様子が非キリスト教徒であった当時の勇気ある闘いとともに語られる。現在のラトヴィア南部の丘に中世の砦の址が一九世紀になって発掘されている。

ゼムガレ地方に伝わるナメイシス王の指輪に関わる言い伝えは、その地が帯剣騎士団の勢力に征服された中世から伝わる物語に基づいている。当時、人々はドイツ人帯剣騎士団の侵入によって、追われ、さらに南部の現在のリトアニアに逃げたとされている。

実際に、ローマ教皇による異教の地の改宗と征服は一二世紀末から本格化し、侵入してきた帯剣騎士団と人々との争いは熾烈であった。たとえば、ダウガヴァ川沿いに建てられたイクシュチレの要塞と教会をたて、最初の司教に任命されたマインハルトの死後、司教に任命されたベルトルドは、一一九八年に、現地のリーヴ人との争いで命を落としている。この結果、多くの土地がキリスト教の支配から一時的に解放されたものの、間もなく、ブレーメン大司教の甥であるアルベルトが、リヴラントの司教に叙任され、ラトヴィアの本格的なキリスト教化が始まる。司教座聖堂をダウガヴァ川の河口をさかのぼった地に設立し、アルベルトがリガ（ラトヴィア語でリーガ）司教となり、そこがキリスト教化の拠点になるとともに、商業の中心地、ドイツ人のバルト海東南岸地域への入植の拠点ともなっていく。

では、なぜ、本作品が二〇一九年の日本での「EU フィルム・デイズ」で上映されたのであろうか。二〇一四年にラトヴィアの国立フィルムセンターからこの映画製作プロジェクトに対して、ラトヴィア史上、二番目に大きな補助金が提供され、本国での関心は高かった。そして、本作品が、歴史アクションものとしてラトヴィア国内で大ヒットしたことに加えて、ラトヴィアの人々にとって身近な「ナメイの指輪」の起源を外国人に示す良い機会であったのだろう。

部族の支配者の印であった「ナメイの指輪」は、二〇〇九年に発行されたラトヴィアの硬貨一ラットの裏にも刻まれていた。昔日のゼムガレの王を扱った小説『ナメイの指輪』（一九二八）もその指輪について語っている。

本作品を観ると、戦間期の一九三〇年に映画にもなった民族的叙事詩『ラーチプレーシス』を思い起こす。それは、ラトヴィアの詩人プンプルス（Andrejs Pumpurs）が一八七二年から八七年にかけて執筆した叙事詩である。そのラトヴィアの民族的叙事詩に着想を得て一九八八年に制作されたロックオペラがあるが、それはソ連時代の末期にラトヴィア人の自立を示そうとするものであった。その時期は、ラトヴィア人の〝第三の民族覚醒期〟といわれ、ソ連支配下のラトヴィア人の意識を大きく揺さぶるものであった。

『ラーチプレーシス』が書かれたのが、一九世紀のまさに最初の民族覚醒の時代であったし、その民族叙事詩にも、一三世紀の初めにキリスト教化を進める北方十字軍に協力して寝返った人物が登場している。その後、現在のラトヴィアの主要な地方である中央部のヴィジェメ（ドイツ語呼称のリヴラントの南部）と南西部のクルゼメの大半の土地も、教会とドイツ人入植者の子孫の貴族の支配下となり、それは、この叙事詩に描かれた状況が一九世紀まで続いていたことを意味している。

〈さらに興味のある人に〉

二〇一八年の独立百周年を記念する行事として、劇映画が六本、アニメーションが二本、ドキュメンタリー映画は八本製作された。とくに、歴史の問い直しや確認がされているドキュメンタリーを紹介すると以下のようになる。

アスコルズ・サウリーティス（Askolds Saulītis）監督の『アストーニャス・ズヴァイグネス［八つの星］（*Astoņas zvaigznes*）』は、ラトヴィアの人々が民族としての意識と第一次世界大戦中のドイツ軍の占領を自らの軍隊によって解放しようと創設されたラトヴィア人ライフル隊をテーマにし、全国から編成された八つの連隊の結成からロシアの内戦での戦闘、帰還までを描いたものである。クリスティーネ・ブリアデ（Kristīne Briede）とリトアニア人監督の『バルティヤス・ヤウナイス・ヴィルニス［バルトの新しい波］（*Baltijas Jaunais vilnis*）』は冷戦期の一九六〇年代のプロパガンダ的な伝統を破った映画製作者たちと現代との世代をつなぐ時代の架け橋を詩的に探ろうとする。ライチス・アーベレ（Raitis Ābele）・ラウリス・アーベレ（Lauris Ābele）が監督の『バルトゥ・ツィルティス［バルト諸部族］（*Baltu ciltis*）』は、のちにラトヴィア人となるバルト諸部族の一三世紀の様子をドラマ仕立てに仕立てたものである。ギンツ・グルーベ（Gints Grūbe）監督の『ルストルム［清めの儀式］（*Lustrum*）』は、KGBのアルヒーフの公開に関わり、一九九〇年代にはまだ国の将来にとって危険だとみなされた内容を多く含むが、国による公式なリサーチなどの記録である。また、クリスティーネ・ジェルヴェ（Kristīne Želve）監督の『メーリヤス・ツェリョーユムス［メーリヤの旅］（*Mērijas ceļojums*）』は、第二次世界大戦中の一九四四年、ドイツ軍が占領していたリーガから撤退する際に、多くの美術作品を持ち去ったが、それらをリーガに取り戻したメーリヤの旅を描いている。

秀逸なドキュメンタリーも日本では公開されていない。今後、英語版での展開を期待している。

〔志摩園子〕

第11章　ロイヤル・アフェア　愛と欲望の王宮

原題／En kongelig affære［王家の情事］、監督／ニコライ・アーセル、製作国／デンマーク、製作年／二〇一二年、日本公開年／二〇一三年、上映時間／一三七分

【主要対象国・地域】デンマーク

【キーワード】一八世紀後半、啓蒙専制主義、カロリーネ＝マティルデ、ストルーウンセ

〈ストーリー〉

従兄でデンマーク王に即位したばかりのクリスチャン七世王のもとへ、イギリス王太子の娘、一五歳のカロリーネ＝マティルデが嫁いで来る。病ゆえに自己を確立できない若き王に、早く身を固めさせて状況を改善しようとする宮廷の犠牲者が彼女である。夫は街の売春宿に通うものの、彼女に興味を示さない。彼女を国に残して外遊し、ホルシュタインで随行医として雇った青年ストルーウンセを連れて王は帰国する。侍医となったストルーウンセと、彼に政務までも任せる王、寂しく部屋にこもる王妃の、三人の関係が物語の軸となる。

はじめ、王妃はストルーウンセを遠ざけていたが、病弱であった一人息子、幼児のフレゼリク王太子が、ストルーウンセの考えを実践して厳しく養育していくことで健康になっていったことから、王妃の彼への信頼感が生まれる。また、ストルーウンセの啓蒙主義の蔵書が、二人の仲立ちとなり、王妃は彼を受け入れていく。

ストルーウンセは啓蒙主義的施策を王の署名を得て次々と実施し、彼によって啓蒙主義的な専制政治が行なわれた。王妃は公然の秘密の中で、第二子を生む。宮廷内の不満派によるクーデターによってストルーウンセが逮捕・処刑され、早すぎたデンマークの「啓蒙時代」に終止符が打たれる。ストルーウンセは断頭台にひき立てられる際に見物に集まった民衆に向かって「私はお前たちと同じ（階級のひとり）だ！（Jeg er en af jer!）」と叫び、時代に先行した〝啓蒙主義者〟の悲劇が象徴される。そして、王妃は初めクロンボー城に幽閉され、そして国外追放の身となり、イギリス王となっていた兄のジョージ三世は彼女がイギリスに帰ることを拒絶し、イギリス王が選帝侯を兼ねるハノーファー国のツエッレの地で猩紅熱（しょうこうねつ）を患い、二三歳の生涯を終えていく。

〈作品の背景と現実〉

　精神の病に冒されていた王とその王妃、そして王の侍医を取り巻く有名な一八世紀デンマークの「王室スキャンダル」の、映画化である。本映画では主要人物の誰もが〝悪者〟に描かれることなく、理屈にかなったストーリーの展開で、邦題が仄めかすほどの興味本位のおぞましい「セックス・スキャンダル」物語にはなっていない。デンマーク史の一エピソードが本映画上では〝時代を先取りした悲劇の英雄〟物語という解釈で展開されている。マッツ・ミケルセン（デンマーク語発音、マス・ミケルセン）演じる侍医ストルーウンセは、王族・宮廷人の絹製の上着にキュロットという煌びやかな盛装とは異なり、平民の服をつねに着用していて、自由を語る啓蒙主義者という人物として描かれ、映画のクライマックスでは断頭台に集まった民衆に対し「私はお前たちと同じだ」と悲痛な叫びを発する。

配給：アルバトロス・フィルム
（DVD　発売中）

フランスのヴォルテールやルソーらの啓蒙書に感化され、その影響を受けていたとはいえ、彼の実態は、映画とは裏腹であっただろうと考えられる。デンマークの歴史画家クリスチャン・サートマンが描いた「クリスチャン七世の宮廷のシーン」（一八七三）や、「前世紀の王宮の一場面」（一八八一）には、王をさておき、王妃と談笑するハイヒールにキュロット姿で豪華な服装に身を包んだストルーウンセが描かれており、本作の中でそうした服装ではない王宮内の彼を想定していることはきわめて斬新なアイデアだ。そして彼は映画の中のミケルセンのようには、デンマーク語を話さなかった。

　そうした一八世紀後半がデンマークではどのような時代であったろうか。

　一六六一年に「絶対王制（enevælden）」が確立し、それまでの、有力貴族による「選挙」で王位を決める「選挙王制」が終わり、六五年の「王法」によって、自動的に王の長男が王位を継ぐとされていた。この王法によって、のちにストルーウンセが裁かれたのである。一六六〇年にスウェーデン軍が首都コペンハーゲンを包囲し、王と市民の協力のもとにそれを守りきり、その二者間で「社会契約」的に「王の絶対的権力」が約束された。その戦いに協力を惜しんだデンマーク貴族がその後の政治の中枢から排除されることになり、それ以降、王のそばにあってデンマークの政治を担う宮廷官僚を、ドイツの貴族（ユンカー）の二、三男がデンマークにやってきて担うという形が定着する。

　歴史上、デンマークの王たちの妃はドイツ貴族家出身者が多く、また、ドイツ人の「新貴族」がデンマーク国民となって王国内に居所を持ち、玉座を囲んだ。また、彼らの中の優秀な政治家であるハノーファー出身のJ・H・E・ベアンストーフ（一七一二〜七二）は、外務大臣としてマリア＝テレジアやフリードリッヒ大王らが展開するヨーロッパの戦争の局外にデンマークを居続けさせた。映画の中でクリスチャン七世が五〇年を超える平和に触れてつぶやく場面がそれを語っている。大北方戦争（一七〇〇、〇九〜二〇）に明け暮れることで一八世紀を迎えたデンマークを、ベアンストーフの外交的手腕によってオーストリア継承戦争（四〇〜四八）、スウェーデンの「対ロシア戦争」（四一〜四三）、七年戦争（五六〜六三）など、ことごとくデンマークに中立を保たせて国内の社会的・経済的安定を確保させ、デンマークの近世にあっては珍しく長い「平和の時代」を現出させていたのである。そのベアンストーフさえも、映画の中にあるように、絶対的権力を握ったストルーウンセによって政治の中枢より排除されている。印刷物の検閲制を廃止し、貴族の特権を弱めようと目指した勅令など、矢継ぎ早に一七七〇年から七二年までの一六ヵ月間のうちに、一〇〇〇を超える命令が発せられた。それに対し、先王の後妻、クリスチャン七世の実母ではない王太后ユリイェーネ＝マリーイ、王嗣フレゼリク、グルベアらによるクーデターが生起し、王の署名をもってストルーウンセや王妃の逮捕が実行された。

　早すぎた啓蒙主義的改革が頓挫（とんざ）することになったが、その一二年後の一七八四年、クリスチャン七世の息子フレゼリク王太子が、遅らせられていた成人式を終えて初めての枢密院会議に出席したさいに、「逆クーデター」とも言うべき枢密院での実権を掌握した。その二年後の「大農民委員会」の設立によって隷属していた農民の立場の改善がなされ、啓蒙主義的改革が形を成していく。

　ストルーウンセ排除の口実の一つとなった「王妃との密通」に関しては、ルイーセ＝アウグスタ姫の誕生以来、彼女はクリスチャン七世の嫡出子と認定されていた。彼女は兄フレゼリク王太子とともに王宮、クリスチャンスボー城で育ったが、一四歳でアウグステンボー公爵家の世子フレゼリク＝クリスチャンに王家から嫁いでいった。しかし、彼女の肖像画を見ると、ストルーウンセの特徴的な〝鍵鼻〟が彼女に受け継がれているのがわかる。


〈さらに興味のある人に〉

「ドイツ人」ストルーウンセはデンマーク語を語らな

かった。彼の「非デンマーク性」が反感を買ったことが王宮内のクーデターの原因の一つだともいわれる。しかし、玉座周辺もドイツ文化の華が咲いていたのであるから、デンマークの一般庶民にとっては、そのこと自体はそれほど驚くべきことではなかった。やはり彼の存在によって絶対王制下の農民に対し支配をほしいままにしていた貴族などの特権階級の利害関係が、危うくなることが宮廷内クーデターの原因であった。デンマークにおいて市民階級が、自らの使用言語である「デンマーク語」にこだわり、その民族的存在理由として「デンマーク人であること」を自覚し、「ドイツ的なもの」をデンマーク国家から排除していこうという「民族ロマン主義」の時代を迎えるには、あと半世紀の年月を要した。そのとき、時代が大きく動き、一八世紀的国家成立の原理が通用しなくなる。

市民階級をリードする「ナショナルリベラル」派が、デンマーク王国と二つの公爵領「シュレースヴィヒ＝ホルシュタイン」との伝統的な結びつきに明確な「ノー」を告げる。デンマーク語を日常語とする人々が過半数を占めるスリースヴィ（シュレースヴィヒ）公爵領を自由主義憲法によって結び付けようとし、デンマーク語をしゃべる人々からなる「国民国家」の樹立を求めた。

また一八三七年、デンマークの王家の男系が断絶することが必然であることを根拠に、王家の男系系統が繋がっていることから、アウグステンボー公爵家がその二公爵領を継承すると主張して、ドイツ的民族主義に棹差したのが、ルイーセ＝アウグスタの息子、クリスチャン＝アウグスト公爵である。さらに、その息子は、一八六三年、デンマーク王フレゼリク七世が急死し、オレンボー王家が断絶すると、直ちに「フリードリヒ八世公爵」を名乗って二公爵領の継承者であることを宣言した。デンマーク王国にとっては、厄介な障害物となっていく。ただし、同家の反王室感情は、ルイーセ＝アウグスタが出発点ではなく、彼女の兄フレゼリク王太子（一八〇八年以降、六世王）と彼女の夫との、ナポレオン戦争期の神聖ローマ帝国解体後のホルシュタインの扱い・スウェーデン王位の可能性をめぐる立場の違いから生じていた。夫は一八一四年に亡くなっており、その夫の立場が息子たちに受け継がれていった。まさに、その後の王朝的継承権の行方とか、新たな「国民国家」意識が市民の間に現れようとする以前の、人間模様の展開が本映画の舞台であり、その背景に忍び寄っている新たな時代状況などスクリーンには噯気にも表れていないのは当たり前のことである。

〔村井誠人〕

第12章 コールド・アンド・ファイヤー 凍土を覆う戦火

原題／1864［一八六四年］、監督／オーレ・ボーネデール、製作国／デンマーク、製作年／二〇一四年、日本公開年／二〇一八年、上映時間／一二六分

【主要対象国・地域】 デンマーク（スリースヴィ）
【キーワード】 一八六四年、三年戦争、デュブル、第一次・第二次スリースヴィ戦争

〈ストーリー〉

第一次スリースヴィ戦争（「三年戦争」一八四八〜五一）で最終的に「シュレースヴィヒ＝ホルシュタイン」の反乱軍を鎮圧し、国内的・国際的状況としては現状維持で終戦を迎えていたデンマーク王国内の世論は、新たな戦争に向かう「好戦的な」雰囲気が出来上がっていた。

一八六四年デンマークはプロイセン・オーストリアと戦火を交え（第二次スリースヴィ戦争）、四月一八日デュブル要塞に六時間に及ぶ集中砲火を受けた後、一万の兵の総攻撃を受け決定的敗北を喫する。同年一〇月三〇日のウィーン講和をもって戦争は終結する。

一八六三年、王国内の典型的な大土地所有者の農場の小作農の息子、ラウストとピータの兄弟が、徴兵制のもと勇んで兵役に就く。幼馴染の、領主館の管理人の娘インゲにそろって恋心を抱き、三人の「友情物語」――兄ラウストが、弟ピータの感知することなく、インゲとの愛を育み、彼女は妊娠する――と戦場の過酷な戦況が織りなす戦争スペクタルがそこにある。

〈作品の背景と現実〉

デンマークでは二〇一四年に戦後一五〇年を迎え、我が国のNHKに当たるデンマーク放送協会（DR）から、その戦争を扱った『一八六四』と題した連続テレビドラマが放送された。本映画はその劇場版として編集され、時代の政治的背景を「徹底的に」割愛し、戦争にもてあそばれる兄弟愛のドラマが展開される。監督ボーネデールの製作意図のひとつは、近年増加しつつある外国移民に対するデンマーク国民の「ナショナリズム的傾向」に、悲惨な過去の戦争を引き合いに出して警鐘を鳴らすことであった。戦争の元凶を市民階級の指導的立場にあった自由主義政党ナショナルリベラルの、当時の首相D・G・モンラズの「躁（そう）病質」に由来する国際情勢の分析の甘さと政治的無責任が国民を煽（あお）ったこととした。しかし

多くの歴史研究者たちは、モンラズの国際情勢の判断の甘さのみを戦争の原因とする見方に異議を唱えている。ボク＝スヴィエンティ（Tom Buk-Swienty）の『最後の審判の日 アルス島 一八六四年六月二九日（*Dommedag Als 29.juni 1864*）』（二〇一〇）をボーネデールは参考にし、そこではデュブル陥落の一ヵ月後から始まったロンドンでの休戦会議における状況認識の甘いデンマークの対応が語られている。同書の主題は休戦会議の決裂（六月二五日）後のプロイセン軍のアルス島への侵攻、それに続く済し崩し的なデンマーク軍の壊滅的な敗北を語ることである。とはいえ、ドラマではその戦争への〝道筋〟でモンラズに原因があるとするのであるが、いささか無理がある。

　実際、デンマーク王国では、一八四八年三月、ナショナルリベラルの主導のもと絶対王制が終焉を迎え、その後、自由主義憲法の施行（一八四九）、信教の自由、職業選択の自由、相続上の男女平等も一八五〇年代に確立されている。彼らはデンマーク語住民が過半数を占めるスリースヴィ（シュレースヴィヒ）公爵領にも、その自由主義憲法を施行させることでデンマーク民族による「国民国家」の樹立を求めていく。当時のデンマーク国家とは、デンマーク王国とスリースヴィ、ホルシュタイン、ラウエンブルクの三公爵領とからなり、デンマーク王が公爵領それぞれの「公爵」を兼ねるという複合的なモザイク状態で編成されていた。王国のナショナルリベラルはドイツ連邦に所属するホルシュタインと、デンマーク王国内から「派生していた」スリースヴィとを分かつ「アイダ川」をデンマーク国家の南限国境とすることを求めていた。そのことがホルシュタインおよびスリースヴィ南部のドイツ語を日常語としてきた人々の間の、一五世紀に起源をもつ「両公爵領は〝不可分の一体〟」とみなす伝統意識に抵触し、ナショナルリベラルが王国内の政治の中心にいる限りこの対立関係は不可避のものであった。

　第一次スリースヴィ戦争とは、一八四八年三月、王国に出現したナショナルリベラルを閣僚に含んだ新政府の出現に対し、ドイツ人の国民主義の流れに棹差した「シュレースヴィヒ＝ホルシュタイン」臨時政府が樹立され、四月九日のボウにおける両者間の交戦から始まった。はじめデンマーク国家内の「内戦」であったが、プロイセンが参戦してデンマーク王国軍が劣勢になった。ロシアの干渉によりスウェーデンが仲介して、プロイセン軍が引き上げ、一八四九年七月六日のフレゼレチァの戦いでの王国軍の勝利によって事態は大きく変化し、最終的には五〇年七月二五日のイステズにおけるデンマーク軍の勝利――蜂起軍に対し、死傷者数は、デンマーク軍の方が多かったが——で、決着を見た。戦争の結果は王国と三公爵領との関係においては現状維持で終わったが、王国内に「戦勝ムード」が漂（ただよ）ったのは事実である。

そして、一八六三年三月「ポーランドの蜂起」が起きてヨーロッパ情勢に変化が生じる。デンマーク王国ではハル政権による「一八四八年の精神」の再興の雰囲気のもと、ナショナルリベラル主導の対公爵領施策が積極化する。連合議会においてスリースヴィ公爵領へデンマーク王国と共通の憲法を施行することが採択されたが、その直後に王フレゼリク七世が急死し（一一月一五日）、新王クリスチャン九世の即位と続き、その共通憲法案の撤回を求めてプロイセン・オーストリアが干渉する。それへの対応が遅れるデンマークに対して、両国が最後通牒を突き付け、行き詰ったハル内閣の崩壊後、一二月三一日、モンラズが組閣して国外からの圧力に対処した。すなわち、第二次スリースヴィ戦争の発端時では、モンラズはむしろ冷静に事態に対処しようとしていたのであり——法治国家では、議会において採択された決議は、その議会において否決されなければならないとする理屈で対応——、プロイセン・オーストリアは時間切れとし、二月一日に宣戦布告して、第二次スリースヴィ戦争は始まる。

さて、本作品の内容にこだわってみよう。スクリーンには映画の題名がどこにも現れない。最後のクレジット中でかろうじて「1864」の文字が現れるが、邦題に言う『コールド・アンド・ファイヤー』のカナ表記や副題の「凍土を覆う戦火」も謎である。言葉通り「凍土」の地での戦争を連想しても、凍土とは「ツンドラ」であり、意味不明である。その邦題は最前線であるダネヴィアケ土塁の防御陣地を放棄して、デンマークの兵士たちが酷寒の中、夜陰にまみれて北のデュブル要塞へと後退するシーンからの印象であろうか。しかし、ストーリー展開上のキーワード的なものとして、ヒバリが囀（さえず）りながら青空高く昇っていくシーンが幾度もあり、まさに四月一八日の総攻撃が展開された時期を象徴していることに注目すべきではないか。

また、主人公の兄弟が徴兵検査後、陸軍第八旅団第九連隊第一歩兵中隊に編入される。彼らを迎えた中隊長の名は、ヴィルヘルム・ディーネセンであり、映画のなかでは彼はつねに兄弟の近くにいた。デンマークで著名な作家、カーアン・ブリクセンの父であり、彼女の生家の姓はDinesenであり、彼女が英語で作品を書くときはイサク・ディーネセンと名乗っていることと符合し、興味深い。映画の冒頭に、「この映画は事実に則っている」と掲げられており、たとえばアンデルセンが領主館を訪れて、伯爵らに自作の『しっかり者の錫の兵隊』を読み聞かせるシーンがあり、時代状況は「史実」に則って描かれている。ただ、主人公たちに関しては「史実」として特定のモデルを想定することは難しい。

長編の大河ドラマの短縮化によって、意味が不明確になっている場面がままある。たとえば、緒戦においてダネヴィアケを迂回したプロイセンの王族、フリードリヒ＝カールが率いた部隊がミュソネでデンマーク軍に敗れるエピソードなどが、映画の文脈上わかりにくい。また、戦場でピータが敵兵に銃床で殴打されたところでスクリーンは暗転するが、三年後に彼は故郷に帰還する。小さなデンマークにあって三年の行方不明ののち、突然に〝帰郷する〟シーンは驚きである。その事情をかろうじて暗示する錯乱したピータらしき傷病兵のシーンが〝一瞬〟挟まれるが、ストーリー的には突然にピータが故郷のインゲの前に現れる。ところが、テレビの大河ドラマでは、気を失い、野戦病院に収容され、捕虜としてオーストリアに連れていかれ、その後、病が癒えて解放され、故郷に向かって歩いていくピータが描かれている。

TOM BUK-SWIENTY
DOMMEDAG
ALS
29. juni 1864

ボク＝スヴィェンティの書

そこでは南下していくプロイセン兵の隊列とすれ違う場面があり、デンマークとの戦争後二年してかつて友軍であったプロイセンとオーストリアが干戈（かんか）を交えることを暗示した場面である。ドイツでは「デンマーク戦争」と呼ばれたこの戦争が、その後の普墺戦争（一八六六）、普仏戦争（一八七〇〜七一）への序章であり、その結果がプロイセンによるドイツ統一を導いた。

〈さらに興味のある人に〉

この映画は、有名な戦争絵画が動き出すような印象がある。たとえば、フレズレクスボー国立歴史博物館の壁に懸かるヴィルヘルム・ローセンスタン（Vilhelm Rosenstand）の描く「一八六四年四月一八日の第八旅団の応戦」（一八九四）が動きをもってスクリーン上に展開している。ローセンスタン自らも中尉として従軍しており、映画のシーンが時代状況を示す多くの絵画・写真の考証の上に作られており、それらに関心を持つのも面白い。

〔村井誠人〕

第13章 バベットの晩餐会

原題／Babettes gæstebud［バベットの晩餐会］、監督／ゲーブリエル・アクセル、製作国／デンマーク、製作年／一九八七年、日本公開／一九八九年、上映時間／一〇二分

【主要対象国・地域】デンマーク、ユトランド（ユラン）
【キーワード】ユトランドの寒村、敬虔主義、晩餐会、質素、パリ・コミューン

〈ストーリー〉

北欧の寒村に変わることなく打ち寄せる波のように、未婚のまま歳を重ねた姉妹が静かに信仰と奉仕の日々を送っている。この姉妹の亡くなった父親は村の指導的牧師であり、姉のマーティーネと妹のフィリパの名は宗教改革者ルターとメランヒトンから取られたものであった。

茅葺の小家屋に住む姉妹や村人の生活は一言でいえば「質素」である。そのことに何十年も疑問や野心を抱かない、その不変の佇まいの背景には、北欧の敬虔主義がある。

一四年前にパリ・コミューンで家族を失い命からがらこの土地にたどり着いて姉妹の下に身を寄せたのが女中のバベットであった。彼女は耳慣れぬデンマーク語を教わりながら、質素極まる北欧の田舎料理を覚えなければならなかった。最初に彼女が習った料理は――それを料理と呼ぶとすればだが――水で戻すタラの干物と、水とビールに浸けて粥状にしたパン（ウル・ブレヅ）であった。

映画は姉妹の若き頃に時を遡る。二人の単調な生活にさざ波を立てたのは、都会から来た二人の男性であった。一人は不品行で遠い叔母の元に送られたスウェーデンの青年中尉であり、もう一人はスウェーデンでの公演後にユトランドに立ち寄ったパリの花形歌手であった。

中尉は姉のマーティーネの清らな美しさに心奪われ、歌手は妹フィリパの天使のような声に驚愕して声楽の練習を申し出る。しかし彼らは、牧師の父親と姉妹の禁欲的な世界に立ち入ることができず、失意のまま村を去る。

登場する村人たちは皆年老い、自らの罪を悔い恐れながらも他人に毒づくようになっていた。そのような時、女中のバベットがある出来事を起こす。奇跡的に当たった宝くじで、一夜限りの晩餐会を開くのである。亡き牧師を偲ぶ茶会と思っていた姉妹と村人たちは困惑する。担ぎ込まれる見たことのない食材やワインは、あたかも

魔女の狂宴のようにしか見えない。彼らは何が出ても料理を一切話題にせずやり過ごそうと決心する。

この晩餐会には予想外の客も訪れる。若き日にマーティーネに求愛するのを断念して虚しい立身出世の道を歩み、今は将軍となったかつての中尉とその叔母である。彼は驚く。パリの最高のレストランで口にした料理、ワインと同じものがこんな場所で味わえるとは？　それを確認しようとしても、味わうことを自らに禁じた村人たちとの会話はちぐはぐなままである。

やがてそうするうちに、全員の舌と心は溶け出す。将軍は立ち上がり哲学的な演説を語り始める。我々はこの世で選択をせねばならぬと思い込むが、それは間違っている、拒んだものも与えられる、取り戻せるのだと。村人たちはこれを理解したかわからない。しかし頬を朱に染めて笑みを隠せない彼らは、思い出を語り互いを許し合う。

〈作品の背景と現実〉

北欧で料理を主役にした物語は一体可能だろうか。それを実現した稀有な映画が本作品である。原作はデンマークの女性作家カレン・ブリクセン（彼女はデンマーク語版ではこの名前、英語版ではイサク・ディーネセンの名で作品を発表した）の同名の小説である。

小説の舞台はノルウェーのフィヨルドの小さな町であるが、映画ではデンマークのユトランド（ユラン）半島西部の寒村となっている。

この作品では、来訪者の世界は「大きな外の世界」と呼ばれている。まさに姉妹の住む世界とは別世界であった。デンマークや北欧社会一般には、都市と農村、中央と周辺の越えられれぬ隔たりがあったのである。

デンマークや北欧の社会は大部分が農村的であったが、農民たちは経済的にも精神的にも自立した者が多かった。一八世紀以降、権威的な国教会とは別の、敬虔主義的な信仰が庶民の間に広がっていった。とりわけユトランド半島西南部には、農民と生活を共にし、彼らを霊的に指導する牧師たちが多数移り住んだ。マーティーネとフィリパの父親もそのような一人であったのではないだろうか。

【図1】晩餐会の料理作りを終えて一息ついたバベット

バベットは一世一代の晩餐会の後、自らの出自を明かす（【図1】）。彼女はパリの一等店であるカフェ・アングレの女性シェフであった（将軍はその腕を天才と評した）。この店は実在するのだろうか。実在したのである。

一八〇二年に開業したカフェ・アングレは、ナポレオンがイギリスと講和を結んだアミアンの和約を記念して命名された。第二帝政下のパリでは、オペラ座から延びるイタリアン大通り東側の「五大名店」が美食の名声を競い合った。その中でもカフェ・アングレは、控えめだがエレガントな装飾と親密さの守られる小部屋で各国要人や文化人、また高級娼婦とその客に愛される。一八六七年の万国博覧会の折にロシア皇帝、プロイセン王とナポレオン三世が会食したのもこの店の特別の個室であった。カフェ・アングレは本作品だけでなくスタンダールやバルザック、フローベールやプルーストの作品にも登場するが、一九一三年に閉店した(1)。

バベットが国を捨てて難を逃がれたパリ・コミューンとその弾圧が起こった一八七〇～七一年頃は、フランスや欧州の動乱の時代であった。ビスマルクに敗北したナポレオン三世の第二帝政が倒れると、パリ（他にマルセイユやリヨン）で民衆がコミューン革命を宣言したが、「血の週間」という政府軍の無差別殺戮にあい瓦解した。

そして北の端にある小国デンマークも、一九世紀半ば以降、変化の時を迎えていた。「生のための学校」を唱えた牧師・文学者のN・F・S・グロントヴィ（一七八三～一八七二）をはじめとする民衆教育の思想が花開き、地方地方に国民高等学校（フォルケホイスコーレ）が誕生した。その第一号は南ユトランドのレジングであった。

対外的にもデンマークは他国と無縁ではいられなかった。ビスマルクの下でドイツ統一を目指すプロイセンは一八六四年、オーストリアとともにデンマークを破りシュレースヴィヒ（スリースヴィ）とホルシュタイン（ホルステン）の領土を奪った。国民自由派が指導していたデンマークの政治は揺らぎ、国王・官僚・大地主と首都中心の政治に対して、地方・農村を基盤とする民衆の政党が現れる。農民の友派、グロントヴィ派・国民高等学校教師、在野の言論人らからなるこの党は、現在英語で自由党、社会自由党と呼ばれる二政党の起源となった。

文化の分野では、一八七一年にフランスをはじめとする欧州遊学から帰国したユダヤ系文学者ギーオウ・ブランデス（日本では昭和初期の『十九世紀文学主潮』の翻訳で知られる）が、ヨーロッパの国際的な文化の息吹をデンマークにもたらそうとしていた。

この時代、デンマークは内からも外からも変化に開かれようとしていたのである。しかし、異なる世界が出会うことは、摩擦や対立を引き起こす。ブランデスに対し大学講師職の門戸は閉ざされ、彼は国民的文化にあえて

「非デンマーク的価値観」をぶつける闘いを続けた。国王・官僚・大地主の支配する政府・上院と、新しい野党の府となった下院は三〇年にわたり闘争を続けることになった。そうした争いは、新しい時代を迎える産みの苦しみの時であったのであり、都市と農村、北欧と欧州が邂逅する時代でもあった。

ただしデンマークではフランス革命やパリ・コミューンのように流血の犠牲を伴うことはなかった。異なった社会や価値観の邂逅は、デンマーク流の全員の幸福を目指す福祉社会へと成熟していくことになる。この映画の中ではそれが冬の一夜の夢の宴として予兆されている、とみるのは解釈が過ぎるだろうか。

〈さらに興味のある人に〉

もっとも本作品に込められているテーマは、全く異なるかもしれない。一二人の食事――聖書の「最後の晩餐」を思い起こさせる――に一万フランを使い果たしたバベットはフランスに帰らず、この家での質素な生活に戻るという。そのことを驚く姉妹に対して、「貧しい芸術家はいません」と答える。自らの料理を芸術と言い切る彼女の言葉には、どんな世界にあろうとも芸術家としてあらんとする、誇り高い生き方が表されている。当時の世界は、フランスでも北欧デンマークでも男女平等であったわけではないのだ。

そして現在のデンマークにも価値観の隔たりがないわけではない。移民受入れと国民優先、ＥＵ（欧州連合）と小国デンマークといった対立がある。あれかこれかの性急な選択を迫るポピュリズムもそこには見え隠れする。

いろんな解釈の中でただ一つだけ確かにいえることがある。『バベットの晩餐会』ちくま文庫版の解説（田中優子氏による）では、女性と芸術家というテーマを取り上げ「料理が重要ではない」と書かれている。文字で書かれた原作小説にはそのような読み方もありえよう。しかしゲーブリエル・アクセル監督の手で映画につくり変えられたこの作品は違う。ウミガメのスープ、ウヅラとフォアグラのパイ・トリュフソース、ワインのクロ・ヴージョ一八四五年、デザートのサバランとイチジク、匂い立つ料理と酒すべてが主役だと五感で感じられる。そしてあのビール・パンもまた、この映画のかけがえのない料理なのである。

〔小川有美〕

註

（1）鹿島茂、『失われたパリの復元――バルザックの時代の街を歩く』新潮社、二〇一七年、Luc Bihl-Willette, *Des tavernes aux bistrots: histoire des café*, Lausanne: L'Age d'Homme, 1997.

第14章 愛と哀しみの果て

原題／Out of Africa［アウト・オブ・アフリカ］、監督／シドニー・ポラック、製作年／一九八五年、日本公開年／一九八六年、上映時間／一六一分、製作国／アメリカ

【主要対象国・地域】 英領東アフリカ

【キーワード】 ブリクセン／ディーネセン、ハリウッド映画、男爵夫人、コーヒー園、デンマーク

〈ストーリー〉

ストーリーは一九一三年の冬のデンマークに始まるが、舞台の中心は一九一四年から一九三一年までのアフリカである。デンマークのブルジョア階級の家に生まれ、今や婚期を逸したカレンは新天地での自由を夢見ていた。彼女は遠縁にあたる貴族のブロール・ブリクセンに「便宜上の結婚」を提案。合意した二人は英領東アフリカ（現在のケニア）に渡りカレンの持参金でンゴング山の麓にコーヒー農園を興す。男爵夫人という肩書きを得た幸せもつかの間、夫ブロールは農園の仕事に関心を示さず、結婚早々長期間サファリに出かけ、カレンを失望させる。カレンは夫不在のなか、屋敷で働く使用人のソマリ人、そして土地の開墾とコーヒー栽培を担う先住民キクユ人との絆を深めながらも、なかなか軌道に乗らない農園の事業に孤軍奮闘する。そのようななかで心を許した友人、イギリス人冒険家のデニス・フィンチ・ハットンの存在は、カレンにとって大きな慰めでありかつ喜びだった。

一九一四年の夏、第一次世界大戦が勃発する。不実な夫のせいでカレンは梅毒を患い、一時デンマークへの帰国を余儀なくされる。治療を終えふたたびアフリカに戻った頃には大戦は終結していたが、夫の浮気は収まらずカレンはついにブロールに別居を迫り、その後離婚する。一方、デニスとの愛情は深まり二人は強く愛し合う仲になる。カレンはデニスとの結婚を望むが、束縛を嫌い孤独と自由をこよなく愛するデニスはついぞカレンの望みを叶えることができなかった。

コーヒー豆の収穫が予想外に良かったある年、突然の火事で農園はすべて灰燼と化した。全財産を失い、デニスとの未来も潰えた今、カレンはデニスと別れ、デンマークに帰国する決心をする。最後に飛行機でカレンを送ると約束したデニスだったが、その彼も飛行機事故で永遠に帰らぬ人となってしまった。

〈作品の背景と現実〉

本作品は二〇世紀のデンマークを代表する女性作家カーアン・ブリクセン（英筆名イサク・ディーネセン）の生誕百年を記念し、一九八五年にアメリカで封切られ、翌年一九八六年に日本で公開された。映画の原題が作家のアフリカの回想記とも呼ばれる『アウト・オブ・アフリカ／アフリカ農場（*Out of Africa / Den afrikanske Farm*）』（一九三七）と同名であることから、一般には原作を映画化したものと思われがちだが、内容は似て非なるもの、そもそも当時の日本で作家ブリクセン（ディーネセン）の名自体が一般に知られていたとはいえない。ところが映画『愛と哀しみの果て』は雄大なアフリカの自然をバックに名俳優メリル・ストリープとロバート・レッドフォード演じるハリウッドの一大ラブロマンスとあり、日本においてもかなりの観客を動員した。この映画を機にどれほどの人がブリクセンの原作に関心を抱いたかは定かではないが、少なくとも映画に描かれた「カレン」はメロドラマの主人公であり、作家ブリクセンの実像からは遠く隔たっている。一九八六年、デンマークでの上映が決まったとき、原作と映画とをはっきりと区別させるため、デンマーク語のタイトルには『私のアフリカ』(*Mit Afrika*)が採用された。

【図1】サファリに遠征するカーアン・ブリクセン／ブリクセン博物館蔵

カーアン・ブリクセンは一八八五年、デンマークのコペンハーゲン北東ロングステズロンに生まれ、一九六二年に同じく生家にて享年七七歳で没する。映画のとおり、一九一四年にスウェーデン人ブロール・ブリクセン男爵と結婚、アフリカでコーヒー農園事業に着手し、一九三一年に農園が経営破綻するまで、一七年間アフリカに暮らした。ブリクセンが作家活動を開始するのは、アフリカから帰国して三年後、人生の敗北を喫し五〇歳を目前に控えた一九三四年である。英語で書いた『七つのゴシック物語』をアメリカで発表、同時代文学からはかけ離れた懐古調の筆致が逆に人々の関心をひき、一躍脚光を浴びる。その後、すべての作品を英語とデンマーク語の二本立てで発表し、二重言語作家としての地位を不動のものにした。英語版は男性名イサク・ディーネセン（旧約聖書に登場するイサク＋結婚前の旧姓）を、デンマーク語版は大半の作品に女性名カーアン・ブリクセン（実名＋婚姻後の姓）を用いた。ヘブライ語で「笑う人」を意味する「イサク」をペンネームに転用したのは、苛酷な運命に翻弄された自らの人生を笑うこと、男性名を用いたのは読者に対するジェンダーの撹乱を意図してのことだった。すでに少女時代にオセオーラというインディアンの酋長の名を用いて物語、戯曲、詩を綴り、デビューした後も推理小説は庶子扱いし、男性名ピエール・アンドレゼルを用いるなど、生涯に亘りペンネームにこだわり続けた。

主要作品の大半が幻想物語の体をなしているなかで、自己のアフリカ体験を素材にした『アウト・オブ・アフリカ／アフリカ農場』には、実在の人物が登場し、実在の事件や出来事が記されている。一見ブリクセンのアフリカ紀行・エッセイに近いものかと思わせるが、この作品とて著者のアフリカ体験のすべてを見せているわけではない。形式もギリシャ悲劇の五幕劇を踏襲した五部構成から成り立っており、ブリクセン独特の意匠を凝らした技巧がすいて見える。英語版から訳した横山貞子の『アフリカの日々』の訳者あとがきには、「アフリカの像は著者の内部で結晶し、自分にとっての真実の相をあきらかにしてゆく。その精髄を取り出して作品にしたものがこの本だ。細部はみごとに省略される。（中略）この作品は、なにを書いたかとおなじくらい、なにを書かなかったかによって成りたっているといえる」と書かれている。またデンマーク語版から訳した渡辺洋美の『アフリカ農場』のあとがき「カーレン・ブリクセンをめぐって」には「等身大のブリクセン像を求めるなら、『アフリカ書簡』にまさるものはない。（中略）一九一四年から三一年にかけてアフリカで生活したブリクセンの姿は、発表の意図なしに書き綴られた書簡が感動的なドキュメンタリーとして見せてくれる。母、姉妹、弟、植民地問題、幅広い交遊、読書雑感、フェミニズム問題、自分の病状、ついにめぐりあった理想の男性への思いなど、つきせぬ話題がくり広げられ、雄々しく困難を背負っていこうという決意が全体をつらぬいている。ブリクセンを有名にした『アフリカ農場』の読者なら、この『書簡』は同じくらい、いやそれ以上に刺激に満ちたものとなるはずだ。翻って、『農場』の方は、記録や回想の形をとってはいるが、現実を入念に選りすぐり、劇的効果のための変更も加えて、「作品」となっていることに気がつく」と述べられている。ただ残念ながら『アフリカ書簡一九一四～一九三一』（原題：*Breve fra Afrika 1914-1931*, デンマーク語版一九七八年、*Letters from Africa 1914-1931*, 英語版一九八一年）は未邦訳である。

だとすれば、映画『愛と哀しみの果て』はおろか、その元になっている『アウト・オブ・アフリカ／アフリカ農場』ですら、ブリクセンの実像に迫ることは不可能ということになろう。だからといってそれらがブリクセンの虚像にすぎないかというと、そうとは思えない。数多くのペンネームを縦横無尽に操り、生涯仮面を被り演じ続けることを人生のモットーとし、自らの作品のなかでたえず自己を相対化し、かつメディアを巻き込んでブリクセン／ディーネセン像を神話にまで高めてきた彼女が、生誕百年を記念して製作された本作品を観たらどんな感想をもらしたことだろう。彼女の名を初めて世界に知らしめたアメリカ、そのアメリカの大衆文化の真骨頂とも言えるハリウッド映画のなかに自らの伝説像が新たに造り変えられたことを存外喜んだのではないだろうか。

〈さらに興味のある人に〉

本作品を観てブリクセンという作家に興味を持った人には、原作である『*Out of Africa / Den afrikanske Farm*』の翻訳を読むことを是非お勧めしたい。英語版からの訳『アフリカの日々』（横山貞子訳）もデンマーク語版からの訳『アフリカ農場』もどちらも素晴らしい訳だが、現在入手が簡単なのは再版された『アフリカの日々』（河出文庫、二〇一八年）であろう。また作者ブリクセン／ディーネセン自身について触れているもののなかで興味をひくのは、ユダヤ系ドイツ人政治思想家ハンナ・アレント著の『暗い時代の人々』（阿部齊訳、ちくま学芸文庫、二〇〇五年）である。アレントはブリクセンのことを「物語を生み出す源泉となった想像力という魔力のなかであらゆるものを永遠に反復していた」と言及している。さらに映画でブリクセン（ディーネセン）の作品の魅力に触れたければ、ゲーブリエル・アクセル監督の『バベットの晩餐会』（原題／*Babettes Gæstebud*, 製作国／デンマーク、製作年／一九八七年）、オーソン・ウェルズ監督の『不滅の物語』（原題／*The immortal Story*, 製作国／アメリカ、製作年／一九六八年）には原作の物語性がそのまま映画に活かされている。

【図2】（左）英語版（イギリス・アメリカでの初版）／（右）デンマークでの初版：オリジナルのアフリカ画はコックのエサからの贈り物。いずれもブリクセン 博物館所蔵

〔田辺 欧〕

第15章 みじかくも美しく燃え

原題／Elvira Madigan［エルヴィーラ・マディガン］、監督／ボー・ヴィーデルバリ、製作国／スウェーデン、製作年／一九六七年、日本公開年／一九六八年、上映時間／九一分

【主要対象国・地域】 スウェーデン・デンマーク（トーシンゲ島）

【キーワード】 スコーネ、身分制社会、国民国家、「流浪の民」、トーシンゲ島

〈ストーリー〉

サーカスの綱渡り芸人エルヴィーラとスウェーデンの貴族で陸軍中尉だったシクステンはデンマークの片田舎へと駆け落ちする。シクステンは軍務を放棄、エルヴィーラは彼女の本名ヘドヴィグを用い、互いの過去と決別しての逃避行だった。しかしデンマークの片田舎でもふたりの逃避行はすでに話題となっている。そこに待ち構えたシクステンの親友は彼が残してきた妻子の状況を伝えるが、エルヴィーラへの愛を貫こうとする彼の決意はかわらない。彼を連れ戻そうとした親友の策略に気づいたシクステンは絶交を言い渡し、エルヴィーラと逃避行を続ける。シクステンの持参した金も底をつくとエルヴィーラは踊り子をして金を稼ごうとしたが、シクステンがそれを許さない。ふたりは森に生えるものを食べ、飢えをしのぎながら逃避行を続けたが、その結末に覚悟を決める。ピクニックをしながら最後の昼食をとったふたりは拳銃で心中を図るが逡巡する。そして、蝶を追いかけるエルヴィーラのストップ・モーションとともに二発の銃声が鳴り響き、本作は閉じられる（**【図1】**）。

【図1】最期を迎えるエルヴィーラとシクステン

一八八九年夏にデンマークのフューン島の南に位置するトーシンゲ島で起きたエルヴィーラとシクステンの心中事件を題材に製作された本作は、衝撃的なラスト・シーンや野外ロケによる印象的な森の情景などに、フランス起源のヌーヴェル・ヴァーグやアメリカン・ニュー・シネマ

の影響を色濃く伝えている。作中で効果的に用いられたモーツァルトのピアノ協奏曲第二一番第二楽章のメロディーとともに本作は世界的な成功を収め、ヴィーデルバリ監督の代表作となった。

〈作品の背景と現実〉

本作で描かれている一九世紀後半は、長らく維持されてきた身分制社会の垣根を越えて、「ひとつの国民」という考え方のもとにすべての住民がまとめあげられる社会がつくられつつあった時代である。こうした変化はスウェーデンやデンマークに限られたことではなく、ひろくヨーロッパですすんでいた現象だった。しかし数世紀にわたって社会に根付いた身分への意識は、すみやかに解消される訳ではない。生きる世界が異なる社会に生まれた男女の身分を越えた愛は、心中のような悲劇的な結末を迎える。こうした話は社会を構成する根本的な原理が変わりつつあった時期に頻発し、社会変革の只中（ただなか）で不条理を感じる多くの者たちの同情の対象となった。

一九六八年にテレンス・ヤング監督によって製作された『うたかたの恋（*Mayerling*）』は、本作とともに一九世紀後半に起きた心中事件を題材とした作品として知られている。『うたかたの恋』の場合、そのモデルは一八八九年一月二九日にオーストリアのマイヤーリンクで起きた心中事件だった。マイヤーリンク事件で心中したふたりは、オーストリア＝ハンガリー二重帝国の皇太子ルードルフとフォン・ヴェッツェラ男爵令嬢のマリー。ベルギー王女と結婚して子供も授かっていたハプスブルク＝ロートリンゲン家の跡取りが男爵令嬢との情死に及んだ事件は世界を騒がす一大スキャンダルとなり、ヨーロッパの名門ハプスブルク＝ロートリンゲン家の「落日」を印象づける事件となった。

本作品は、マイヤーリンク事件と同じ一八八九年に起きた心中事件を題材としている。一八八九年七月一九日にデンマークのトーシンゲ島で心中したふたりは、スウェーデン陸軍のスコーネ竜騎兵連隊中尉だったシクステン・スパッレ・アヴ・ロスヴィークと、ヨーロッパ中で好評を博したサーカス団マディガン一座の綱渡り師として知られていたエルヴィーラ・マディガン。マイヤーリンク事件は皇太子と男爵令嬢の悲恋とはいえ、同じ身分に生きていた男女の心中だった。これに対してシクステンとエルヴィーラの事件は、ヨーロッパ社会の根本原理に変革が起きつつあった時期のひとびとに、社会的出自の異なる男女の心中として強い印象を与えた。

シクステンが生まれたスパッレ・アヴ・ロスヴィーク伯爵家は一四世紀後半にまで家系をたどることができ、一六一七年の身分制議会令に基づいて創設された貴族院に七番目に登録された名門貴族である。シクステンは一八五二年にシッゲ・スパッレ・アヴ・ロスヴィーク伯爵とアデレード・ペイロン男爵令嬢の長男として生まれた。彼は同家がスウェーデン中に所有する数々の城館で育ち、一八六八年にスコーネのクリスチャンスタードに移り住んだ。幼き頃より文才に恵まれたシクステンは、軍務の傍ら、新聞や雑誌に演劇批評などを投稿し、一八八七年には書きためた詩集を公刊するほどだった。また当時ストックホルムで刊行されていた雑誌『フィガロ』に匿名で寄稿された記事から、スウェーデン社会に遺る旧弊を糾弾するアウグスト・ストリンドバリらの急進的な思想の信奉者だったことも知られている。

シクステンが心中するまで活動の拠点としたスコーネは、国防上の要衝として長らくウレスンド海峡を越えるデンマークとの渡航が制限されていたが、一八五〇年代にはその制限が緩和され、新たな工業化の局面を迎えていた。彼自身が工業化を背景とした労働運動や社会主義思想に関心をもった事実は見出されない。しかし、一八八一年にマルムーでスウェーデン初の社会主義に関する演説がアウグスト・パルムによって行なわれ、一八八二年には『社会民主党』誌の母胎になった社会主義系新聞『人民の意思』が刊行されたように、当時のスコーネは工業化を通じた新たな時代の変革を大陸ヨーロッパからスウェーデンに迎える地域になっていた。

国境を越えて受け入れられたもののひとつがサーカスである。サーカスは、庶民の多くが労働者として賃金を得るようになった時代に新たに流行した娯楽だった。スウェーデンにおけるサーカスの歴史は一八世紀末にイギリスのプライス一座の興業が成功を収めたことから出発するが、一九～二〇世紀はじめには「流浪の民（resandefolket）」と呼ばれた者たちが提供する娯楽として知られていた。一般的に「流浪の民」とは国境を越えた移動生活を行なう者を呼び、ヨーロッパでは長らく「ジプシー」と呼ばれてきたロマが代表例とされる。スウェーデンでもロマの記録は一六世紀にまで遡ることができる。しかしスウェーデンで言う「流浪の民」はロマに限定されず、屠殺などを生業として複数の農村社会を渡り歩いた者、「タタール（tattare）」と呼ばれながら火砲を扱う兵士として各地の連隊を渡り歩いた者たちも含まれている。

ヨーロッパ各地での公演を通じて、「空中の娘」の呼び名で知られたエルヴィーラはロマではない。彼女はデンマーク出身の芸人フレズレク・イェンセンとノルウェー出身の芸人ローラ・オールセンとの間に生まれた私生子であり、本名はヘドヴィグ・イェンセンだった。彼女はデンマークの君主体制「ヒールスタート」が瓦解した後のフレンスブルクで生まれたが、オーストリアに活動の拠点を移した母がアメリカ出身の芸人ジョン・マディガンと知り合うとエルヴィーラ・マディガンを名乗り、マディガン一座の一員としてデンマーク、ロシア、フィンランドなどで活躍、一八八八年一月のクリスチャンスタード公演でシクステンと出会うことになる。一九世紀に誕生した「国民」原理は、国籍を登録した国家によって「国民」としての存在が保障されるものだったことを思えば、「流浪の民」として生きたエルヴィーラは「国民」原理に包摂しえない論理で日常を生きる者として生を受けた。本作のモデルとなった心中事件は、伝統的な身分制社会に生を得た者と「国民」原理から排除された者との間に起きた悲劇だったのである。

〈さらに興味のある人に〉

エルヴィーラとシクステンの心中事件は様々な媒体で題材とされている。ヴィーデルバリが一九六七年に本作を製作する以前にも、俳優として一世を風靡したオーケ・オーバリが一九四三年に自ら監督となって製作した同名の映画がある。オーバリは心中事件の関係者が存命だった時勢を考慮してシクステンの名前をクリスチャンに改め、エルヴィーラと出会った後の彼の葛藤を物語の軸とした。二人の心中事件は一九九〇年に演劇、一九九二年にはミュージカルにもなり、媒体の違いを越えてひとびとの心を捉え続けている。心中事件から一三〇年を迎えた二〇一九年には、一九九二年版とは異なる新たなミュージカルが製作され、話題となった。

モーツァルトの協奏曲で知られる本作だが、冒頭と末尾に流れるスウェーデン教会の賛美歌「花開く季節は来たりぬ」で本編が挟み込まれるつくりになっている点にも注目したい。この歌はスウェーデン語圏の学校では夏休みに入る前の終業の日に歌われてきたため、スウェーデン語圏のひとびとには夏の到来を思わせる歌である。イングマール・ベルイマン（イングマル・バリマン）やヤーン・トロエルと並んで二〇世紀後半のスウェーデン映画界を代表する監督として評価の高いヴィーデルバリは一九九七年に急逝し、第二次世界大戦下における一五歳の少年と三七歳の人妻の禁じられた恋愛を描いた『あこがれ美しく燃え（*Lust och fägring stor*）』（一九九五）が遺作となった。この遺作の原題〝*Lust och fägring stor*［大いなる悦びと輝き］〟は、『みじかくも美しく燃え』の中で歌われた賛美歌の冒頭、「花開く季節は来たりぬ、大いなる悦びと輝きとともに」という歌詞からの引用であり、この歌が禁じられた悲恋を扱った両作品を結びつけてもいる。

〔古谷大輔〕

第16章 ペレ

原題／Pelle Erobreren［征服者ペレ］、監督／ビレ・アウグスト（アウゴスト）、製作国／デンマーク・スウェーデン、製作年／一九八七年、日本公開年／一九八九年、上映時間／一五〇分

【主要対象国・地域】 デンマーク、ボーンホルム島、スウェーデン

【キーワード】 ボーンホルム島、スウェーデンからデンマークへの移民、一九世紀北欧農村における下層民、一九世紀北欧社会における差別、海外移民

〈ストーリー〉

この映画は、デンマークのプロレタリア作家マーティン・アナセン・ネクスー（Martin Andersen Nexø 一八六九～一九五四）によって書かれた同名の小説（全四巻、一九〇六～一〇）の第一巻を基に製作されている。

時は一九世紀後半、デンマークのボーンホルム（Bornholm）島に向かう一隻の帆船に、カールソン親子（父は老いたラッセ、子は八歳のペッレ。デンマーク語音ではペレとなる）が乗っていた。スウェーデン南部のスコーネ地方で貧しい生活を送っていた父と子（ペレの母親はすでに他界）は、「豊かな食生活」や「高額の賃金」に憧れて、この島に渡って来たのである。

だが彼らは、島の港に到着した直後から厳しい現実に直面する。年老いた父を雇用しようとする者はおらず、親子は途方に暮れる。そこに一台の荷馬車が到着し、最後まで残されていた親子をみつけ、雇用する旨を伝え、二人を荷台に乗せた。こうして二人は「石の農園」の牛舎奉公人として雇われ、不潔な牛舎内の小部屋で暮らすことになった。これより、劣悪な環境の下で日々長時間労働を強いられることになったのである。

こうした労働条件や住環境の悪さに加えて、カールソン親子を苦しめたのが、スウェーデンから来た「他所者」に対する農園内の差別意識と偏見であった。幼いペレはとりわけ格好のいじめの対象となり、不当な扱いを受けるものの、泣き寝入りを余儀なくされた。また、農園外でも、学校の同級生からスウェーデン人であるがゆえに度重なる嫌がらせを受けた。このような苦難の中にあっても、ペレはめげることなく牛の世話を根気よく続けるとともに、デンマーク語を習得することで、読み書きが苦手な父ラッセよりも高い順応性を示すことになる。

様々な矛盾や問題を抱えた農園内での厳しい生活の中

で、ペレにわずかな希望を与えたのが、同じスウェーデン出身の農園労働者である青年エーリックから聞いた、アメリカをはじめとする非ヨーロッパ世界への「海外移民」の話であった（彼らの間では、それは「世界征服」という言葉で語られていた。海外移民の成功を、彼らは「世界征服」に例えたところから、原題の「征服者ペレ」の語が出てくるのである）。二人は、二年後の春に共に海外に渡る約束を交わすのであった【図1】。

【図1】青年エーリックと「世界征服」(海外移民)の夢について語り合うペレ

一方、父ラッセは再び家族を持つとともに、住居や家畜などを獲得することを夢見て、ペレを仲介者にたてて、農園外の船乗り夫人に再婚を申し出た。結局この交際話は、音信不通であった船乗りが一年ぶりに無事島に帰還したことで破談となったのであるが、こうした一連の動きが、同級生たちによるペレに対する嫌がらせやいじめをエスカレートさせる結果となった。侮辱に耐えられなくなったペレは、牧師（映画では神父と訳されている）の息子に暴力をふるってしまい、島に居づらい状況に自らを追い詰めてしまう。この顛末を聞いて、ペレを気に入っていた農園主婦人が彼の身を守ることと、農園の現場監督人（映画の中では「管理人助手」と訳されている）に抜擢することを約束したことから、ペレも一旦は農園に留まることを考える。だが、不幸な事故で重い障害を負ったエーリックが事実上農園から追放される状況を目の当たりにして、ペレは島を離れることを決意する。

これに対して、年老いた父ラッセは、ペレとともに旅立つことを諦め、ペレに一人で新しい世界に旅立つように諭す。翌朝、ペレはラッセに別れを告げ、極寒のなかで一人島を離れて新天地に向かおうとするところで、この映画は終わりを迎える。

〈作品の背景と現実〉

一九世紀前半から二〇世紀前半にかけて、スウェーデンから約一二〇万人が海外に移民したと推計され、その多くが南北アメリカ（特にアメリカ合衆国）やオーストラリアに向かった。こうした移民については、一九六〇年代以降の研究によって実態の解明がかなり進んでいる。これに対して、本作品で扱われているスウェーデン南部からのデンマークへの移民については、デンマーク側では若干の研究蓄積がみられるものの、スウェーデンではまだ十分には研究が進んでいないのが実情である。

スウェーデンからデンマークへの移民の数について、公式な統計資料では一八六一〜一九一〇年の間に約八万人であったとされている。だが、このなかには季節労働者とみなされた者の数は含まれておらず、しかもそのような季節的な越境が容易に移民に転化したことから、公式な数値をかなり上回る人数が隣国に移民として流出したと考えらえている。その多くは一七〜二五歳の若年層で、単身の移動が主流であったが、ペレのような一五歳未満の子供も含む家族単位での移動も一部ではみられた。ただし、父ラッセのような年配者の移動は、実際にはかなり稀なケースではあったと考えられる。

作品の冒頭で、カールソン親子がデンマークでの「豊かな生活」について語り合うシーンがあるが、実際に多くのスウェーデン人が母国よりもデンマークの方が賃金は高く、かつ自由があるという話を信じて国境を越えていった。確かに一部の熟練労働者や手工業者の場合には、比較的良好な条件で雇用されたようである。だが、多くは低賃金労働や条件の良くない年季奉公に従事することを余儀なくされた。その際、スウェーデンから来た「他所者」として、カールソン親子のように差別的な扱いを受けた事例も少なくなかったと考えらえる（同様に「他所者」として不安定な状態でスウェーデン人が雇用された事例は、一九世紀後半の北ドイツでもみられた）。ただしその一方で、デンマークでの生活にうまく適応し、そのまま定住するケースも存在したのである。

スウェーデンからボーンホルム島に移民した数は、首都コペンハーゲンに向かった人数よりも多く、このため一九〇一年の段階で島の人口の六パーセント強にあたる約二五〇〇人のスウェーデン人が暮らしていた。これは、この島ではスウェーデンからの安い農業労働力の流入が不可欠であったことを意味する。このように増加しつつある「他所者」に対する警戒心が高まり、差別的な扱いが顕在化しつつあった一方で、「有能な」スウェーデン人を受容する動きも広まっていたと考えられる。前述の通り、映画の中ではペレを気にいった農園主夫人が、彼を農園の管理者側に抜擢する意向を示すシーンが出てくるが、このような成功事例も決して稀ではなかったのではないか。

とはいえ、ペレのように数年で島を離れる者も少なくなかった。なかにはペレが夢見ていたアメリカに移民するケースもあったが、多くは故国スウェーデンに戻るか、あるいは原作の小説のなかで後にペレが向かったコペンハーゲンに移動したと考えられる。単に絶望して島を去ったケースが多かったかもしれないが、ペレのように新天地を夢見る「征服者」として旅立った者も少なからず存在した。

〈さらに興味のある人に〉

ここまで一九世紀後半におけるスウェーデンからデンマークへの移民について語ってきたが、当時の北欧における農園（地主大農場）について本映画を契機に関心を持たれた方がいるのではないだろうか。

本作のなかでは、本格的に農業機械が導入される以前の農園（地主大農場）での重労働や、農園管理者側と被雇用者側との間の対立構造、被雇用者たちに出される粗末な食事などの映像が随所に出てくる。これにより、北欧農村社会における農業労働者・奉公人の置かれた厳しい状況の一端を窺い知ることができる。その意味で、本作品は北欧農業史の観点からも高く評価できる内容である。

ただし、本作で描かれている厳しい農園の支配構造や被雇用者の貧困を、一九世紀の北欧社会全般に単純に一般化することは適切ではない。特に「他所者」であるスウェーデン人に対する差別の構造を、北欧社会全般での現象とみなすことはできない。そのような出身国や言語の違いによる差別がない場合には、地主が経営する大農場であっても、この映画で描かれるほどの過酷な支配はみられなかったと考えられる。実際、スウェーデン南部スコーネ地方の地主大農場を対象とした研究では、農村下層民や農業労働者が従来考えられていたよりも長い期間同じ農園内にとどまっていることから、古典的な見解ほどは一方的で厳しい支配関係ではなかったのではないかとみる見解が近年有力となっている。

また、農業労働者や奉公人の貧困を、当時の北欧農村社会全体の状況とみなすことも適切ではない。本作のなかでは、一九世紀の北欧で社会経済的および政治的な地位が向上した自作農については一切ふれられていない。こうした北欧の自作農層は、主体的に農業改良に従事して余剰生産を多く確保することで、生活水準を向上させていた。このため、一九世紀の北欧農村社会では、カールソン親子のような厳しい境遇のもとにいた人々がいた一方で、比較的豊かな自営農民層も広範に存在していた、とみるのが妥当であろう。

〔佐藤睦朗〕

第17章 真実と正義

原題／Tõde ja õigus［真実と正義］、監督／タネル・トーム、製作国／エストニア、製作年／二〇一九年、日本公開年／劇場未公開、上映時間／一六五分

【主要対象国・地域】エストニア
【キーワード】エストニア、一九世紀、農民、聖書、家族

〈ストーリー〉

一八七二年、希望に燃えて、若い夫婦（アンドレスとクロート）がエストニアのヴァルカマエに引っ越してきた。借金で購入した農地で新しい人生を始めるためである。だが、隣人に恵まれなかった。隣人のパエルは、傲慢でしつこい性格なだけでなく、せっかく引いた水路を破壊したり、柵を開けて豚を逃がしたりするなど嫌がらせばかりする人物であった。アンドレスは裁判に訴えるものの、アンドレスの訴えの正当性はなかなか認められない。裁判は証拠に基づくものではなく、証言により判決が下されるのだ。それでもアンドレスは、真実は必ず認められるはずだと譲らず、一計を謀ってパエルに仕返しする。

借金返済のために朝から晩まで身を粉にして働くアンドレスとクロートであったが、無理がたたって、（それまで三人の女の子を生んだ後にようやく）念願の男の子を生むやいなや、クロートは命を落とす（【図1】）。聡明で慈悲にあふれたクロートを失い、アンドレスは、それまで以上に暴力的になり、度を越した節約をするようになった。男手一つでは四人の子どもを育てられず、使用人のマリに一緒に家に住んで子どもの世話をするよう命じる。マリにはユッシという知的にやや障がいのありそうな夫がいたが、主人の命令には逆らえなかった。農場主の妻になるという野望もなかったわけではない。近隣住民に妻を寝取られたと馬鹿にされ、妻を信じられなくなったユッシは命を絶ち、マリは自らの罪深さに悩まされるようになる。

【図1】念願の男の子が生まれるも、死を覚悟するクロート

【図2】聖書に自らの正義を問うアンドレス

長年の節約と労働が実を結び、ようやく借金返済が終わったころ、長女がパエルの息子との結婚を望んでいることを知り、これでいずれは隣人の農地も手に入ると、アンドレスはほくそ笑む。ところが若い二人には家を継ぐ意思がないことが明らかになり、娘を勘当する。借金なしの農地を継がせようとした長男もまた、それを拒絶した。孤独と絶望だけが残ったアンドレスは、ますます聖書に正義と救いを求めるようになるのだった（【図2】）。

〈作品の背景と現実〉

エストニア独立百周年の記念企画の一つとして製作された映画『真実と正義』は、公開四週間で二〇万五五九五人の観客数を達成し、一九九一年以降に製作された映画の中で最大のヒットとなった。エストニアの人口は約一三〇万人であるから、ほぼ六人に一人が観ている計算になる（英語字幕もあるから、当然この数字には外国人が含まれているが）。これほどの興行的成功を収めた理由はどこにあったのか。

原作はアントン・ハンセン・タムサーレ（一八七八～一九四〇）の『真実と正義』（全五巻）の第一巻である。『真実と正義』はエストニア小説の金字塔ともいうべき長編小説であり、一八七〇年代初頭から一九三〇年までの、いわば激動の時代のエストニア人の生活を描いている。エストニア人ならば誰でも知っている国民的な小説に、自分たちの来歴を見ているとも言える。第一巻の主人公アンドレスとクロートが見せる我慢強さ、勤労精神、誇りにエストニア人は多かれ少なかれ自分を重ね合わせる。

一三世紀にドイツ人が入植して以降、エストニア人は隷属的な地位におかれ、農奴化が進んだ。一六世紀にはスウェーデン王の支配下に入り、その後、バルト海帝国の一部を構成していたが、大北方戦争（一七〇〇～二一）をへて、一八世紀初頭にロシア帝国に編入された。支配者が替わっても、エストニア人が農奴であることには変わりはなかった。ロシア帝国下のこの地域（エストラント県とリーフラント県のバルト諸県）では、実際の支配層を占めるドイツ人が広範な自治権を享受するオストゼー（＝バルト海のこと）特別体制が敷かれていた。一九世紀になると、一方で啓蒙思想の影響、他方でエストニア人農民の散発的な暴動などもあり、この地域で、ロシア帝国の他の地域に先駆けて農奴解放が行なわれる。この農奴解放は、まずは、領主と農民の関係を規定する農業法の制定に始まり、人格的自由の獲得につながったものの、体罰は相変らず続いていたし（最終的な禁止は一八六五年）、土地の所有者は依然としてドイツ人領主であった。とはいえ、こうした一連の改革により、それまで農奴身分として土地に縛られていたエストニア人に、高等教育を受けたり、農業以外の職業に就いたりといった新たな道が開かれた意味は小さくない。

それでも多くのエストニア人は農民だった。不十分な改革への不満や状況の悪化、そしてロシア皇帝に対する期待から、一八四〇年代には激しい暴動がおこった。農民の悲惨な状況を問題視していた上からの改革圧力もあり、一八五〇年代初めには、農民による土地購入が始まり、一八六八年に、賦役が最終的に廃止された。『真実と正義』の主人公アンドレスも、こうした中で農地購入を実現したのである。

アンドレスは、勤労と勤勉を何よりの美徳と考えている。日中の農作業でどんなに疲れていようとも、毎晩、聖書を読むことを欠かさない。聖書の中に、自らの正しさの答えを求めている。アンドレスはルター派の信徒である。エストニア人の多くはルター派であるが、一八四〇年代には、正教へ改宗した者に土地が与えられるという偽りのうわさを信じたエストニア人とラトヴィア人が大挙して改宗した。自らの農地を所有することはそれほど切実な問題であった。この改宗の大半はリーフラント県（現在のエストニア南部とラトヴィア北部に当たる領域）で起こったから、エストラント県（現在のエストニア北部）のヴァルカマエを選んだアンドレスはあまり影響を受けなかった地域の出身なのかもしれない（アンドレスの出身地は不明であるが）。

映画の終盤、兵役についている一人息子からアンドレスに手紙が来る。ヴァルカマエには戻らないと。ここには父に対する息子の反発ばかりでなく、近代化の流れの中で都市化が始まり、それまでエストニア人と言えば農民であった職業が分化していく様子がすでにあらわれている。

ここまで本作がエストニア史の写し鏡であるかのように書いてきたが、歴史映画とはいえフィクションであるから、原作にも映画にも作り手の思いが、当然表れている。確かにエストニア人にとって自分たちの歴史は重要であり、歴史物は映画か小説かを問わず非常に人気が高い。だが、歴史をそのまま描こうとしただけであれば、これほどの観客動員数を達成することはできなかっただろう。この映画の表面だけを見るならば、若い世代にとって歴史を知る材料にはなっても、昔はあんなにひどい生活だったんだと、変化の速い現在のエストニアとの違いが大きすぎて、身近に感じることはできないはずだ。タンムサーレが原作で描いたのは、人間が自らの目的を達成するために払わなければならない犠牲（たとえば、妻の死）と、それにもかかわらず、そこまでして獲得した目的が身近な人々とさえ必ずしも共有されるわけではない不条理である。本映画は、原作者のこの世界観を見事に表現している。

最後に、タンムサーレの名を冠した公園についてひとこと。この公園は、エストニアの首都タリン市の中心部に、ショッピングセンターとエストニア劇場に挟まれた場所にある。エストニア人にとってまさに憩いの場所だ。この公園はソ連時代には、「一〇月一六日公園」という名前であった。一〇月一六日は、一九〇五年革命の中でとくに多くのエストニア人犠牲者が出た日である。公園の中心にあるタンムサーレの銅像は、一九七八年に作家の生誕百周年を記念して建立された。エストニア人農民や労働者の苦難の人生を描き、また祖国を想い、エストニアが権威主義体制の下にあった一九三〇年代にも、自らの信じる民主主義のために歯に衣着せぬ言論で体制を批判したタンムサーレは、ソ連時代にも「許容される」作家だった。ペレストロイカ期に民主化が進む中で、一九八九年、公園の名は「タンムサーレ」に改称された。

〈さらに興味のある人に〉

エストニアは、他の中・東欧諸国同様、舞台演劇が盛んな国である。演劇に公的援助が支出され、上演作品数や観客数は増加の一途をたどっている。人気の劇団の公演では席がとりにくいのが現状であるが、それは、年間観客数を八〇万人（エストニアの人口は約一三〇万人）に設定して国家や地方自治体が補助を行ない、チケットが高額にならないようにしているためでもある。

多くの舞台俳優は、映画やドラマでも活躍している。本映画で鍵となる隣人のパエルを演じたプリート・ヴォイケマスト（一九八〇年生まれ）は、第28章で紹介した『バルト大攻防戦』で主役のヘンを演じている。『大攻防戦』では主役の好青年役であったヴォイケマストが演じるパウルの嫉妬深さや執拗さは、本映画の見どころの一つである。妻クロート役のマイケン・シュミット（一九八五年生まれ）は『１９４４』（同じく第28章参照）で手紙を届けられるアイノを演じた。人気の俳優や旬の役者がどのような役を演じるかも、エストニアの演劇・映画ファンには興味深いポイントなのである。

（小森宏美）

第18章 バトル・オブ・リガ

原題／Rigas sargi［リーガの防御者たち］、監督／アイガルス・グラウバ、製作国／ラトヴィア、製作年／二〇〇七年、日本公開年／劇場未公開、二〇〇九年DVDのみ発売、上映時間／一一九分

【主要対象国・地域】ラトヴィア
【キーワード】第一次世界大戦、ラトヴィアの独立、ドイツ軍、ロシア白衛軍、ラーチプレーシスの日

〈ストーリー〉

本作の舞台は、首都リーガ。主人公マルティンシュとその仲間たちは、ラトヴィア人の心性を代弁する「人々」として描かれる。冒頭で、彼らがリーガ市内を貫くダウガヴァ川の左岸、一九世紀末から労働者階級の居住地域であった、「ダウガヴァ川対岸（パールダウガヴァ）」で育ったことが説明される。まさに本作の主人公たちが市井のラトヴィア人であることが強調される。ロシア帝国の支配下にあったこの地で、第一次世界大戦勃発後の、ドイツ軍の東進に対して祖国を守ろうと立ち上がる人々の意識的高揚を、次の場面が象徴的に示している。マルティンシュとエルザの婚約式が教会で行なわれた際に、そこに参集した人々にマルティンシュは「七百年間待ちに待ったときがやってきた。ラトヴィアの旗の下に、ラトヴィアの未来のために我々は闘おう」と呼びかけた。怪訝な顔をする人々に向けて、「ラトヴィア人ライフル部隊」の結成が認められたことを彼は告げた。人々が誰と闘うのかと戸惑うなかで、「ドイツを倒す！」とマルティンシュが叫ぶと、人々が一斉に立ち上がり歓声を上げた。

ライフル部隊結成のための募集に、人々が長い列を作った。ラトヴィア人ライフル部隊は、ロシア帝国軍の一部として編成され、各地を転戦した。本作の中でマルティンシュの帰郷を待ちわびる婚約者エルザの表情が、戦争が長々と続いている様子を暗示している。

一九一九年英仏を中心とする連合国の仲介によって、ドイツ軍の撤退とラトヴィアの独立が認められるが、実際には、連合国はロシア革命後の共産主義の侵略を防げるかに焦点を当て、ラトヴィアなどの小国の独立に関心をもっていなかったことが、本作ではウルマニスとニァドラの会話として示される。その二人とは、前者は一九一八年一一月一八日に成立した臨時政府の首相であり、後者は一九一九年四月から六月のドイツ傀儡政権の首相となっていた作家である。一方、ドイツ軍はゴルツ

将軍が停戦条約の撤退案に調印したものの、連合国の支配下にある敗戦した故国のドイツに「戻る」ことは選択せず、ロシアの内戦状況を利用して、活路を見いだそうとしていた。ドイツ軍は一九一五年の占領以後、指令本部を置いていたヤルガヴァ（ドイツ名ミタウ）の宮殿まで一応は撤退したが、ゴルツは、ドイツへの帰国に希望を持てない配下の兵らに土地を分配し、この地の支配を目論んだ。ゴルツはロシア白衛軍を率いるベルモント大佐と手を結んで「合同軍」を結成、ラトヴィア人居住地域内に勢力をもつボリシェヴィキ軍の撃退を名目とした。

反ボリシェヴィキの活動によって連合国側からの資金援助を引き出せると目論んだゴルツ将軍に対し、本作の構成の上では、ベルモント大佐の発話が当初はドイツ語であったのが、次第にロシア語へと変わっていき、彼がゴルツ将軍とは本気で手を結ぶ気がないことが示される。

【図1】ダウガヴァ川に臨むリーガ市中央部

ラトヴィア臨時政府に対してボリシェヴィキ勢力と闘うためにゴルツ将軍は軍を東進させる必要を訴え、首都リーガを通過する許可を求めた。それは、リーガ市の明け渡しを求める「合同軍」による最後通牒でもあった。

さらなる闘いを避け、降伏を選択しようとするニァドラに対し、連合国からの支援に一縷の望みを託していたウルマニスらが、降伏か否かの決断を迫られる状況下で、市民であり、一志願兵である本映画の主人公、マルティンシュはリーガから避難しようとする市民たちに、「自由と祖国を失ったラトヴィアに連合国は何もしてくれない」とウルマニスとともに訴え、「みんなでリーガを守ろう」と呼び掛けるのであった。

リーガ市の通過を拒絶されたことをゴルツ将軍はリーガ市侵攻の口実とした。ドイツ軍は、ダウガヴァ川左岸まで進み、右岸、つまり街の中心部の占領を目前にして、予想外の事態がドイツ軍の侵入を押しとどめることになった。市民がリーガを守る闘いに次々と志願していくなかで、新政府を率いるウルマニスが、記者会見の場を利用してロシア白軍の背後にいるゴルツ将軍の目論見と、ラトヴィアの危機的状況を世界に訴えたのだ。

〈作品の背景と現実〉

リーガの戦いを前にして、避難を選ぶ人々、避難すべきか迷う人々、さらに、ともにドイツ軍との闘いに立ち上がろうとする人々、を次々と映し出すことで、独立の夢と現実の厳しさの対比を本作は示している。しかし、実際には、この時期、国外にいた臨時政府のメンバーが、ラトヴィアに対する連合国側の見解を電報で本国に伝えていた一方で、リーガをボリシェヴィキ軍に占領されたウルマニスらは、一九一九年一月から七月初めまでのあいだ、西部の港町リァーパーヤに逃れており、そこではイギリス船サラトフ号上に臨時政府が置かれ、イギリスの保護下にあった。また、実際、連合国側の援助で、ラトヴィア人部隊が創設され、白衛軍とドイツ軍の「合同軍」との戦闘に苦戦したものの、「合同軍」の撤収がイギリスの後押しのもと行なわれ、ラトヴィア人部隊がリーガを守り抜いたのである。第一次世界大戦を背景として、ラトヴィアが独立への道を歩みだすその時期に、行き場を失ったドイツ軍やロシア白衛軍が、当時の国際関係の中で主体性をもっていたように見えたが、結果的には、連合国の動向に影響を受けざるを得なかった。リーガが解放されたこの一九一九年一一月一一日が、ラトヴィアの独立への苦難の道の結実として、ラトヴィア人の思いが込められた日として語られることになっていく。

ラトヴィアは、一九一八年に独立を宣言し、歴史上初めて「国家」をもった。この伝説となった解放の日は、現在、「ラーチプレーシスの日」として国の功労者に叙勲が行なわれる記念日となった。ラーチプレーシス（Lāčplēsis）とは、一九世紀のナショナリズムの時代に医者であり作家であったプンプルス（Andrejs Pumpurs）が描いた民族的叙事詩『ラーチプレーシス（熊を裂く人）』で、侵入者ドイツ人に対し闘い抜いた英雄の名前であり、民族的な「伝説」の象徴である。このリーガの〝解放の日〟にその名がつけられたのである。

さて、映画のストーリーを理解するために、当時のラトヴィア人を取り巻く状況に触れておこう。ロシア帝国領下（一八世紀から）にあった、ラトヴィア人は、一二世紀の末から東方に進出してきたドイツ人によって実質的に支配されていた。ドイツ軍との闘いのために創設されたラトヴィア人ライフル部隊が、ボリシェヴィキ化していった様子は映画ではまったく描かれていない。ロシア革命の重要な軍隊としてソ連時代は英雄視され、ライフル部隊博物館がリーガの中心に置かれていた。独立の「回復」によって、それは「占領博物館」としてボリシェヴィキの支配を非難する展示に変更、現在は、工事中であり、そこでは歴史の見直しがなされることであろう。

映画の原典となったのは、戦間期の独立時代の末期、ウルマニスの独裁政権時代に書かれたラトヴィア探偵小説協会会長のコルベルグス（Andris Kolbergs）の『巻き戻された時計（*Pulkstenis ar atpakalgaitu*）』（一九三八）である。一九三〇年代は、ラトヴィアという国家への称揚と享受の時期であった。

現実のラトヴィアは、第二次世界大戦期に再び、ドイツ軍とソ連軍の占領に晒され、戦後はソ連邦の社会主義共和国としての歴史を刻んだ。彼らが「占領」とよぶこの時期からラトヴィアが完全な独立を取り戻したのは、一九九一年のことである。

この映画は、ラトヴィアが二〇〇四年に欧州連合（EU）に加盟して間もなくの作品である。冷戦終焉後にヨーロッパへの統合を全面に押し出してきたラトヴィアが、ラトヴィアという国家としてのアイデンティティを確認しようという作品であったのではないだろうか。およそ五万人の敵に対し一万一〇〇〇人のラトヴィア人志願兵が勝利したという事実は大きい。本作は建国時のラトヴィア人の愛国的連帯を描き出しており、ラトヴィア人のアイデンティティの喚起を目指していた。ラトヴィア国内では子どもたちは学校を通じてこの映画を鑑賞しており、国内の観客動員数は二〇万人以上に上った。また、ラトヴィアは在外公館を通じて各国で本作の上映に努め、わが国では、二〇〇九年の「ＥＵフィルム・デイズ」でラトヴィア大使館から本作品が提供され、初公開時の大使のメッセージは聴衆に大きな感動を与えた。

本作品がどれほど力を入れて制作されたかということは、この映画の撮影を目的に第一次世界大戦当時のリーガを彷彿させる「シネヴィラの街」が造られたということからもわかる。

〈さらに興味のある人に〉

アイガルス・グラウバ監督は、戦間期のラトヴィアの独立をテーマとするこの映画のほかに、独立国家ラトヴィアの主権が失われていく一九四〇年を取り扱った『危険な夏（*Baiga vasara*）』を二〇〇〇年に製作し、そこでは第二次世界大戦期のソ連への「編入」の危険が迫るなか、バルト・ドイツ人たちとのかかわりやラトヴィア人の〝祖国からの脱出〟を描いている。また、グラウバ監督は、ラトヴィアが独立をまだ謳歌していた一九三〇年代を扱った『ドリーム・チーム一九三五』（二〇一二）を製作、チーム力によってヨーロッパ・バスケットボール選手権で優勝したラトヴィアのナショナルチームをそこで描いている。しかし、いずれも日本では未公開である。これら一連の映画の特徴は、ラトヴィア人の愛国的な精神と連帯、敵であるドイツやロシアという設定が前面に出されていることである。

〔志摩園子〕

第19章

追想

原題／Anastasia［アナスターシア］、監督／アナトール・リトヴァク、製作国／アメリカ、製作年／一九五六年、日本公開年／一九五七年、上映時間／一〇五分

【主要対象国・地域】 フランス（パリ）、デンマーク

【キーワード】 ロマノフ皇家、アナスターシア皇女、マリヤ=フョードロヴナ皇太后、コペンハーゲン、相続財産一〇〇〇万ポンド

〈ストーリー〉

ロシア革命の際にニコライ二世以下、皇室一家が銃殺されて一〇年後に、第三皇女アナスターシアが生きていたという噂がささやかれているさなか、記憶喪失を患ったアンナ・コルフという女性がパリの街で佇(たたず)んでいた。旧帝国軍のボーニン将軍ら三人が彼女をアナスターシアに仕立てて英国銀行に保管されているロマノフ家の相続財産一〇〇〇万ポンドを手に入れようと図り、革命後に亡命してパリにいる皇室財産管財人らに彼女を皇女であると認めさせようとする。彼女は時々無意識に本物の「皇女」であるかのような言動があるものの、五一人の管財人のうち、一八人までが「皇女」であると認めたものの、全員が納得する決定打がなかった。三人は彼女をロシア革命後コペンハーゲンにいる、ニコライ二世の母、皇太后のマリヤ=フョードロヴナのもとに連れて行き、「祖母」から本物である〝お墨付き〟をもらおうと画策する。頑固に彼女をアナスターシアとは認めない皇太后が、彼女が咳込むことで病気かと尋ね、「怖さを感じると咳が出てしまう」という答えに皇太后が「小さい時から、怖さを感じると咳込んでしまっていた」とつぶやき、幼いアナスターシアを皇太后がかつて呼んでいた愛称、「マレンカヤ！」と口走り、二人は抱擁する（【図1】【図2】）。

【図1】

〈作品の背景と現実〉

一八六三年一一月、デンマークでは嫡子のいないフ

レゼリク七世王が風邪をこじらせて突然に他界した。一八五二年のロンドン国際会議でデンマーク国家の次期王位はロシアの推挙でグリュクスボー家のクリスチャン(一八一八〜一九〇六)が就くことがあらかじめ決められていた。王妃となるルイーセ(一八一七〜九八)がクリスチャン八世王の妹シャロテの娘であり、〃女系〃でデンマーク王位につながる。夫のクリスチャン九世の方は少年期以来王族との関係はきわめて親密で良好であったものの、家系的には一八二五年に王室の恩情から復活した「新」グリュクスボー公爵家を出自とし、デンマーク王家との血統的関係は乏しく、即位当時は市民階級の間では人気がなかった。

【図2】

クリスチャンとルイーセは子宝に恵まれ、長男、のちのデンマーク王フレゼリク八世(一八四三〜一九一二)、長女、のちの英国王エドワード七世と結婚したアレクサンドラ(一八四四〜一九二五)、次男、のちにギリシア王ゲオルギオス一世となるヴィルヘルム(一八四五〜一九一三)、次女、のちのロシア・ツァーリ、アレクサンドル三世の妃、マリヤ=フョードロヴナとなるダウマ(一八四七〜一九二八)、三女、カンバーランド公と結婚したテューラ(一八五三〜一九三三)などがいた。コペンハーゲン北郊のフレーゼンスボー宮殿では夏ごとに王夫妻が子供たちの家族を呼びよせ、ヨーロッパに拡散した王家の集合の賑わいは、デンマーク国民の自慢の種となり、二人は「ヨーロッパの義父母(Europas svigerforældre)」と呼ばれて親しまれるようになった。それを証明するような集団肖像画がラウリッツ・トゥクセンの「フレーゼンスボーの間」(一八八三〜八六)に描かれている。長男アルバート王子を横にエドワード公夫妻、子供たちを連れたアレクサンドル三世夫妻といった具合に、クリスチャン九世とルイーセ妃の盛装した息子・娘たちの家族がフレーゼンスボー宮の「庭園の間」に参集している総勢三二人の大絵画である。エドワード自身はそこを訪れることはまれであったが、祖国、ロシアではつねにテロの危険に晒されていたアレクサンドル三世夫妻は、デンマークでの穏やかな日々を楽しんでいた。とくに英王室に嫁いだアレクサンドラとダウマは仲が良く、その暖かい姉妹愛は続き、露英関係の外交にも影響し、ロシア革命後に、失意でロシアを後にしたダウマにとってはアレクサンドラが大きな支えとなっていた。

次女、ダウマは一八六四年デンマーク王女としてロシアのニコライ皇太子と婚約をしたが、ニコライは翌年急死し、その後、弟のアレクサンドルと一八六六年、ロシア正教に改宗後、結婚した。マリヤ＝フョードロヴナと呼ばれ、六八年、長男、ニコライ（のちの二世）が誕生している。一八八一年、アレクサンドルがロシア皇帝となり、一八九四年、彼が他界し、皇帝ニコライ二世が誕生する。ニコライと皇妃アレクサンドラの間には、一八九五年以来立て続けに四人の娘が生まれており、その第四女がアナスターシア（一九〇一～一八）であり、世継ぎであるアレクセイが一九〇四年に誕生している。皇太后と皇后との人間関係は、よくなかったといわれる。

コペンハーゲンの王宮で、つい最近まで理由の分からない謎の描き込み線のある地球儀が王室史料収蔵庫に存在した。それは「かわいい孫たち」の世界旅行に関して綴ったルイーセ王妃の何通かの書簡を最近になって保管者が目を通したことにより、その引かれた線の意味がわかったのである。一八九〇年一一月以降、いとこ同士で、一歳違いのよき友であったロシアのニコライ皇太子とデンマーク＝ギリシア王子ゲオルギオス（デンマーク名ギーオウ）の二人が、「グランド・ツアー」に出かけた際のものであった。一八九一年五月一一日、二人が人力車で京都から琵琶湖に遊び、京都への帰途、滋賀県庁を出て大津の京町通に差し掛かったのち、警備にあたっていた巡査津田三蔵がニコライにサーベルで二太刀を浴びせた。「ギーオウ王子は竹の杖で防戦し、駆けつけた数人の人々によって暗殺者は取り押さえられた」と、デンマークで書かれた『デンマーク王室と日本』（王室資料コレクション、二〇一七）には記されているが、「津田は、人力車夫や巡査によって、その場で取り押さえられた」と、『企画展　大津事件』（大津市歴史博物館、二〇〇三）にはある。それはわが国では、明治二四年の「大津事件」と呼ばれるものであった。津田は無期徒刑に処され、また、ニコライを救った二人の車夫にはロシアから法外な報奨金が贈られ、日本ではこの事件のロシア側の反応を警戒したが、ロシアからの厳しい対応はなく、穏便に処理された。いずれにせよ、デンマークでは、ダウマやヴィルヘルムの子といった「孫たち」の行動に一喜一憂していた国王夫妻の存在があったのだ。革命後に失意のうちに〝亡命〟という形で「出戻った」皇太后は、英王妃の姉とともに首都の北郊、クランペンボーに購入していた邸宅、「ヴィズウーア城（Hvidøre Slot）」に亡くなるまで住んでいた。

さて、映画の内容のいくつかを語ろう。本映画の中でコペンハーゲンに向かう列車で、デンマークの税関吏・警察官・車掌が列車内の乗客から預かっていたパスポートを返却する場面で、自らのパスポートの名義を見た「アナスターシア」が「アンナ・アンダーソン」とあるのを見て、「私にはたくさんの名があるのね」と言う。まさにその名は、実際、「アナスターシア」詐称事件の「もっとも信憑性のあった」人物の名であり、本映画製作に大きなヒントとなったことを、そこで明かしている。また、映画の冒頭で「一九二八年」に特定しているところから、その列車が夏のデンマークの野を駆け抜けていく風景が映し出されるのであるが、事実、皇太后マリヤ＝フョードロヴナはその年の秋、一〇月一三日に亡くなっているのであり、「辻褄合わせ的には」映画製作者の細かい心遣いを感じさせる箇所である。

また、コペンハーゲンが映し出されるシーンでは、今現在、私たちがコペンハーゲンを訪れて目にする光景にほとんど変わることがなく、市内の毎正午に行なわれる近衛兵の軍楽行進、チボリ公園、公園内の子どもたちによる軍楽隊行進、公園内の赤白の市松模様のレストランの存在——そこでの、「流れ星（stjeneskud）」と呼ばれるツノカレイのフライ料理が忘れられない——である。映画の舞台の一九二八年でも、映画の制作時の一九五〇年代でも——人々の服装は高校生が卒業試験（大学生資格試験）に受かって白い学帽をかぶって街中を歩いている様子から六・七月にかけての季節が映し出されており——、平和で穏やかなものであるが、映像的には今と変わっていない。これはデンマークでは超近代的モダンなビルは、臨海部で建てられており、旧市街の雰囲気が保存されている結果でもある。

往年の名優たち、イングリッド・バーグマンの役づくり、ユル・ブリンナーの颯爽（さっそう）とした演技にも、感嘆させられるところが非常にあり、長い年月を経ての「名作」と言われる映画とは何なのかを筆者は実感させられた。唯一、気になる点を挙げれば、字幕スーパーの文字で「国歌」が「国家」と二回にわたって誤記された箇所の存在であろうか。

〈さらに興味のある人に〉

マリヤ＝フョードルヴナは、前述のように一九二八年に亡くなっており、コペンハーゲンの正教会での葬儀ののち、王族の墓所、ロスキレ大聖堂に埋葬されていた。二〇〇六年、デンマーク・ロシア間の協定で、彼女の死後七八年後にしてその棺はデンマークからロシア、サンクト＝ペテルブルクに移送され、ペトロパヴロフスキー大聖堂の、夫、アレクサンドル三世の棺の隣に埋葬された。映画というものはフィクションであろうが、この棺の移送は過去がいかに現在につながっているかということが示される実例でもある。

〔村井誠人〕

第20章 リリーのすべて

原題／The Danish Girl［ザ・デイニッシュ・ガール］、監督／トム・フーパー、製作国／イギリス、製作年／二〇一五年、日本公開年／二〇一六年、上映時間／一二〇分

【主要対象国・地域】デンマーク、フランス（パリ）、ドイツ（ドレスデン）
【キーワード】肖像画家、結婚生活、性別不適合、性別適合手術、トランスジェンダー

〈ストーリー〉

一九二六年のコペンハーゲン。故郷の中部ユトランド（ユラン）のヴァイレを描き、風景画家として成功しているアイナは、まだ駆け出しの肖像画家である妻、ゲアダ（映画の中では「ゲルダ」）と幸せに暮らしていた。内気なアイナではあるが、自分とは違う勝気な面を持ったゲアダを心から愛していた。ある日、ゲアダの絵のモデルである女性ダンサー、ウラが突然来られなくなり、困ったゲアダはアイナにストッキングと女性用の靴を履いて足のモデルをしてくれるように頼みこむ。はじめは躊躇していたが、仕方なく引き受けたことから、アイナは女性用の服を身に着けることに喜びを感じる新しい自分に出会ってしまう。そこに現れたウラは、そんなアイナにふざけて「リリー」（デンマーク語音では「リリ」）と名前を付けたのだった。

【図1】美しく化粧をし、ドレスを着て、鏡の中の自らの姿にうっとりとするリリー

面白がったゲアダは、女装したリリーと一緒にパーティーに行くことを思いつき、最初はそんなエキセントリックなことを楽しむつもりの二人だった。だが、アイナは自分が本当は女性であり、間違った肉体に生まれてしまったことに気づき、徐々に、自分がもはやリリーでしかあり得ないことを確信していく。リリーをモデルとして描き（【図1】）、ゲアダはパリで大成功をおさめて

いく一方で、リリーの存在に次第に二人は苦悩し、解決してくれる医師を探し始める。しかし、当時の医師たちは、アイナに〝精神病〟というレッテルを貼るばかりで、二人は深く傷つけられてしまう。そうした中、ドイツの医師によって「劇的な提案」をされたアイナは、ゲアダらの反対を押し切って、ドレスデンに一人発つ。そこで、世界初となる性別適合手術に挑んだアイナ。反対はしたものの、ドレスデンへと駆けつけた献身的なゲアダによって励まされ、リリーの最初の手術は成功し、コペンハーゲンで彼女は女性としての日々を謳歌していく。だが、愛する男性のために「本物」の女性になりたいと願うリリーは、より危険な子宮移植手術にドレスデンで再び臨むのだった。

〈作品の背景と現実〉

この映画の冒頭の、アイナの故郷の寂しく暗い色彩の風景は印象的である。映画の舞台となった一九一〇年代の終わりから二〇年代にかけて景気の低迷していたデンマークを、そして、アイナの魂の孤独を表しているかのようである。映画の中でしばしば織り込まれるこの肌寒い灰色の風景、青みがかかった曇り空、淡い光は、デンマーク人なら誰もが見知っている「デンマークらしい」景色だろう。彼らの住むコペンハーゲンのアパートは、監督のトム・フーパーもインタビューで答えているように、デンマークを代表する画家の一人、ヴィルヘルム・ハマスホイの室内絵画をベースに作られている。灰色の壁と家具のあまりないシンプルな室内で、二人は絵を描き、運河沿いの露店で魚を買い、つつましく幸せに暮らしていた。実際には二人は一九〇四年に結婚し、二人を取り巻く奇異な変化を共に乗り越えて、長く最良のパートナーであった。

アイナ／リリーの日記をもとに、一九三一年にデンマークで出版された『男から女へ――リリ・エルヴェの告白（*Fra Mand til Kvinde: Lili Elves Bekendelser*）』（その後、数年の内にドイツ語版と英語版が出版）によると、彼らは一九三〇年八月の終わりにクリスチャン一〇世王に請願するという形式で二人の結婚を無効とするよう願い出た。その年の最初の手術後、リリーは「リリ・エルヴェ」名で新しいパスポートを発行され、事実上アイナの存在は消え去っていた。二人はそれぞれの新たなパートナーと結婚するため、弁護士のアドバイスを受け、請願書を提出している。九月末の調査官による三〇分間の聞き取りの後、一〇月、二人が「同性」であることを根拠に、国王は正式に結婚は無効であると認めた。映画の中では、ゲアダの「最近まで結婚していたわ、あなたと私」で二人の離婚がほのめかされているだけであるが、この後、ゲアダは再婚し、実際には、リリーの最期のときに二人は別々であった。だが、二人の間には終生、愛情が存在し続け、リリーは最後の手術後の手紙の中で「ゲアダが（この私の壮絶な状況を）知らないことは幸いです」「ゲアダはほぼ毎日、花を送ってくれるの」と書いている。

この時代は「ジェンダー」の存在が意識されはじめ、女性解放や人々の平等というものが形となって現れ出した時期であった。一方で、映画の冒頭のシーンで、女性の「足首が見える」ことが話題に上がっているが、まだ性別による役割分担がはっきりしていた時代でもあった。クリスチャン一〇世は、二人の結婚の件では進歩的に見えるが、一九一五年、憲法改正により女性の参政権が認められた際、王はこの改正にむしろ後ろ向きであった。改正を祝い、王に感謝する女性たちの王宮への行進が行なわれ、海軍大将の妻のエマ・ガズが、「今日は私にとって人生最良の日です」と述べると、王は、早く家に帰って夫にコーヒーを入れるように、と応えたというエピソードが残っている。一九二四年、スタウニング政権でニナ・バングが「世界初の女性大臣」として文化相に就任したが、唯一の女性閣僚だったバングは、閣議で他の閣僚にコーヒーを入れるという伝統的な女性としての「役割」も演じていた。デンマークを代表する作家であるカーアン・ブリクセンはゲアダと一歳違いの一八八五年生まれだが（二人は同じデンマーク王立芸術アカデミーで美術を専攻しており、一緒に学んでいた可能性がある）、ブリクセンもアメリカで初めて小説を出版した際には「イサク・ディーネセン」と自らの旧姓に男性名「イサク」を名乗っていた。

さて、映画では、リリーをモデルにゲアダが描いた妖艶な絵が人気となり、パリの有名ギャラリーがゲアダの代理人になるという話が舞い込んだその日、「性的倒錯者」であることからアイナを精神病棟に収容することが決定したという通知が届き、急遽、二人はパリに旅立つ。実際、ゲルダはアール・デコで華やぐパリで売れっ子の画家となり、二人はそこで一九年間、裕福に暮らしていた。リリーはより自由に女装して着飾り、ゲアダとアイナとリリーの解放的な「三人」の生活を謳歌していたが、やがて、リリーはアイナを「殺したい」とまで思い詰めていく。ゲアダもまた、自分が「夫」を必要としているにもかかわらず、いまやアイナが消えつつあること、その一方で、彼女の絵のためにはリリーの存在が不可欠であり、「三人」は深い苦悩に陥る。当時、まだトランスジェンダーという観点はなく、性的マイノリティは激しく排除され、嫌悪された時代であった。映画では、そういったある日、アイナが男性の服を着ていても女性に見えるためにからかわれ、見知らぬ男たちからひどい暴力を受けるということが起きる。次第に死を考えるほど追い詰められたアイナは、やがてドイツの医師ヴァルネクロスが提案した肉体的に男性から女性へと変える「性別適合手術」に挑む決心をする。それは当時、世界で前例のない手術であった。一九三〇年の一度目の男性器を切除するという手術の後、リリーは愛する恋人のクロードのために「子どもを産める身体」になることを切望し、翌年、最終段階として、子宮及び卵巣の移植という手術に挑んでいく（デンマーク紙には、ヴァギナ形成手術であったという記述もある）。映画内では「若いリリー」であったが、実際のリリーはこのとき、すでに四八歳であった。その年齢で「子どもを産める身体」は現実的とはいえず、この手術が、医師ヴァルネクロスの「功名心」によるもの、あるいはリリーの一種の自殺の形だったという見解があるが、いずれにせよ、リリー本人が強く望んだものであった。第二次世界大戦中のドレスデン大空襲によって、その手術のカルテは焼失している。

〈さらに興味のある人に〉

奇しくも、この最初の手術の一九三〇年、デンマークでは新刑法により、世界に先駆けて同性愛の非犯罪化が決定した（三三年より正式に施行）。一九五三年、憲法改正を機に、王の長女、マルグレーテの女性王位継承権が認められた（なお、長子相続が認められたのは、二〇〇九年）。一九六八年の若者の蜂起を経て、デンマークではジェンダーや年齢、社会的地位など、すべてにおいて平等であるべきだとする真の「平等主義」の道を育んでいく。六九年にはポルノグラフィー（図画）が解禁となり、一九七〇年には女性解放グループ「赤靴下同盟」が結成され、七三年には人工妊娠中絶が合法化された。八九年には、世界初の同性の結婚許可法が施行された。二〇一〇年、同性カップルの養子縁組が合法化。また、二〇一二年からデンマークでは精神科医の診断なしで、性別の変更ができるようになる。二〇二〇年から性別不適合者が「精神障害」の分類から除外されることが世界保健機関（WHO）より発表されたが、デンマークでは既に一〇年前からそうなっている。

しかしながら、デンマークも含め、世界ではまだまだジェンダーの問題が強く残っているのも事実である。映画のエンディングは、「彼女の勇気が今もトランスジェンダー運動を鼓舞し続ける」という言葉で結ばれている。リリーはこの映画によって現代に蘇り、「トランスジェンダー・コミュニティのアイコン」として生き続けている。

〔オールセン八千代〕

第21章 サーミの血

原題／Sameblod［サーミの血］、監督／アマンダ・シェーネル、製作国／スウェーデン・ノルウェー・デンマーク、製作年／二〇一六年、日本公開年／二〇一七年、上映時間／一〇八分

【主要対象国・地域】 スウェーデン北部

【キーワード】 サーミ、先住民、寄宿学校、同化政策、アマンダ・シェーネル監督

〈ストーリー〉

老婦人クリスティーナは、故郷と疎遠になっていたが、妹の葬儀のため息子や孫娘とラップランドに戻る。親族の家に泊まることを拒み、ホテルで少女時代を回想する……。

スウェーデン北部、ラップランド地方でトナカイ放牧を営む先住民サーミとして生まれ育った少女エレ・マリヤ。一九三〇年代当時、サーミに対する人種的な偏見は根強いものがあった。エレは親元を離れ、サーミの子供たちのための寄宿学校に妹と通う。しかしスウェーデン人の少年たちには道ですれ違うたびに暴言をはかれ、学校では人種生物学的な調査のために理不尽な扱いを受け、自らが〝サーミ〟であることを忌まわしく感じていた。スウェーデン語も得意で成績優秀なエレは、女性教師の仕事に憧れ、進学を希望するが、教師にもただ冷たく否定されるだけであった。

ある夜、スウェーデン人になりすまし潜り込んだお祭りで青年ニクラスと出会い恋をする。名前を変えサーミの絆を断ち切り、ニクラスを頼ってウップサーラで新しい生活を始めようとするエレ。学校へ入学はできたものの授業料が払えず、結局は母親に懇願するために、一度はあとにした故郷に再び足を向ける。

かつてエレであったクリスティーナは、人影のなくなった教会の中で妹の亡骸に許しを請うと、トナカイ作業で親族があつまる丘陵へと登っていく。

〈作品の背景と現実〉

本作品はアマンダ・シェーネル監督初の長編映画で、前年の二〇一五年には、本作のパイロット版でもありプロローグとなる短編映画『*Stoerre Vaerie*（*Northern Great Mountain*）［北部の大いなる山］』が公開されている。本作品の冒頭一〇分と最後の部分にはこの短編映画がそのまま使用されている。どちらもサーミをテーマとしてい

るが、これは監督シェーネル自身がサーミのルーツ（母親がスウェーデン人、父親がサーミ人）を持つことから生み出された。シェーネルは一族の年長者の話から映画の着想を得て、祖父母、親族たちへのインタビューや寄宿学校での体験談などを映画に取り入れた[1]。

サーミとはノルウェー、スウェーデン、フィンランドの北部とロシア・コラ半島にかけて居住する少数先住民族である。彼らの居住領域は北欧諸国が国家を形成し支配下に置くはるか以前から、そこに存在してきた。「サーミ」とは彼らの自称であり、またサーミ人の地を意味する。かつては「ラップ人」という名称が一般的であった。サーミはトナカイ放牧の民として知られているが、伝統的生業は大小規模のトナカイ放牧以外にも、居住環境によって異なり、河川や湖での漁猟、森林での植物採集など自然資源に立脚したさまざまな形をとってきた。現代は、トナカイ飼育に従事する割合は実際には少ない。

映画の舞台である二〇世紀前半、サーミは民族文化としての存続に試練の時代を迎えていた。北欧諸国では一九世紀後半から二〇世紀の中盤にかけて、少数派を多数派文化に融合させることを目指した〝同化政策〟が推し進められた。近代的な国家形成のために、国内の多数派を軸にした文化的にも言語的にも均質な国家空間を作ろうという動きが、少数派を多数派に統合させる圧力として存在した。また一九世紀終盤の〝社会進化論〟の考えによって、サーミは近代社会には適応できない劣った民族、消滅していく運命の民族であるとみなされた。そしていわゆる「人種生物学」が一つの科学分野として認知され、スウェーデンのウップサーラには国立の研究機関「国立人種生物学研究所（Statens institut för rasbiologi）」が一九二二年に設立された。本映画にもあるように、学者たちは一九二〇～三〇年代に学術的な対象としてフィールドワークを行ない（【図1】）、サーミの身体的な特徴を計測し、形質や遺伝の研究調査を通じてスカンディナヴィア人との差異を比較、サーミは他の「スカンディナヴィア人種」とは違いもっともプリミティブな〝人種〟に分類された[2]。サーミに対する同化政策はとくにノルウェーでは社会進化論の考えと結びついて、〝劣った〟民族であるサーミをノルウェー社会へ統

【図1】ウップサーラからの訪問客を出迎えるサーミの子どもたち。中央が主人公エレ・マリャ、右隣は妹

合させる方向へと進んだ。それは国語の統一を図る過程で、学校教育を通じて行なわれた。サーミが現代世界で暮らしていくには多数派の子供たちと同じ学校へ通わせ、同様の教育環境を与えることが最良の方法だと考えられたのである（第33章「受け継ぐ人々」も参照）。

一方、スウェーデンのサーミへの対応は家父長的な考え方へと結びついていき、「ラップはラップのままに lapp skall vara lapp」というスローガンに集約される分離隔離政策が行なわれた。これはサーミが伝統的な生活様式、つまりトナカイ放牧を続けることが彼らにとって最良の生き方であるという考えを反映している。この政策は、サーミが多数派のスウェーデン人とは「異なる集団」であるという認識に基づいていた。さかのぼって一七世紀、カール九世はサーミの地に南部からの入植を奨励し、そこを王領地とみなすなど国益という観点から関心を寄せていた。また一七世紀後半にはいわゆる「ラップ境界線」を設け、外部からの進入を原則的に制限する形で高地（「ラップ境界線」の山麓側）におけるサーミの活動領域を認めて保護するような措置も行なってきた。

こうした経緯からスウェーデンではサーミの伝統的な生業の継続を理解し庇護する姿勢があったが、その庇護はトナカイ遊牧を営むサーミのみに向けられた。スウェーデンでは一八八六年に成立した「トナカイ飼育法」において、伝統的なトナカイ遊牧を営むサーミだけが〝サーミ〟とされ、その結果、他のサーミはサーミとみなされなかった。サーミとは自由に山岳をトナカイ遊牧する民というステレオタイプが形成され、〝無垢で無知な先住民、貧しいが幸せに文明化されていない民族〟として扱われた。その考えのもとでは文明という悪、すなわちスウェーデン文化の影響から保護されるべき人々の存在として、サーミの分離政策に結びついていった。そして彼らのために一九一三年「ノマド学校」が新たに設置され、トナカイ放牧との絆を断ち切らないような教育を与えることを目的とした。つまり一般のスウェーデン人の子どもたちのような高い水準で幅広い教育は必要なく、むしろ過ぎた教育は彼らを汚し、伝統的な生活様式からサーミの子どもたちを疎遠にしてしまうと考えられた。しかしトナカイ放牧の生活様式を保護する名目にもかかわらず、学校での使用言語はスウェーデン語であった。しかし一九四〇年代へ向かって次第に教育内容も一般学校と同等になっていく。ノマド学校は初期には「コタ」と呼ばれるサーミの伝統的なテント型の校舎が利用されたが、四〇年代半ばには常設の校舎と寄宿舎のある村の学校へと移行した。

一方でトナカイ放牧をしていないサーミの子どもたちは一般のスウェーデン人と同じ学校に通ったが、サーミに対する配慮は一切なかった。そのため「サーミ」の枠から排除される形で非トナカイサーミのスウェーデン社会への同化が進行していくことになった。このようにトナカイ放牧を行なうサーミだけを分離保護するような政策は、サーミと認められなかった他のサーミとの区別化を促進し、それがサーミ社会内部の対立を生み出す要因ともなっていったのではないだろうか。学校教育に限らず、北欧社会におけるサーミ的なるものへの配慮や、サーミ自身による成果をともなった組織だった民族運動は二〇世紀後半まで時をまたなければならなかった。

ところで公式サイトのインタビューによると監督自身は本作品に関して「サーミ人についての映画にしたかったのではなく」「サーミ文化を学ぶ教育映画ではない」、「彼女（エレ）についての映画を作りたかった」と述べている。確かに映画を鑑賞した多くの人が、エレの葛藤や人生の闘いに共感するものがあるだろう。普遍的な少女の成長物語として純粋に映画を鑑賞するのもありではないか。

〈さらに興味のある人に〉

この映画を観てサーミに関心を持たれた人は多いだろう。残念ながら日本で公開された作品となると選択の余地はないが、『ククーシュカ　ラップランドの妖精』（原題／*Kukushka*［ククーシュカ］、監督／アレクサンドル・ロゴシュキン、製作国／ロシア、製作年／二〇〇二年、PG-13）をお勧めしたい。第二次世界大戦末期、フィンランドでソ連との継続戦争のさなか、フィンランド兵とロシア兵がそれぞれの理由で軍を離れ、北部ラップランドでサーミ人アンニの家に辿りつく。彼女は夫をフィンランド軍に徴兵され、ずっと一人で家を守って暮らしている。ここでは女性が自分らしくたくましく生きる姿、という点でサーミ的生活が表現される。映画は、サーミの女性がしたたかに生き抜く姿や、訪問者たちとのちょっと奇妙で心温まる交流を通して、登場人物たちの人種や言語、国籍、国境を超えた不思議な交流の姿のなかに、現代社会が抱える問題への一種のアンチテーゼを示すことになる。画面一杯に広がるラップランドの雄大で神秘的な自然にも心が洗われる。そして、最後の斬新な終わり方を皆さんはどう思うのだろうか。

（山川亜古）

註

（1）映画『サーミの血』公式サイト監督インタビュー〈http://www.webdice.jp/dice/detail/5477/〉（二〇一九年八月三日閲覧）

（2）Leena Huss, Reversing Language Shift in the Far North: Linguistic Revitalization in Northern Scandinavia and Finland. Acta Universitatis Upsaliensis, *Studia Uralica Upsaliensia 31*, Uppsala 1999.

第3部　北欧の歴史的歩み②——第二次世界大戦

第22章 九一番カールソン

原題／91:an Karlsson［九一番カールソン］、監督／ヒューゴ・ボーランデル、製作国／スウェーデン、製作年／一九四六年、日本公開年／劇場未公開、上映時間／八八分

【主要対象国・地域】スウェーデン
【キーワード】スウェーデン陸軍、兵隊映画、漫画、ルードルフ・ペテション

〈ストーリー〉

この映画について語るには、作品の中身や出来栄えについてより、まずその周辺事情について明らかにしなければならない。

まず、これは単一の作品ではなく、計八本の映画からなる作品群なのである。年代順に『九一番・スウェーデンの小さな兵士（*91:an Karlsson: Hela Sveriges lilla beväringsman*）』（一九四六）、『九一番の休暇（*91:an Karlssons permis*）』（一九四七）、『九一番活躍する（*91:an Karlsson bravader*）』（一九五一）、『時を超える九一番（*Alla tiders 91:an karlsson*）』（一九五三）、『九一番入営する（*91:an Karlsson rycker in*）』（一九五五）、『九一番ノックアウトする（*91:an Karlsson slår knock out*）』（一九五七）、『九一番除隊する（つもり）（*91:an Karlsson muckar (tror han)*）』（一九五九）、『九一番と将軍たちのリス（*91:an Karlsson och generalernas fnatt*）』（一九七七）、以上のようになる。最後の一本だけ年代がかけ離れているが、カラー作品はこれだけ、あとの七本はモノクロである。ストーリーの上で連続性はないが、いずれも同じ世界同じ人物群を描いたものであり、最後の一本を除けば、出演俳優も制作スタッフも、共通している場合が多い。しかし、どれか一本をもって代表作とする程に作品間の差はなく、ストーリー上の関連もなく、全体で一つの作品群として扱うほかはない。なお、本紹介冒頭の作品情報と巻末の作品詳細情報は、便宜的に第一作のみ記した。

主人公の九一番マンデル・カールソンは農家の一人息子で、意に反して突然徴兵され、以来軍隊生活を続けている。要領が悪くて迂闊者で、しかも怠け者なので失態と懲罰の連続で日々をすごしている。半面実直で誠実なので皆から好かれ信頼され、思いもよらぬ手柄を立てる機会にも恵まれている。少佐（後述の漫画では大尉）の家のメイドであるエルヴィーラ・オルソンは、九一番のステディな彼女であるが、晩生の九一番に対してエル

ヴィーラの方がしばしば積極的である。

ほかの主な登場人物としては、九一番の戦友で狡猾なエゴイストの八七番アクセルソン、彼らの直上官で、巨体と怪力とで兵隊たちに恐れられながら、おもちゃにもされているレヴェール伍長、快楽主義者で兵隊にも人気のモロンクレーク少佐、連隊の長にふさわしい威厳と指導力を目指しながら、実はいろいろと抜けているイュレンスカルプ大佐、等々がいる。

〈作品の背景と現実〉

種を明かせば、これはスウェーデン屈指の人気漫画『九一番カールソン（*91:an karlsson*）』を映画化したものなのである。原作はルードルフ・ペッテション（Rudolf Petterssonー八九六～一九七〇）により一九三二年に生み出された、ハルムスタッド駐屯の歩兵第一六連隊（I一六、軍縮により二〇〇〇年限りで解隊されて、今はない）に属する、兵籍番号九一番の兵士マンデル・カールソンの兵営生活を描いた物語である。最初は絵の脇にキャプションのついた絵物語形式であったが、間もなく吹き出しのある漫画スタイルに変わった。掲載誌は何度か代わり今では週刊誌『オーレット・ルント』（*Året runt*）誌上で連載が続けられている。加えて一九五六年には同じタイトルの漫画雑誌（隔週刊）が創刊され、その中心的作品として描き継がれている。原作者のペッテションは既に故人であり、二代目執筆者のニルス・エーゲルブラント（Nils Egelbrandt 一九二六～二〇〇五）ももはやこの世にいないが、後を継ごうとする漫画家たちは絶えることがなく、今では常時十数人の描き手とストーリー作家が、競作している状態である。

ハルムスタッド市のストールガータンにある91番カールソン像（1993年設置）

映画に話を戻すと、個々の作品はB級と呼ぶにも値しない、単なるドタバタ喜劇である。原作通りに主人公が失敗を重ね、最後に大手柄を立てたり、成功を収めたりの連続である。要するに、原作漫画のファンを楽しませることが主眼であり、それ以上の芸術性やドラマ性は用意されていないし、見る側も期待していない。およそ、人気漫画の原作を映画化するというのは、我が国を含め世界各国で、古くから（あるいは映画の歴史と共に）行なわれてきたことであり、原作ファンの動員により一定の入場者数は確保できる安全なジャンルなだけに、内容上、表現技術上の新機軸や飛躍は期待されてこなかった分野である。

『九一番（*91:an*）』は「漫画原作映画」の代表作であると共に、もう一つの側面として「兵隊映画」の系譜にも属している。兵隊映画はもちろん戦争映画や戦史映画ではなく、軍隊の日常生活の滑稽や笑いを描いたコメディー作品であり、スウェーデン語では「軍隊笑劇」（militärfarser）の名で括られている。その起源は定かでないが、確認できる早い例として、第一次世界大戦中の一九一五年に『軍服を着て（*I kronans kläder*）』、翌一九一六年に『ベンクトの新しい恋（*Bengts nya kärlek*）』が制作されている。監督、脚本家に加え主な俳優陣もヒーローとヒロインの役名も共通していて、シリーズ作品と見なされることが多い。ドジな兵隊の失敗と幸運を描いた、まさに元祖たる作品である。

その後、しばらく例が見当たらないが、次の戦争への危惧が色濃くなってきた一九三七年、『戦闘準備完了（*Klart till drabbning*）』が現れた。これは珍しく海軍を取り扱い、しかも当時の新鋭艦である航空巡洋艦ゴットランドを舞台としてフルに使用している上に、他の軍艦も多数画面に出てくる、海軍側の協力ぶりが窺える作品である。ストーリーは、不規律なせいで処罰を受けた二人の水兵が、人命救助をしたり競技会で優勝したりして、面目を施すという、例の如き話である。

第二次世界大戦が始まった直後の一九三九年一〇月、『郷土防衛隊のロッタ（*Landstormens lilla Lotta*）』が封切られた。小さな町で平和に暮らしている人々に、突然郷土防衛隊への召集令状が舞い込み、それを巡って様々な悲喜劇が展開する。行き摺りの人が召集の身代わりに立てられたり、銀行では不正工作が進行していて、それが結局暴かれたり……、等々の諸事件を同時進行で描いた物語である（なお郷土防衛隊とは、兵役の経験のある者を徴集して編成し、各人の居住地で現役部隊の支援や交通通信網の警護に当たらせる部隊である。専ら志願者のみで構成された民間防衛隊が発達したことにより、一九四二年に廃止された）。

続いて一九四〇年に制作された『黄色と青の勇者達（*Hjältar i gult och blått*）』は、今度は現役召集における身代わりが引き起こす珍騒動である。一応違法行為である徴兵逃れを、ここまで大らかに扱えるとは、スウェーデン社会の懐の広さがわかるというものである。

兵隊映画が作られたのは、元より戦意や愛国心昂揚のためでも戦争批判のためでもない（そうした意図が全くなかったとも言い切れないが……）。両大戦中（スウェーデンは中立だったが）に多く作られていることと考え合わせると、諸物資が不足し、自由が様々に制限された重苦しい時代に、せめてもの娯楽として提供され、歓迎されつつ受容されたというのがその真の姿であろう。その陰には、国の外交政策・国防政策への理解と共感を求めようとする、上からの意図もチラついている。軍や軍人は盛大に茶化され、笑われてはいるが、そこは結局は明るく楽しく、頼れる世界として描かれているのである。

〈さらに興味のある人に〉

第二次世界大戦中に作られた兵隊映画はまだまだあると思われるが、あと一つ紹介するなら、一九四二年制作の『片足ロッタの酒場（*Halta Lottas krog*）』であろう。これは防空部隊の兵士達と警防団の女性団員たちが町で出会って親しくなり、その後一人の兵士の家族が生活苦に陥っているのを、男女皆で協力して救うという話である。

戦争が終わって数年後の一九四九年、同じ系譜の上にある映画『ボーフス大隊（*Bohus bataljon*）』が発表された。無能のレッテルを貼られた兵隊が、大演習の時、偶然と機転により自隊を勝利に導くというストーリーであり、彼と軍馬保護団体の女性との恋も絡まっている。

実はこの二作のタイトル『片足ロッタの酒場』と『ボーフス大隊』は、共にスウェーデンで極めてポピュラーな軍歌の題名である。ただ、前者は一九世紀末に出現した、作者が全く不明な歌であるのに対し、後者は一九四〇年にボーフス連隊（I一七、すでに解隊）による公募に応じて、ユーテボリ大劇場の指揮者であったステン・フリュクバリ（一九一〇～一九八三）がアクセル・フロデーン大尉の歌詞に作曲したものであり、ボーフスという地方の枠を超えて、忽ちスウェーデン全土で大人気を呼んだという名曲である。もちろん映画の中ではそれぞれの歌がふんだんに使われている。また、『ボーフス大隊』が作られた時には、すでに『九一番』の映画シリーズが始まっていて、『九一番』の主な出演者はこちらにも出演している。

〔本間晴樹〕

第23章 アンノウン・ソルジャー　英雄なき戦場

原題／Tuntematon sotilas［無名戦士］、監督／アク・ロウヒミエス、製作国／フィンランド、製作年／二〇一七年、日本公開年／二〇一九年、上映時間／一三二分

【主要対象国・地域】フィンランド、カレリア
【キーワード】フィンランド、ソ連、独ソ戦争、冬戦争、継続戦争

〈ストーリー〉

本映画は、第二次世界大戦期の独ソ戦争のフィンランド人の戦争体験、ソ連と戦ったフィンランド軍兵士の戦場体験に焦点を当てて、壮大に描かれている。

映画はいきなり、いわゆる継続戦争が始まった場面からはじまる。それは一九四一年六月、急遽招集されたフィンランド兵（人口四〇〇万のうちの五〇万）が進撃を命じられる場面である。フィンランド軍は河を越えてソ連領に向かうことになるのだが、戦車をもっている敵軍にたいしてフィンランド兵は手榴弾を投げて攻めまくる。いかにも厳めしく武装しているかに見えるソ連軍戦車はあっけなく敗退し、フィンランド軍は、たちまち河を渡ってソ連領に進撃し、冬戦争以来ソ連が押さえ込んでいた旧領土を奪還して、さらにソヴィエト領カレリアの古い都市ペトロザヴォーツクをも占領する。それを祝うフィンランド軍の式典の場面についで出てくるのが、市内の高級住宅を接収しようとしたフィンランド軍の将校が出会う、地元の小学校の校長をしているロシア人女性である。そこで、お定まりの恋愛劇の場面となり、その校長が決してスターリンの信奉者ではなく……という展開になっていくわけだが、その後は、この恋愛劇を境にして、ソ連軍の強力な反撃が開始され、撤退していく中でのフィンランド軍の敗走劇というように、三年二ヵ月にわたる継続戦争の後半局面の描写が始まることになる。

〈作品の背景と現実〉

最初に、フィンランド人なら誰もが知っており、その点われわれが補っておかなければならない知識を確認しておくと、一九三九年九月にヒトラーが統治するナチス・ドイツは、かねて狙っていたポーランドに侵入し、ソ連は、これもかねてからドイツと結んでいた密約（独ソ不

可侵条約付属秘密議定書）に従ってポーランドの東半分を占領するとともに、バルト三国とフィンランドに領土的要求を持ち出した。フィンランドが拒絶すると、ソ連軍は手持ちの全軍を動員してフィンランドに侵入し、フィンランドは総力を挙げて戦い、信じがたい抵抗を発揮した。フィンランドは、世界が見守る中で、カレリア地峡を含む全領土の一〇分の一を失ったものの、見事独立を守り抜いた。

　ところが、それだけでは、問題は終わらなかった。国際情勢の悪化は容赦なくフィンランドに降りかかってきた。イギリス・フランスは、対独宣戦布告をしただけで一向に戦争を始める気配もなく、国際情勢を見守っていたばかりだったが、翌一九四〇年になるとドイツと戦う気配をあらわにし始めた。イギリスは、ノルウェーに入る口実にフィンランド援助を唱え、実はドイツを北から窺う様子を見せたが、これに機先を制する形でナチス・ドイツはデンマーク・ノルウェーを占領し、一挙にヨーロッパの戦火は拡大した。

写真提供　SA-Kuva

　以後、戦局はナチス・ドイツの西方攻撃に発展してフランスが敗北し、ドイツとソ連の間に重苦しい沈黙が漂った。実はこの間、ひそかに進んでいたのは、ヒトラー総統のソ連攻撃計画であった。ヒトラーは、ソ連外相モロトフをベルリンに招き、ソ連の意図を探っていた。そして、ソ連側がかんたんにはヒトラーの対外戦略に乗りそうもないことを知ると、一挙に対ソ攻撃を決断し、ナチス・ドイツの運命を決することになる対ソ戦争に乗り出した。ヒトラーの破滅を招いたこの戦争にどのように対応すべきかに、とくに欧州の諸小国の運命がかかっていた。

　それらの中で、最も思慮深く行動したのが、フィンランドであった。もっとも、運の良さが多分に働いていたことも、他の諸小国の名誉のために指摘しておく必要があるだろう。地理的位置とかタイミングといったことも、他の国々が恵まれなかった好条件として認めておくことが必要であろう。だが、そのことを考慮に入れてもなお、フィンランドの政治家たちが、自己犠牲をも含めた知恵と献身的努力を払うことによって、自国民の「例外的」とも呼べる幸運を勝ち得た事実を見逃すわけにはいかない。大統領リュティの献身的行為も、もちろんその中に含まれるべきであろう。そうした結果が、ここで論じている映画が指摘する、フィンランドだけがソ連軍の占領を免れた、という事実を歴史に残したのである。

この映画で筆者の印象に残ったのは、戦局の後半を、意識的に前半との対象において描こうとする意図であった。ソ連軍の戦車がやってきて、それに対抗するフィンランド軍の奮戦が、軍需物資の不足、両軍の士気の状況など、しきりに対照的に描かれ、劇としての作為が感じられた。

正直なところ、筆者は映画の愛好家ではなく、文学の専門家でもない。そういう筆者がこの映画について感想を述べる気になったのは、ひとえに自分が戦争というものを実体験した一人である面が決定的であると思う。実体験といっても、筆者は、敗戦の年には中学二年生であり、空襲を体験したに過ぎないが、今回、映画館内で周囲を見回してみると高年齢者が圧倒的に多かったことで、この映画の観客としての実感がわいた気がした。自分が国際関係史の専門家を名乗り、とくに第二次世界大戦後のフィンランドの戦後史の研究に多くの時間を割いてきたことも、むろん、この映画に関心を向けた大きな動機になっている。

筆者は、フィンランドが第二次世界大戦に引き込まれる要因となった冬戦争の背景については、「小国」研究という関心から自分が学界入りするきっかけになるほどの時間と労力を費やしたが、さて、冬戦争が背景となって起こった継続戦争については、大岡昇平氏から、「あれ（継続戦争をきちんと精査すること）は大変でしょう」と激励まじりに言われたことがあり、その通り難渋した。けれども、焦点をパーシキヴィ大統領の戦後外交活動に寄せることによって、ようやく仕事を完成させ、その後さらにそれを国外読者向けに推敲したものを、世に問うてきた。もっとも、研究者としての筆者の基本的な研究関心は、「小国」の国際的地位の問題にあり、現在では、研究対象を世界に広げているが、フィンランドへの関心が筆者の研究生活の原点にあったことは否定できない事実である。

これも素人ならではの特権だと思うが、とんでもない思い出話を始めさせていただくことをお許し願いたい。第二次世界大戦中のことであるが、小学校（その頃は、「国民学校」と呼んでいた）の六年生位の頃だったと記憶するが、たまたま聞いていたラジオ放送の講演番組で、男性の講師が、「戦場で、フィンランドの将兵は、サウナを浴びながらソ連軍と戦っているそうです」と述べていた。真実の話なのかどうか、現在の私は確言できない。今、テーマにしている映画の中では、対ソ戦争の戦場で手柄を立てて一時帰国を許されたフィンランド軍の兵士が、自宅の農家のサウナを妻と楽しんでいる情景はあったが、戦場のサウナの話は出てこない。ただ、その放送を聞いた子どもの私は、はじめて「フィンランド」「サウナ」という言葉を耳にした。「フィンランド」という言葉には、正月の双六でよく出てきた「スウェーデン」とか「ノルウェー」といった国々とは一味違った身近な印象を「自然に」受けたことを思い出すのである。ただ、その印象は、その場だけで終わり、それは、いつも淡い思い出として残っただけで、後日、それから一〇年もたって大学院で、独ソ不可侵条約で犠牲になった国々のことを研究テーマにするようになってからも、「分割された小国」のことばかりが気になって、「一味違った近親国」としてフィンランドが脳裏に上がってくるには、どうしてか、なかなか時間がかかったのである。

〈さらに興味のある人に〉

フィンランドの作家ヴァイノ・リンナ（実際に従軍した）の『無名戦士（*Tuntematon sotilas*）』を映画化した戦争ドラマが本映画である。これが三度目の映画化であり、第二作目（一九八五年製作、日本では劇場未公開、ビデオ発売のみ）もかつて筆者は観ている。二〇一七年一〇月、本作品が本国で公開されると、七週連続興行成績一位を記録、観客数は一〇〇万を超え、人口五五〇万の国の五人に一人が観たことになった。フィンランド映画史上、最高の制作費が投入され、国内興行収入一位になった。エキストラに一万四千人、一シーンで用いられた莫大な火薬量がギネスブックに記録、フィンランド国防軍が全面的に協力し、戦闘場面をリアルに再現したことなどが話題になった。

この映画は歩兵たちの戦いである。果てしなく続く森林地帯、雪原など北限の大地で勇敢に戦うフィンランド歩兵たち、その中の四人の兵士――年齢や立場や家族環境など異なる四人の兵士――の戦場での壮絶な闘いを、徹底した兵士目線で描いている。見どころとしては、大量に使われる爆薬のシーン、ヘルメット（ドイツ軍のものを間に合わせに使っていた）やソ連軍の戦車などに、本物を使っていることである。

ちなみにこの映画の梗概ついては、軍事評論家の斉木伸生氏が、劇場パンフレットの中で、文句のつけようのない解説を記しているが、本戦争に関わるフィンランド戦後史を扱った論考としては、以下のものを参照することをお薦めする。

百瀬宏『東・北欧外交史序説――ソ連＝フィンランド関係の研究』（福村出版、一九七〇年）、同『小国外交のリアリズム――戦後フィンランド一九四四―四八年』（岩波書店、二〇一一年）。

（百瀬 宏）

第24章

ヒトラーに屈しなかった国王

原題／Kongens nei［国王の拒絶］、監督／エーリック・ポッペ、製作国／ノルウェー・アイルランド、製作年／二〇一六年、日本公開年／二〇一七年、上映時間／一三三分

【主要対象国・地域】ノルウェー
【キーワード】ノルウェー、ホーコン七世、第二次世界大戦、ヒトラー、占領、クヴィスリング

〈ストーリー〉

第二次世界大戦時、ナチス・ドイツの急襲を受けながら降伏を迫るヒトラーに抵抗し要求を拒否したノルウェー王・ホーコン七世の四日間を描いた歴史映画。ノルウェーで大ヒットを果たし、アカデミー賞外国語映画賞ノルウェー代表作品に選ばれた。

本作品は一九〇五年、父と母、そして小さな息子の三人がクリスチャニア（現オスロ）港に降り立ち、大歓迎を受けるニュース映像から始まる。デンマーク王クリスチャン一〇世の弟カール王子とその妃モード、そして息子のオーラヴ王子である。ノルウェーがスウェーデンとの同君連合を解消して独立するにあたり、スウェーデン＝ノルウェー同君連合の国王オスカル二世に代わって「国民投票」でノルウェー国王に選ばれたカールは、二日後の戴冠式を経て、ホーコン七世として即位し新生ノルウェーの国王となる。

時はめぐって一九四〇年四月八日、英仏軍のノルウェー海への機雷設置要求に対してノルウェー政府が神経を尖らせていた隙を狙ってドイツ艦隊が北上していた。翌九日未明に、オスロ近郊のウスターシュヴォル要塞でドイツの戦艦が密かに近づいてくるのが発見され、交戦が始まる。ノルウェー軍が奇襲攻撃に耐えて戦っているとき、ドイツ公使ブロイアーからノルウェーのクート外相に連絡が入り、イギリスの侵攻からノルウェーを守るためという名目で､ドイツとの協力要請がなされる。クートは閣僚の同意が必要であるとそれをかわし、この危機を受けてニューゴールシュヴォル首相は、国王に朝七時に列車を手配したと連絡する。王宮、そしてオスロを離れることに後ろ髪を引かれながらも、王家を守ることを優先してホーコン七世は自らの家族、閣僚らと共にオスロ中央駅から、ドイツ空軍の攻撃をかい潜って内陸部ハーメルに向かう。ニューゴールシュヴォル首相はブロイアー公使の要求への対応を検討すべく臨時閣議を開催するが、危機に対応できないまま、国王に自らの辞任

と内閣の解散を申し出る。しかし国王は「通常であれば、内閣総辞職の申し出は国王として認めるべきであるが、今回は認めない。……今まさに国民は政府を必要としているのだから」と国政の介入になろうとも、自己の意思を貫こうとする。

しかし、九日の晩にファシズム政党の党首クヴィスリングがラジオ放送で自ら首相に名乗り出て国内は混乱する。クヴィスリングは、ヒトラーが寛大にもノルウェーをイギリスの侵略行為から守ろうと申し出てくれたにも拘らず、ニューゴールシュヴォル政権はそれに逆らったと批判する。ブロイラー公使は、本国のリッベントロップ外相に連絡し、クヴィスリングが政治家としては素人で国民の人気もなく、彼と手を結ぶことはノルウェーとの交渉を硬化させるだけだと説明する。これに対してリッベントロップは、ヒトラー総統からの命令として、閣僚を無視して国王と直接交渉しろと伝える。

正規兵ではない志願者からなるノルウェー義勇軍が、ドイツ軍の進撃を食い止めようと必死に抵抗するが、ドイツ軍は彼らを突破して国王に迫り、国王一行はさらに内陸部のエルヴェルムの農場に逃げる。ブロイラー公使は国王を説得し平和裡にノルウェー占領を行なうことを意図して、ドイツ軍将校の制止を振り切り一人で謁見に臨み、ホーコン七世に降伏を依願するが、ホーコン七世はきっぱりとその申し出を拒絶する。

「この度は厳しい選択を迫られた。ドイツの要求に従わざるを得ないのであれば、私は国王を退位し、王室を解体するまでだ」。

『ヒトラーに屈しなかった国王』配給：アットエンタテインメント

〈作品の背景と現実〉

ノルウェー人にとっては最も誇りを感じる歴史の一ページが、第二次世界大戦の五年間である。ナチス・ドイツから急襲を受けながら軍事的抵抗を続け、その後の占領期においても不屈のレジスタンスを闘ったノルウェー人。それはロンドンに亡命した国王によるBBCのラジオ放送を国民が占領軍に隠れて地下で聴き、解放のために一致団結して闘った「ナショナリズムの時代」であった。もちろん、それに対しては修正主義的な研究もなされてきた。たとえば、当時のレジスタンスのメンバーとナチズム組織の加盟者の人数はほぼ同じであり、必ずしも国民全体が抵抗運動に加わっていたわけではなかったこと、そしてレジスタンスの活動自体も決して単なる英雄譚だけでなく、裏切りや密告が含まれていたこ

Konge og kronprins i 1940」撮影 Per Bratland　著作権：Leverandør NTB scanpix　http://www.scanpix.no

となど。しかしそれでもなお、この戦時中のナショナリズムへの熱い思いは薄れず、それがこの作品のノルウェーにおける人気を支えている。

　では、この映画の背景には何があるのだろうか。本作品では明確に示されていないが、四月九日にエルヴェルムでニューゴールシュヴォル政権は一定の手続きに沿って「エルヴェルムの全権委任」と呼ばれる決議を行ない、戦争が終結し議会が再開されるまで、行政機関の全権力は内閣に委ねられることになった。その後六月七日に、最後まで抵抗を続けたナルヴィークが陥落し、内閣と国王一家はロンドンに亡命することになるが、この全権委任によって戦争終結後に政府の正当性が問われた際にも、内閣の継続性は揺るがず、諸外国の内政介入を防ぐことができたのである。一般に国外に出た亡命政権と国内に残って闘ったレジスタンス運動との間には関係の悪化が生じることも多い。しかしノルウェーの場合は、前述した通り、BBC放送を通じて定期的に国王が国民に呼びかけ、またレジスタンスの指導者とロンドン亡命政権の間で書簡のやりとりが恒常的にあったため意思疎通が可能であった。また、解放後暫定政権に移行してからのち、即座に総選挙が行なわれ、レジスタンス側の人間が多く入閣したことも、戦後の国内の安定にひと役買うことになった。

　しかし、結局は二ヵ月後に国土を捨てて内閣共々亡命することになるホーコン七世がヒトラーの要求を拒絶したことは、後世に至るまで国民の心を打つ出来事だったのだろうか。

　これを考えるに際して、ホーコン七世の背景についても指摘しておかなければならない。ナショナリズムの象徴とされるホーコン七世であるが、彼自身はデンマーク生まれで、最終学歴はデンマーク王立海軍士官学校、さらにノルウェーに渡航するまでデンマーク海軍で活動し、三三歳でノルウェー国王の座に就いた時にはデンマーク海軍将校であった。ノルウェーが隣国デンマークの王家から国王を得て独立しようとした理由は、当時のヨーロッパで共和制ではなくあくまで立憲君主制でなければ国際的な承認は難しく、また国内統治の点からもそれが必要であると、当時の連立政権首相クリスチャン・ミッケルセンが判断したという事情があった。本作品はこうした出自を忠実に描きホーコン七世役にデンマークの俳優イェスパ・クリステンセンを起用し、他の出演者がノルウェー語を話すなかで、彼一人がデンマーク語で会話していた。また、ホーコン七世の妻モードはイギリス国王エドワード七世の末娘であり、オーラヴ王太子の妻マッタはスウェーデン王家の人間であるという具合に、この王家自身も当時のヨーロッパの王家と同様に、多彩な出自の人間から構成されていた。

エルヴェルムへの国王一家の逃避行に際し、子どものような少年義勇兵までが自分たちを守るために戦っているのをみて、オーラヴ王太子が自分も今すぐ戦いに加わりたいと希望するのに対し、ホーコン七世が次のように諭す場面がある。「家族を手放すなんてすべきではない。母さん（モード王妃）はお前を大事にしていた。無論、頻繁に故郷のイギリスに帰り、そばにいなかったこともあったが。一九〇五年に私が船でこの国に来た際に、突然国王と王太子になった私たちに対して、大勢の人々が歓迎してくれた。お前は今のハーラル（ホーコン七世の孫でオーラヴの長男）よりも小さく、うちに帰りたいと言い続けていた。私の選択でお前を苦しめてきたかもしれない。もしも王家を継ぎたくないのであれば、それで良いのだよ」と。しかし、オーラヴはこう言う。「いや、僕が目指すのは父さんのような国王だ」。

このように、生まれた国から越境してやってきた国王が、危機に陥ってもその責任を投げ出さずに、悩みながら国民のために最良と思われる選択を断固として選んでいく、その姿がこの映画への支持に繋がっているのではないだろうか。

最後に、この作品の素晴らしい字幕翻訳に対して、一つだけ違和感を抱いた部分があった。終わりの字幕「Alt for Norge」が「すべては祖国のために」という訳になっている点である。ここまで見てきたように、ホーコン七世の祖国はノルウェーではない。むしろ出自を超えたところに彼の存在があるとしたら、ノルウェーを祖国と言ってしまって良いのか考えてしまった。

〈さらに興味のある人に〉

第二次世界大戦のノルウェーのレジスタンスを描いた作品としては、カーク・ダグラス主演のイギリス映画『テレマークの要塞（*The Heroes of Telemark*）』（一九六五、本書第25章参照）があり、日本でも繰り返し劇場公開され、テレビで上映されてきた。またノルウェー映画ではノルウェーのレジスタンスを扱った『ナチスが最も恐れた男（原題は *Max Manus*, マックス・マヌス）』（二〇〇八）、『ザ・ハント　ナチスに狙われた男（原題は *Den 12. mann*, 一二番目の男）』（二〇一七）があり、どちらも日本では劇場未公開だが、DVDで視聴できる。

〔大島美穂〕

第25章 テレマークの要塞

原題／The Heroes of Telemark［テレマークの英雄たち］、監督／アンソニー・マン、製作国／イギリス・アメリカ、製作年／一九六五年、日本公開年／一九六五年、上映時間／一三〇分

【主要対象国・地域】 ノルウェー、テレマーク地方

【キーワード】 ノルウェー、ナチス・ドイツ、重水工場、原子爆弾、レジスタンス

〈ストーリー〉

一九四二年、ナチス・ドイツの占領下、ナチスはノルウェー・テレマーク（テーレマルク）地方のリューカンにあるノシュク・ヒドロ社の重水工場において原爆の開発過程で必要となる重水の生産を急ピッチで進めようとしていた。その極秘情報が記録されたマイクロフィルムを入手したレジスタンス活動家クヌート・ストラウド（リチャード・ハリス）はオスロ大学の物理学教授ロルフ・ペデルセン（カーク・ダグラス）と接触し、協力を求める。ロルフは躊躇するが、情報の重大性に気づき協力を決意、二人は他のレジスタンスの同志とともに定期船を乗っ取り、イギリスへ向かう。マイクロフィルムを分析したイギリス軍はナチスの原爆開発が連合国より進んでいると判断、重水工場を破壊するため、ノルウェーへコマンド部隊の派遣を決定する。

二人はコマンド部隊より先にノルウェーにもどって、破壊工作を準備すべくリューカン付近の雪原にパラシュートで降下する。ロルフは工場への空爆を主張するが、住民に被害が及ぶことを危惧するクヌートはあくまでコマンド部隊による地上からの破壊工作を主張し対立する。このような中、コマンド部隊を乗せた輸送機がノルウェー領内で墜落し、部隊は全滅してしまう。ここに至って、ロルフ、クヌートは現地のノルウェー人レジスタンスによる重水工場の破壊を決意、夜間深い峡谷を進み工場に侵入、施設の爆破に成功する。しかし、まもなくナチスは重水の生産を再開する。そこで、クヌートも空爆もやむなしとの意見に転じる。連合国による重水工場への爆撃が行なわれるが、大した成果は上げられなかった。

意気消沈する中、ロルフ、クヌートらは重水のドイツ本国への移送計画をキャッチする。彼らは重水が積まれた鉄道連絡船「ヒドロ号」に爆薬をしかけ、撃沈に成功、重水移送計画を阻止する。

〈作品の背景と現実〉

リューカンは、テレマーク地方の深い谷に抱かれた小さな町である。その西のはずれのヴェーモルクに爆破工作の標的となる重水工場が、また、東には鉄道連絡船「ヒドロ号」撃沈の現場となったティン湖がある。

ノルウェーがスウェーデンから独立した一九〇五年、ノルウェーの実業家サム・アイデとオスロ大学の物理学者クリスチャン・ビルケランはノシュク・ヒドロ社を設立し、テレマーク地方で化学肥料の生産を開始した。ビルケランの開発した窒素固定法による化学肥料の生産には莫大な電力が必要とされたため、一九一一年、同社はヴェーモルクに瀑布を利用した水力発電所を建設した。重水工場は、この水力発電所と同じ敷地内に一九三四年に建設され、ヨーロッパで唯一の重水工場として稼働していた（【図1】）。

【図1】ノルウェー工業労働者博物館（旧ノシュク・ヒドロ水力発電所）／筆者撮影

第二次世界大戦のさなかの一九四〇年四月、ナチス・ドイツは突如ノルウェーに侵攻した。これに対し、ノルウェーは徹底抗戦するが、六月に国王は他の閣僚らとともにイギリスへ逃れ、ロンドンで亡命政権を樹立する。ノルウェーを占領したナチス・ドイツはナチ化政策を進めるが、これに多くの国民が反発し、レジスタンス運動が広がっていった。このような中で、市民によるレジスタンス運動の組織として、一九四一年にはオスロの中産層を基盤とする「クレッセン」や、知識層、職業団体、労働組合等幅広い層からなる「協力委員会（ＫＫ）」が、また、同時期に軍人による組織として「ミルオルグ」が形成されていった。これらレジスタンスの組織はロンドンのノルウェー亡命政権と連絡を取り合いながら行動し、特に「ミルオルグ」は亡命政権からの指令や武器援助を受けて活動していた。

本映画は、そうしたノルウェーのレジスタンス運動が組織され、その活動が活発になってきた一九四二年から始まる。実際のヴェーモルク重水工場の破壊工作は、「グルース」、「フレッシュマン」、「ガナーサイド」とコードネームが付けられた三つの作戦と連合軍による空爆によって行なわれ、さらに重水のドイツ本国移送の阻止は鉄道連絡船「ヒドロ号」の破壊によって達成されるが、多少の脚色はあるにせよ、映画でもこの順番でストーリーが展開していく。

まず、一九四二年一〇月、「グルース作戦」が実施され、イギリスの特殊作戦執行部（ＳＯＥ）によって訓練されたノルウェー独立第一中隊に属する四名のノルウェー人が重水工場の北方ハルダンゲルヴィッダ高原に送り込まれた。映画の中でロルフとクヌートが雪深い山岳地帯にパラシュートで降下するシーンがあるが、これはグルース作戦をなぞったものだろう。

先行隊を侵入させるグルース作戦が成功すると、一九四二年一一月、イギリスの工兵隊を送り込み、グルース作戦で送り込んだ兵士と合流させ、重水工場を破壊するという「フレッシュマン作戦」が実行に移された。しかし、イギリス空軍基地を飛び立ったハリファックス爆撃機二機とそれぞれの爆撃機が牽引するホルサグライダーの計四機はノルウェー上空に到達するものの、長距離飛行や悪天候が災いして、爆撃機一機とグライダー二機は墜落してしまう。フレッシュマン作戦は失敗に終わった。

一九四三年二月、イギリス軍司令部は新たにノルウェー独立第一中隊の六名のノルウェー人兵士を空挺降下させ、先に潜伏している四名のノルウェー兵と合流させ、重水工場破壊を行なう、「ガナーサイド作戦」の実施を決定した。ハリファックス爆撃機で輸送された六名は冬のハルダンゲルヴィッダ高原へ降下し、当時「スワロー」と呼ばれるようになっていたグルース作戦の四名の兵士と合流した（映画では、フレッシュマン作戦失敗後時を移さず重水工場の破壊工作を行なっており、この部分は割愛されている）。この時降下した隊員の中にクヌート・ハウケリがいた。このハウケリこそ本映画の原作の一つ『重水との戦い』(*Kampen om Tungtvann*) の著者であり、同時にリチャード・ハリスが演じたクヌート・ストラウドのモデルとなったと言われている。二月二七日から二八日の夜にかけて、スワローとガナーサイドの一〇名と既に重水工場付近に潜り込んでいたエージェントを加えた計一一名で作戦は実行され、工場の重水製造設備の爆破に成功する。この後、五名はスウェーデンに逃れ、二名は地下軍事組織ミルオルグの支援に赴き、残りの四名はテレマーク地方に留まった。

しかし、重水工場の復旧は早く、四月には操業が再開される。二月の破壊工作後、ナチス・ドイツが重水工場の警備を一層強化したため、連合国側は地上兵力による同様の破壊工作の実行は困難と判断し、一一月に重水工場への空爆を敢行する。しかし、重水設備に決定的な被害を与えることができず、二一名の民間人の犠牲者を出す結果に終わるが、ナチス・ドイツはさらなる空爆による被害を回避すべく、ヴェーモルクにおける重水製造をあきらめ、重水と関連施設をドイツ本国へ移送することを計画する。ガナーサイド作戦の後、テレマーク地方に潜伏していたクヌート・ハウケリは重水の移送計画の情報を入手するや、一九四四年二月、これを阻止すべく、仲間とともに重水が積まれた鉄道連絡船「ヒドロ号」の船底にプラスティック爆弾を仕掛け、これを爆破する。ヒドロ号は撃沈され、重水のドイツ本国移送計画は阻止されたが、これによりノルウェー人の船員・乗客一四名及びドイツ兵四名が犠牲となった。

〈さらに興味のある人に〉

ノシュク・ヒドロ社のヴェーモルク重水工場は戦後も稼働を続け、一九七〇年代後半に取り壊されたが、併設されていた水力発電所は、現在、ノルウェー工業労働者博物館として生まれ変わっている。この博物館では、重水工場破壊工作に関する展示を見学できるほか、夏期には、レジスタンスにより破壊された重水施設を見学するツアーも実施されている。また、リューカン中心部から博物館まで重水工場破壊工作のためレジスタンスが通った経路が「サボタージュ・トレイル」と名付けられ、約八㎞のトレッキングコースとなっている（【図2】）。

【図2】ノルウェー工業労働者博物館の前に設置された重水工場爆破記念碑。爆破工作に関与した11名の名前が刻まれている／筆者撮影

本映画のほかにヴェーモルク重水工場の破壊工作を扱った映画としては、一九四八年のノルウェー・フランス合作映画『重水との戦い（*Kampen om tungtvann*）』がある。この映画は実際に破壊工作に参加したノルウェー人レジスタンスが出演していることでも知られている。また、二〇一五年にノルウェー国営放送（ＮＲＫ）が放送した『重水との戦い（*Kampen om tungtvann*）』という六話で構成されたテレビドラマがある。これは日本でも『ヘビー・ウォーター・ウォー』の題名で放映され、日本語字幕付きでＤＶＤ化されている。

〔松村　一〕

第26章 誰がため

原題／Flammen & Citronen［フラメンとシトローネン］、監督／オーレ・クレスチャン・マセン、製作国／デンマーク・チェコ・ドイツ、製作年／二〇〇八年、日本公開年／二〇〇九年、上映時間／一三六分

【主要対象国・地域】 デンマーク

【キーワード】 ナチス・ドイツ、保護占領、レジスタンス、ホルガ・ダンスケ

〈ストーリー〉

第二次世界大戦時にドイツによって「保護占領」の名のもとに占領されたデンマークで、地下抵抗組織の「ホルガ・ダンスケ（Holger Danske）」の二人の活動家、コードネームがそれぞれフラメンとシトローネンの行動を通して、時代が語られる。占領統治は四年目の一九四四年に入る。二三歳のベントは、明色の髪を赤く染めてしまった経験から「フラメン（炎）」と呼ばれ、四〇歳を超えたヤアアンは、自動車工場のシトロエン（Citroën）社に勤めていたことから「シトローネン（檸檬）」と呼ばれ、二人は組んで、ナチス統治に協力をするデンマーク市民の密告者やドイツ軍情報将校らを粛清していく。保護占領という特殊性から、デンマークの国家機能は基本的には一九四三年の半ばまでは維持され、二人にとっては警察・救急隊は味方であり、ドイツ国防軍・同防諜部・ナチス親衛隊（SS）・秘密警察（ゲシュタポ）が敵であり、また敵の中にはデンマーク人からなるSSの黒色の制服を着たシャルブーア軍団が治安維持にかかわっていた。

【図1】フラメン（左）とシトローネン（右）

組織の上司である、警察法務官ヴィンタから暗殺の指令が出されていたが、その指令がヴィンタの個人的利害関係に基づいているのでは、という疑いが二人に生じ、二人の行動がじつは「誰がため」の行動であるのかという疑惑に包まれていく。ヴィンタはロンドンからの指令で動いていると主張した。ストックホルムに存在する「デンマーク自由評議会」が抵抗運動組織としては上位を占めており、ホルガ・ダンスケもそれに合流していくこと

になり、ユトランド（ユラン）半島の西岸から上陸してくる可能性のある連合国軍を迎える五万人の兵力の「デンマーク軍」を創設していくことが話題となっていく。二人には、その訓練を担当する将校になるという計画が語られるが、二人は拒否する。そして、二人は、四四年一〇月、それぞれが下宿や友人宅に滞在中、ドイツ軍の包囲攻撃を受け、命を失っていった（【図1】）。

〈作品の背景と現実〉

「冬戦争」（一九三九年一一月～一九四〇年三月）時のフィンランドの対ソ連戦線への対応が、ドイツによる保護占領下のデンマーク人の関わり方に影響を与えていた。そこには対照的な二者がある。一方は、スペインの人民戦線に参加した経験のある自由主義者たちで、個人的な義勇兵として参戦し、彼らが中心となって一九四三年春にコペンハーゲンを中心に対独抵抗組織「ホルガ・ダンスケ」を結成した。もう一方は、共産主義に対する対抗を名目に、ロシア生まれのデンマークの近衛隊大尉であり、デンマーク・ナチスの活動家であるシャルブーアらが義勇兵として参戦した。また、冬戦争終了後、すぐにドイツの武装親衛隊に彼は加わり、四二年三月にデンマーク内の親ナチ義勇軍「自由デンマーク軍団（Frikorps Danmark）」の司令官となり、軍団のドイツ軍への作戦上の提携は、保護占領下にあってデンマーク政府は黙認していた。同年六月、ソ連内のノヴゴロド周辺の戦いで、彼は地雷により戦死し、彼の死後、軍団は「シャルブーア軍団（Schalburgkorpset）」と呼ばれた。「デンマーク国軍」が占領当局によって一九四三年八月二九日に解散させられてからは、彼らが治安維持部隊として機能し、襟章を除くとドイツ親衛隊の様相であった。その目的は対ドイツ抵抗運動の「サボタージュ（sabotage）」に対する摘発と攻撃であり、市民に対する爆弾を用いたドイツ側による「テロ」は、「シャルブーアテーシェ（schalburgtage）」――Schalburg に sabotage の -tage を付けた言葉――と呼ばれた。四四年四月以降、占領当局は直接ドイツ軍を動かして治安維持にあたった。

デンマークは一九四〇年四月九日の早朝、「保護占領」を名目とするドイツ軍の急襲を受け、短時間のうちに「占領」を受け入れた。ドイツ占領当局は、「保護占領」のモデルとして、既存のデンマーク政府の続行を容認し、占領当局による検閲制度の導入、連合国側への情報伝達の禁止、ドイツ軍の駐留といった変化はあるものの、一般デンマーク国民の日常生活は占領以前とはほとんど変わらず、ユダヤ系市民であってもデンマーク政府の保護下にあり、民主的選挙で選ばれた国会議員の活動は制限されることはなかった。六月二二日にはフランスがドイツの支配下にはいり、翌四一年六月にはドイツはソ連侵攻作戦を開始し、デンマーク国民の多くは、ドイツがヨーロッパに「新秩序」を作り出すものと考えだしたといえるだろう。大企業や資本家ら、および保守系の政治家らは積極的に「新秩序」の中に居場所を見いだそうとする傾向にあった。占領当初は、抵抗運動は低調であったが、「プリンス」という名で知られていた情報将校らの活動やジャーナリストらの努力で、ストックホルムやロンドンを通じて、連合国側との連絡回路は維持された。

　前述のドイツ軍によるソ連侵攻が開始されると、デンマークでは共産党が非合法化され、政府は二六九名の共産党員を逮捕・収監した。これをきっかけにデンマーク人の間に占領当局との対決姿勢が現れだし、共産党員らは地下組織を作る。彼らは非合法新聞『国と人々（*Land og Folk*）』を発行、組織としてはKOPA（共産主義パルチザン）を組織し、四三年には組織名をBOPA（市民パルチザン）に改め、占領当局とデンマーク政府の済し崩し的協調路線に破壊活動で対応した。四二年共産党から保守国民党の指導者をも含めて、最初の全国規模の非合法新聞『自由デンマーク（*Frit Danmark*）』が発行された。

　四三年二月、ドイツ軍がスターリングラードで敗北を喫したという報は、一気にデンマーク人を目覚めさせ、「保護占領」下の安穏状態は終わりを告げる。三月二三日、大戦中のドイツ占領下では例外中の出来事として、デンマークで総選挙が行なわれ、既成四政党が圧倒的に得票し、デンマーク・ナチ党は、わずか三％にも満たなかった。その年の春、〝デンマークの危機に眠りから目覚めて立ち上がる〟という言い伝えの像「ホルガ・ダンスケ」の名を名乗った抵抗組織が活動を開始し、ここに映画の主人公、南港の自動車工場に勤めるシトローネンが参加し、北郊の富裕家族出身の明色の髪のフラメンが加わり、二人で一一名のナチス協力者を暗殺している。占領末期には、三五〇名の組織員がおり、組織全体では約二〇〇人のナチスへの情報提供者を殺害し、一〇〇件以上のサボタージュを実行した。地方都市でも、サボタージュが相次ぎ、占領当局は戒厳令を発し、さらにデンマーク政府の統治権を剥奪する。八月二九日、デンマーク軍が解体され、海軍は押収される前に二九隻の軍艦を自沈させた。三〇日、内閣は総辞職し、議会も活動を停止する。デンマーク政府による自治権が奪われたことにより、レジスタンス活動への人々の参加は急増する。

　九月一六日、主要なレジスタンス・グループが組織化され、全国規模の「デンマーク自由評議会（Danmarks Frihedsråd）」ができ、この「地下政府」の登場により、連合国側はデンマークがドイツと戦うという言質を得たとして「連合国の一員」と捉えるようになる。一〇月二日、ドイツ当局は、ユダヤ系市民の拘束を決定、約七〇〇〇人のユダヤ系市民の大半をスウェーデンに逃がすことにデンマーク側は成功したが、約五〇〇人がドイツの強制収容所に送られた。四四年六月に連合軍がノルマンディに上陸。六月・七月にはコペンハーゲンのゼネストが、自由評議会の指示のもとに行なわれた。

映画の二人の間には、「それを見たか?」という会話はあっても、ゼネストには参加していない。そして、映画の中で、警察官に扮した二人がシャルブーア軍団に捕らわれる場面が語るように、九月一九日、占領当局によって全国のデンマークの警察官九〇〇〇人が拘束されてしまう。そのうちの二〇〇〇人が、ドイツの強制収容所に送られてしまう。

本作品内の彼らは、同じ日に死んだように描かれているが、実際には四四年に一〇月一五日にシトローネンが、三日後にフラメンが亡くなっている。彼らを包囲し、死に至らしめたのは、SSの制服のシャルブーア軍団ではなく、占領ドイツ軍によってであることが映像でも確認され、そのあたりは本作品では史実に忠実である。四五年五月五日、ドイツ軍は降伏した。ちなみに、ドイツ占領期間中、レジスタンス活動家の犠牲者は八五〇人を上回る。デンマークの解放後、二人は英雄としてコペンハーゲンのホルメン教会に並んで埋葬され直されている。戦争直後、ドイツ占領期に連合国側とともにその支配に激しく戦いぬいたという印象をデンマーク人自身が自覚するために、二人の行動を占領体制に抗ったデンマーク人像の象徴として積極的に評価したのである。

〈さらに興味のある人に〉

アメリカ映画で第二次世界大戦中を舞台にした、ウィリアム・ホールデン主演の『偽の売国奴』(*The Counterfeit Traitor*)』(一九六二)内で、主人公がドイツから船で逃れてドイツ占領下のコペンハーゲン市中をゲシュタポに追われて逃げ切る場面がある。そこでは市民が総出で道路いっぱいに自転車を繰り出し、ゲシュタポの追跡を妨害するという場面がある。その場面の創出は戦後の連合国側のデンマーク・イメージの発現であり、戦争後期になってデンマークを連合国側に立ってドイツ占領に抵抗したもの、と連合国側が評価していた証左でもあった。また、本書所収(第27章)の池上佳助氏紹介の『ナチス、偽りの楽園　ハリウッドに行かなかった天才』(二〇〇三)内のテレージエンシュタット収容所内の情景も、デンマークがドイツの「保護占領」下にあったことと関係して読み取れ、興味深い。

〔村井誠人〕

第27章 ナチス、偽りの楽園 ハリウッドに行かなかった天才

原題／Prisoner of Paradise〔楽園の囚人〕、監督／マルコム・クラーク、制作国／アメリカ、制作年／二〇〇三年、日本公開年／二〇一一年、上映時間／九三分

【主要対象国・地域】テレージエンシュタット、デンマーク

【キーワード】デンマーク、ユダヤ人、ホロコースト、テレージエンシュタット収容所、クルト・ゲロン

〈ストーリー〉

戦前のドイツで俳優・映画監督として活躍したユダヤ人クルト・ゲロン（一八九七〜一九四四）の波乱に満ちた生涯を描いたドキュメンタリー作品である。ベルリンのユダヤ系商人の家に生まれたゲロンが、一九二〇年代にショー・ビジネスの世界に踏み出し、やがて俳優として頭角を現すようになる。その人気を一気に高めたのは伝説的女優マレーネ・ディートリッヒの代表作『嘆きの天使』（一九三〇）での共演であった。その後映画監督としても才能を発揮し、名声を博した。映画の前半は、ゲロンが出演・監督した作品の映像を交えながら、当時のゲロンを知る映画関係者のインタヴューによって華やかに彩られた映画人ゲロンの半生が描かれる（【図1】）。

【図1】クルト・ゲロン（DVDオリジナル版表紙）

後半は一転して、ナチスに翻弄されたユダヤ人ゲロンの苦難の流浪生活と悲劇が映し出される。ドイツ国内ではナチスの台頭によりユダヤ人への迫害が強まり、仕事にも大きな制約を受けるようになったゲロン一家は一九三三年にパリに、その後アムステルダムに逃れた。だが、一九四〇年五月にオランダがドイツの占領下に置かれたため、より経済的に苦境に追い込まれた。ゲロンは「ユダヤ人劇場」で細々と俳優を続けていたが、一九四二年秋のユダヤ人一斉検挙で拘束され、北部のヴェステルボルク収容所に移送された。ユダヤ人の多くはそこからアウシュヴィッツに送られ（アンネ・フランクもそのひとり）殺害されたが、ゲロンは「役に立つユダヤ人」として一九四四年二月にプラハ郊外にあったテレージエンシュタット強制収容所に移送された。そこでゲロンが命じられたのはプロパガンダを目的とした記録

映画の制作であった。この映画の後半は、こうしてゲロンによって撮影された収容所の白黒映像と当時のユダヤ人被収容者で生存者（複数）の証言インタヴューを対比させ、「楽園」の実態を暴き出すとともに撮影時のゲロンの言動を追跡している。記録映画完成後の同年一〇月、用済みとなったゲロンは最後の移送用貨車でアウシュヴィッツに送られ、妻とともにガス室で殺害される。

〈作品の背景と現実〉

この映画と北欧との関係は一体どこにあるのであろうか。実はゲロンがテレージエンシュタットで撮った映画の中で「楽園」を演出するのに重要な役割を果たしたのがデンマークから移送されたユダヤ人であったのである。

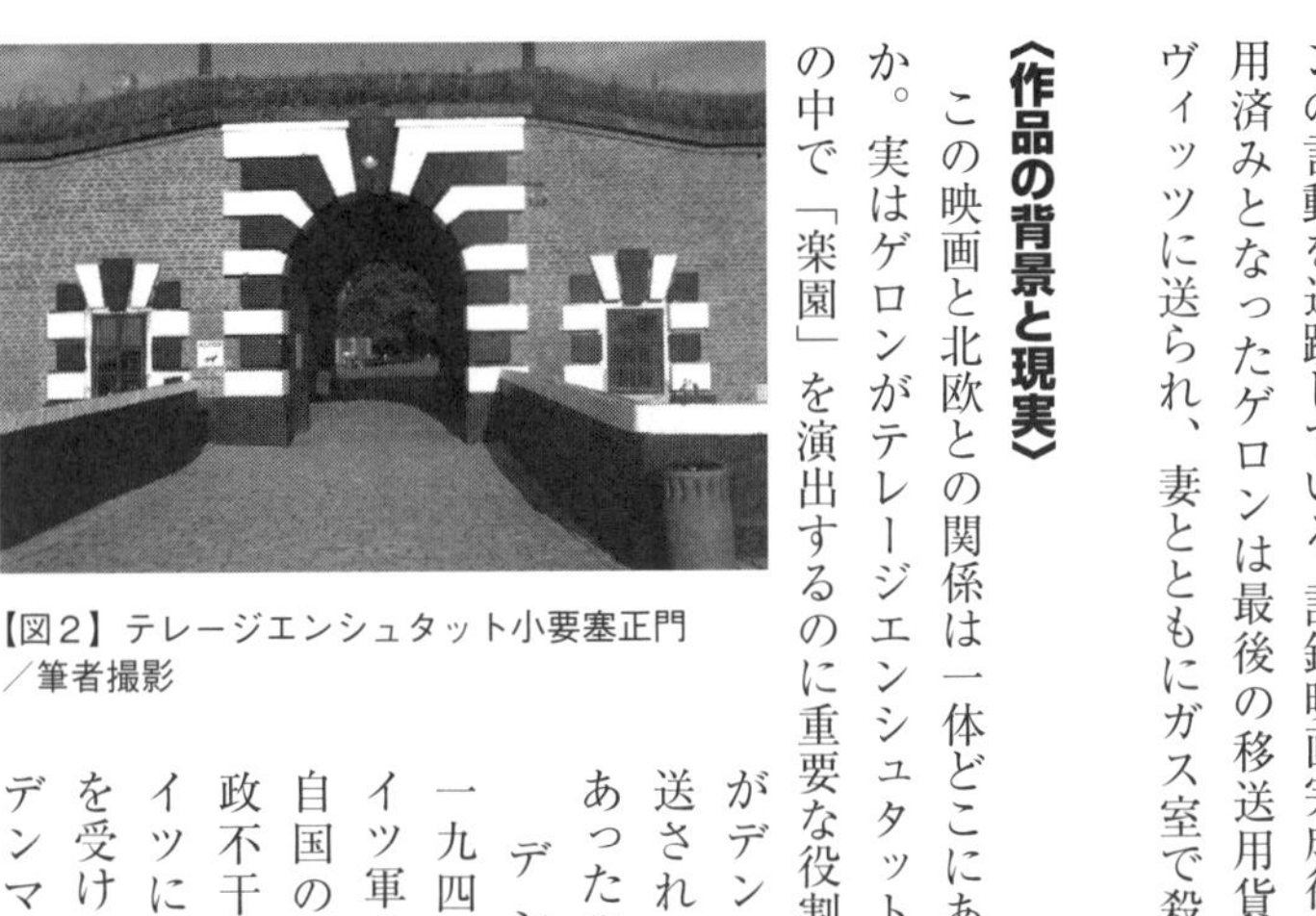
【図2】テレージエンシュタット小要塞正門／筆者撮影

デンマークは一九四〇年四月にドイツ軍の急襲を受け、自国の領土保全、内政不干渉を条件にドイツによる即時占領を受け入れた。当時、デンマーク国内には約六五〇〇人のユダヤ人がいたが、一九四三年一〇月、ドイツ軍政当局はユダヤ人の一斉逮捕を命じる「ユダヤ人作戦」を発動した。ところが、この情報が事前に漏れ、ユダヤ人共同体に緊急警報が伝達され、同時にレジスタンス・グループ、キリスト教関係者、さらには一般市民も加わったユダヤ人救出活動が展開された。この結果、非ユダヤ系の配偶者を含む約七八〇〇人が隣国の中立国スウェーデンへの脱出に成功した。このためデンマーク・ユダヤ人の約九八％が戦後まで生き延びたが、この生存率の高さはドイツ占領地域の中では例外的なものであった。その一方で、スウェーデンに逃れることができなかった四七二人のユダヤ人がドイツ保安警察に拘束され、直ちにテレージエンシュタットに移送された。

テレージエンシュタットは一八世紀末、プラハ北方約六〇㎞に構築された軍事要塞であったが、一九三九年のドイツのチェコ併合により接収され、強制収容所に転用された。テレージエンシュタットはユダヤ人抹殺を目的とする絶滅収容所ではなく、ドイツ帝国内や保護領内から移送されたユダヤ人を東方の絶滅収容所に再移送するまでの間、一時的に収容する「通過収容所」であった。とはいえ、一九四五年五月のソ連軍による解放までに収容されたユダヤ人は総計約一四万人で、そのうち約三万五千人が収容所内で飢餓や伝染病で死亡、約八万七千人がアウシュヴィッツなどに移送されて殺害されるなどナチスの残虐性を象徴していた。その一方で、テレージエンシュタットは「モデル収容所」として外部の目を欺くためのプロパガンダに利用された。ナチスはその所在が不明となれば消息が追及されるに違いない著名なユダヤ人の文化人や芸術家をテレージエンシュタットに集め、音楽演奏会、演劇、講演会などの活動に従事させ、その後に待ち受ける苛酷な運命をカムフラージュするためユダヤ人につかの間の安息を与えつつ、外部に対してはユダヤ人への人道的な処遇をアピールしようとした。

テレージエンシュタットでの記録映画制作の発端となったのは国際赤十字による視察訪問であった。赤十字は各地に設けられたナチスの強制収容所が殺人センターと化しているとの疑念から度々視察を申し入れていたが、ようやく一九四四年六月にテレージエンシュタットを視察することで合意した。ナチスは直ちに収容所を「楽園」に偽装するための「美化作戦」に着手し、花壇や遊歩道の整備、音楽パビリオンや子供遊技場の設置、食堂・カフェなどの店舗改装、建物の塗装や道路の洗浄などが実施された。視察直前には案内ルートや人員配置の選定、コンサートや演劇のリハーサルなど周到な準備が行なわれ、ユダヤ人に対しては視察団に収容所生活の不満を仄めかした場合には厳罰に処すとの警告が発せられた。

一九四三年一〇月以降、テレージエンシュタットに移送されてきたデンマーク・ユダヤ人は被収容者の中では少数派であったが、デンマーク政府・赤十字からの強い要請で食糧、医薬品、衣料が入った小包の定期的な受け取りが認められていた。このため他地域出身のユダヤ人と比べ幾分血色がよく、小綺麗な身なりをしていた。また、視察団にデンマークの外務省および赤十字の代表が加わっていたこともあり、ナチスはデンマーク・ユダヤ人を前面に押し立てて、収容所管理の十全さを強調し「楽園」を印象づけようとした。結局、一日だけの視察ではナチスの欺瞞を見抜くことはできず、逆に国際赤十字の代表は感嘆の声をあげるほどであった。この視察団向け「大芝居」が成功を収めたことに気を良くしたラーム収容所司令官はその成果を映像に記録することを決定した。そこで白羽の矢が立ったのが映画監督として知られていたクルト・ゲロンであった。視察後の八月から九月にかけて、美化された街並みに暮らすユダヤ人の日常や家族の団欒、遊具にはしゃぐ子供、工場や菜園での労働作業、音楽会や児童オペラの鑑賞、サッカーの観戦の様子などが撮影されたが、全てが演出された演技であった。映画撮影の終了後、絶滅収容所への移送が再開され、監督のゲロンをはじめ映画に登場した子供を含むほぼ全員がアウシュヴィッツに送られ、毒ガス室で殺害された。だが、デンマークのユダヤ人はこの移送対象者からは除外されていた。ゲロンが撮った『テレージエンシュタット ユダヤ人居住地の記録映画』と題された白黒フィルムは戦後廃棄されたといわれていたが、一九六四年に一部がチェコで発見され、修復の後再編集されたものがこの映画の冒頭と後半部分にユダヤ人生存者の証言とともに挿入されている。ゲロンが制作したプロパガンダ映画は外部の目を欺くためのものであったが、今や皮肉にもテレージエンシュタットの虚像、ナチスの欺瞞性・残虐性を示す反面の証拠資料となっているのである。

〈さらに興味のある人に〉

ドイツ占領期におけるデンマークの「ユダヤ人救出」は戦後いわば「国民神話」として語り継がれてきたが、近年の研究ですべてを美談で語ることはできない側面があることが明らかになった。また、従来注目されてこなかったテレージエンシュタットに移送されたユダヤ人の体験についても証言集や研究書が刊行されてきている。[1] デンマーク国際問題研究所は「デンマークとホロコースト」と題する研究・教育用資料をホームページで公開しており、二〇〇九年には子供時代にテレージエンシュタット収容所を体験した六名の生存者の証言DVDを制作している。[2]

この映画の最後で、ゲロンが最後の移送用貨車に乗り込む場面を目撃したユダヤ人女性は「冷静で悲しそうにも見えなかった。振り返りもせず、堂々と貨車に乗り込んでいった。まさに王様のように」と証言している。一方、証言DVDの中でこの移送作業を手伝わされていたデンマークのユダヤ人男性（当時一五歳）は「ゲロンは呆然として石柱のように立っていた。彼は貨車に乗り込むのに人の手を借りなければならなかった」と証言し、食い違いを見せている。前者の姿は俳優ゲロンの矜持としての最後の演技であったかもしれない。後者の姿は人間ゲロンとしての絶望を示すものであろう。その真相は不明であるが、ゲロンの心情を想うとき、この不条理への怒りの念を禁じ得ない。

（池上佳助）

註

（1）拙稿「テレージエンシュタット強制収容所のデンマーク・ユダヤ人」『北欧史研究』（バルト゠スカンディナヴィア研究会）第三五号、二〇一八年、三九―五七頁参照。

（2）証言DVD（非売品）Dansk Institut for Internationale Studier, "THEESIENSTADT danske børn i nazistisk fangenskab", (København: Minerva Film A/S, 2009)。同証言は、デンマーク国際問題研究所ホームページ〈https://www.folkedrab.dk〉でも視聴可能（英語字幕付き）。

第28章

１９４４　独ソ・エストニア戦線

原題／1944［一九四四年］、監督／エルモ・ニュガネン、製作国／エストニア・フィンランド、製作年／二〇一五年、日本公開年／劇場未公開、二〇一六年ＤＶＤのみ発売、上映時間／九六分

【主要対象国・地域】エストニア、シニマエ
【キーワード】エストニア、独ソ戦、第二次世界大戦、武装親衛隊、赤軍

〈ストーリー〉

一九四四年七月末、エストニア北東部のシニマエ。ソ連軍の侵攻に備えるドイツ武装親衛隊に参加していた主人公のエストニア人カルル・タンミクは、ドイツ側に加わった理由をこう語った。家族が一九四一年にシベリアに強制連行されたんだと。カルルの部隊は勇敢に戦い、敵を撃退するが、味方の被害も大きかった。

その年の九月、ドイツ軍はいよいよエストニアからの撤退を開始するが、エストニア人部隊の一部は祖国に残ることを選ぶ。南方へ移動中のカルルらは、ソ連軍に遭遇し、銃撃戦となり、カルルは銃弾に倒れる。撃ったのは、ソ連軍兵士ユリ・ヨキ、彼もエストニア人だった。カルルのポケットに女性の名前の書かれた手紙を見つけたユリは、ソ連軍の一員としてタリンに到着すると、その女性のもとを訪れた（【図1】）。その女性アイノはカルルの恋人ではなく、シベリア送りを逃れた妹であった。心を通いあわせた二人は、戦火で荒廃したタリンの街を歩きながら語り合う。ユリは、自分がカルルを殺したことを打ち明けられなかった。悩むユリに、同じエストニア人兵士が言う。お前がカルルを殺したんじゃない。やったのは戦争だ。命令に背いたユリは上官に射殺され、遂に真実を告げることはなかった。

【図1】手紙を届けるユリ

〈作品の背景と現実〉

二〇〇四年八月下旬、エストニア西部のリフラ郡で戦争記念碑の除幕式が行なわれた。これが同年五月にＥＵ

加盟を果たしたばかりのエストニアを騒がせる大事となった。この記念碑設置は、第二次世界大戦中、エストニア人の中にとりわけ多くの犠牲者を出した一九四四年の戦いから六〇年たった節目の年に、改めて犠牲者へ哀悼をささげるために郡を中心に実行されたものである。問題は、その記念碑に象られたエストニア人兵士が、ドイツ武装親衛隊の軍服を着用していたことである。実は、この記念碑は、二〇〇二年にパルヌ市に八日間だけ設置され、すぐに撤去されたものであった。ドイツ武装親衛隊として戦ったエストニア人を称揚するかのようなこの記念碑の設置に対し、ロシア・メディアやロシア外務省に加え、ユダヤ人組織であるシモン・ヴィーゼンタール・センターから激しい批判が寄せられた。同センターは、ナチス協力者をエストニアの英雄にする歴史の書き換えであると非難した。何よりも、EUの新たな一員として、ナチス側で戦った過去を賛美するような記憶を公に表象することは、ヨーロッパという空間では許されることではなかった。

対応を迫られたエストニア政府は、マスメディアや多数の住民が見守る中、撤去作業を行なったものの、警察隊と住民の小競り合いも生じ、今度は政府に対する国民からの批判が巻き起こった。エストニア政府のやり方が最上の策であったとは言わないが、ではどうすればよかったのだろうか。言ってみれば、ヒトラーやナチスを絶対悪とするヨーロッパの記憶と祖国の独立を守るための戦いというエストニア人の記憶との板挟みであった。

この一九四四年の戦いとはどのようなものだったのか。シニマエトの戦いと呼ばれるこの戦いは、日本はおろか、ヨーロッパでもほとんど知られていない。だがそれは、エストニア史上最大の悲劇であったと言っても良いほどの戦いであった。悲劇なのは、その犠牲者の規模のためばかりではない。この戦いでは、エストニア人同士が、ときには一つの家族の中で父と息子、兄と弟が、ソ連軍とドイツ軍に分かれて敵味方として戦ったのである。

シニマエは、右で述べた記念碑騒動のあったリフラ郡から東に遠く離れた、むしろロシアとの国境に近い小邑である。エストニア語でシニマエは「青い丘」を意味する。邑の名前にあるマエ（山や丘を意味するエストニア語の「マキ」の属格形）は単数であるが、ここには三つの丘があり、戦いの名として使われる場合には、シニマエトと複数形になる。一九四四年の七月から八月にかけて戦いが繰り広げられたこの場所は、今は、記念公園になっており、丘の上には、記念碑がたっている。

シニマエトの戦いに至る戦争の経緯とその後について、エストニアの歴史を振り返りながら簡単に見ておこう。

一八世紀以降、現在のエストニアの領域はロシア帝国の一部だったが、一九一七年のロシア二月革命後、エストニア地方議会の下で自立性を高め、独立戦争を経て、一九二〇年に実質的な独立を果たした（独立宣言は一九一八年）。しかしながらこの独立は長くは続かず、一九四〇年八月にはソ連へ編入される。この編入は、前年八月二三日の独ソ不可侵条約付属秘密議定書により独ソ間で合意されていたものであった。急速なソヴィエト化が進められ、政治指導者や軍人の逮捕が相次いだ。普通の人びともこの恐怖から逃れることはできなかった。一九四一年六月には一万人ともいわれる人びとがシベリアへ強制移送された。ドイツがソ連に侵攻したのはその直後である。

ドイツ軍はリトアニア、ラトヴィアを次々と占領下に置き、九月にはエストニアにも侵攻した。ドイツ軍は当初「解放者」として迎えられた。独立の回復が期待されたのである。だが、その期待はすぐに裏切られた。エストニアもまた帝国管区オストラントの一部として、ドイツの統治システムに組み入れられた。

独ソの戦いの中で、エストニア人には、それを選択肢と呼べるならばであるが、四つの選択肢があった。赤軍あるいはナチス武装親衛隊で戦うこと、このいずれにも加わらずに、パルチザンとなること（「森の兄弟」と呼ばれる）、もしくはフィンランド軍に加わることである。実際には、赤軍と武装親衛隊の両方を経験した者も少なくなかった。赤軍に徴兵されながらも、脱走してドイツ軍に加わる者もいた。ドイツ軍は当初、現地兵力の利用に積極的ではなかったが、東部戦線の戦況がドイツに不利になると、兵員募集が強化された。これは「志願」の形をとってはいたが、実態としては徴兵と変わりがなかった。ソ連軍の侵攻を防ぐために自ら武器をとった者もいたが、ナチス・ドイツ側で戦うことへの抵抗感は強かったのである。状況が劇的に変わるのは、一九四四年初頭だった。いよいよソ連による再占領が現実のものとして迫ってきたのだ。同年二月、約二万人のエストニア人が動員に応じた。彼らの多くは北東部のナルヴァ戦線に送られ、多くの犠牲者をだしながら、七ヵ月にわたってソ連軍の攻勢を食い止めた。シニマエトの戦いは、このナルヴァ戦線での戦いの第二幕だったが、ドイツ軍の撤退により、九月にはエストニアは再びソ連の支配下に入ったのである。

一九九一年八月、エストニアは独立を回復し、同年一二月、ソ連は消滅した。一九九四年七月、擲弾兵の丘に記念碑が建てられ、かつて武装親衛隊に属していた退役兵たちが集まった。このときには、当時のエストニア大統領レンナルト・メリ（一九二九～二〇〇六）からの詞が読み上げられた。この年以降、毎年、退役兵による哀悼集会が続いている。ラトヴィアの首都リーガで三月に行なわれる同種の哀悼集会もそうだが、元武装親衛隊員が集まる記念行事は、ヨーロッパでは異例であろう。エストニアの片隅で行なわれるこの行事は、国外の注目を集めることはほとんどなかったが、二〇〇七年四月に首都タリン中心部で起きた「ブロンズ兵士の像」撤去に伴う騒擾後、ロシアのマスメディアで批判的に取り上げられることもあった。エストニア人が「ファシスト」だったことの現れだというのだろう。一方、丘のふもとには、赤軍の無名兵士の墓があり、シニマエの記憶の場としての複雑さを示している。

映画『1944』について、エストニア映画では珍しく、赤軍側で戦ったエストニア人についても肯定的に表現されていることが指摘された。主人公を二人にし、物語を前半と後半に分けることで、武装親衛隊のエストニア人と赤軍のエストニア人の両方の視点から見た戦争が描かれているのである。他方で、この映画に出てくるドイツ人もロシア人も、残忍な敵役としてふるまう。その点では、犠牲者としてのエストニア人という歴史認識は、ここにも色濃く表れている。原作者のレオ・クンナス（一九六七年生まれ）は、軍人の経歴を有する小説家である。二〇一九年三月の国会選挙にエストニア保守人民党から出馬し、見事当選を果たした。ちなみに、同保守人民党は、右派系ポピュリスト政党である。

〈さらに興味のある人に〉

監督のエルモ・ニュガネン（一九六二年生まれ）は、俳優としても活躍している。日本でも公開された『みかんの丘』（原題／*Mandariinid*［みかん］、製作国／エストニア、グルジア、製作年／二〇一三年）でも主役の一人を演じている。彼のいまひとつの代表作である『バルト大攻防戦』（原題／*Nimed marmortahvlil*［大理石に刻まれた名前］、製作国／エストニア、製作年／二〇〇二年）は独立戦争を舞台に、若者たちの友情を描いた作品である。同じギムナジウムで学んでいた同級生のうち一人だけが赤軍兵となる。『1944』の戦闘シーンの方が圧倒的に迫力があるが、『バルト大攻防戦』では、民族や世代だけでなく、階級や社会的地位などによる行動の違いが細やかに描かれている。邦題の「大攻防戦」はそうした細やかさに配慮していないように感じられるが、原題のままでは確かにわかりにくいのだろう。同名の原作は一九三六年に出版され、ソ連時代には禁書であった。時代によって、あるいは体制によって異なる戦争の描かれ方を比べてみるのも面白い。

〔小森宏美〕

第29章

ヒトラーの忘れ物

原題／Under sandet［砂の下］、監督／マーティン・サントフリート、製作国／デンマーク・ドイツ、製作年／二〇一五年、日本公開年／二〇一六年、上映時間／一〇一分

【主要対象国・地域】 デンマーク（北海の海岸地帯）

【キーワード】 第二次世界大戦直後、強制、砂浜、地雷の撤去、ドイツ少年兵

〈ストーリー〉

第二次世界大戦中、連合軍による大陸への上陸作戦が行なわれることを想定して、ドイツ軍は二〇〇万個を超える地雷を北海に面したデンマークの長い海岸線一帯に埋めていた。ドイツが敗北し、五年間のドイツによる「保護占領」からデンマークが解放された直後に、その地雷の撤去作業は「戦争捕虜」となったドイツ兵にさせることになる。イギリスの空挺連隊の制服を着たデンマーク人、カール・ラスムセン軍曹のもとに一四名のドイツ兵がその作業のために派遣された。彼らは全員大戦末期に徴兵された少年兵であり、地雷撤去の知識・訓練もままならないうちに浜辺での作業に就かされる。デンマークにはドイツ兵に対しては憎悪のみが存在し、彼らへの食糧もわずかで、作業も手作業で地雷を掘り出すことを強いられる。作業が進んでいく過程で、ラスムセンは少年兵たちに憎しみ以外の感情をも持ちだし、食料なども本部からかすめて少年たちに与えだす。彼らは地雷撤去作業が終わればドイツに帰れると希望を持ち出すが、それでも少年らは地雷の撤去作業のミスから次々と命を落としていった。

最終的には、四人のみが生き残り、担当箇所の作業は完遂する。ところが、帰国の約束は反故（ほご）にされ、四人は地雷埋設の記録が不詳のスカリンゲン海岸へ「熟練者」として〝派遣〟されることになる。承服できないラスムセン軍曹は、……。

〈作品の背景と現実〉

一九九八年、デンマークで弁護士であり歴史家でもあるヘリェ・ヘーイマンの『強制のもとに』が出版され、先の大戦では〝被害者〟としての認識が当たり前であったデンマーク世論にショックを与えた。ヘーイマンの父は終戦の際に中立国スウェーデンから「デンマーク旅団（Den Danske Brigade）」の一員としてデンマーク解放

のために帰国し——また別の史料では、彼の父は地雷撤去のために派遣されたSHAEF（連合国遠征軍最高司令部）の少佐であり、デンマークでは大尉とされる——、のちに地雷撤去の組織の中心に関わっていたといわれるが、その内容を息子には黙して語ることはなかった。ヘーイマンは捕虜を危険な労働に就かせることを禁じた一九二九年以来のジュネーヴ協定に違反し（デンマークは一九三二年に批准）、英軍・デンマーク軍が、終戦直後に「戦争捕虜」である約一〇〇〇名から二六〇〇名のドイツ兵を北海に面したユトランド（ユラン）の海岸に戦時中にドイツ軍によって埋められた二〇〇万個の地雷の撤去作業に「強制的に就かせ」、デンマークの記録では一四九人の死亡・重傷者を出しており——ヘーイマンはドイツ側の資料から、作業が行なわれた四ヵ月間に、二五〇名と記している——、人道上の重大な過失を犯したと論じた。とくに、地雷撤去をしたドイツ兵を海岸で一列に整列・行進させ、掘り出し損ねた地雷がないことを確認させていたことが〝重大な〟ジュネーヴ協定違反だと糾弾した（【図1】）。

その主張を引き継いで二〇一五年サントフリートが『強制のもとに（*Under tvang*）』を映画化し、原題では『砂の下（*Under sandet*）』と題して、映画の出典がたやすくわかるように似た題名で明示している。映画の主役はラスムセン軍曹であり、彼は英軍空挺連隊の制服を着ており、大戦中は英軍に参加していたことを示しており、また「デンマーク旅団」を示す濃紺・白・赤の腕章を付けている。武装解除後、収容所に向かって徒歩で行進させられていたドイツ兵の列の中に「故郷への土産のように」デンマーク国旗を脇に抱えていた者を見つけ、立ち止まらせて力いっぱい殴打し「ここは私の国だ」とドイツ語で叫ぶシーンがある。英語題名の『Land of Mine』の「マイン」がドイツ語の「私の」、英語の「私のもの（mine）」と「地雷（mine）」をかけていて、象徴的である。さて、邦題は『ヒトラーの忘れ物』である。近年ドイツの第二次世界大戦の「出来事」を扱った映画では、さかんに「ヒトラーの」という語が使われ——ストーリーがナチスものであればとにかく「ヒトラー……」と題する——、その使用法には食傷気味の感がある。たとえば筆者が試写会に招待されたロシア

【図1】地雷撤去の確認に、一列に並ばされ、歩かされる場面

映画、原題『ソビボル（*Sobibor*）』（二〇一八）という映画がある。ソビボルとはポーランドにあったナチス・ドイツの絶滅収容所の地名であり、ソ連兵収容者の収容所からの脱出計画の顛末がモチーフであるが、日本での公開名は『ヒトラーと戦った二二日間』となっていた。本映画で『ヒトラーの忘れ物』と題することに、以上と同様の危うさを筆者ははじめに感じていたものの、五年間のドイツ占領に耐え、占領していたドイツ兵に対する憎悪感が「非人道主義の感染」をデンマーク側に生じさせたと見てとる、邦題の命名人に感服するに至った。戦後、デンマーク人側がドイツ兵に人道主義に反する行為――映画では、少年兵たちを虐待し、地雷撤去を確認するために彼らを一列に並べて歩かせる――を行なうに至ることを、「ナチスの残虐行為」をヒトラーという言葉に象徴させ、ドイツ軍が埋設した地雷という戦後の「忘れ物」と、ドイツ占領期を通じてデンマーク人の心に溜め込まれていった〝憎悪〟――もともとはドイツ人によって植え込まれていった感情――が「忘れ物」としてデンマーク人に残されていたことを、この邦題が示しているのである。

さて、時代状況と背景を、実情に即して見てみよう。ドイツ占領下では、デンマーク国軍は一九四四年九月に解散させられていて、その後は存在せず、四五年五月五日に解放された直後のデンマークには、組織的に、大量の人々を動かしうる「当局」なるものの存在が曖昧（あいまい）であった。「デンマーク旅団」はスウェーデンから帰国してただちにデンマーク〝国軍〟としての軍事的な意味を持ちえず、象徴としてそれは存在しても、実質的には五月五日以降にデンマークに入ってくる英軍がデンマークのドイツからの解放を保障する存在であった。

デンマークは、占領ドイツ軍の武装解除の実行、ドイツ兵の帰国、戦争末期にデンマークに入ってきたドイツ人難民への対応といった諸問題に直面する。それらのイニシアティヴは英軍にあった。そして、喫緊の問題の一つは、西海岸に埋設された大量の地雷撤去であり、この時点で秩序だった大勢の人間を動員できるのは、占領時代以来のドイツ軍総司令官G・リンデマン将軍であり、武装解除されたドイツ兵士の統率権は降伏後も彼のもとに維持されていた。五月九日、英軍・デンマークの代表がリンデマンと会い、そこで、彼の了承のもと、地雷を扱いうる専門のドイツ兵士ら（斥候部隊兵）がデンマークにとどまるよう命令され、英軍の管理のもとに撤去作業が開始された。初期には「デンマーク旅団」の兵士が、のちには徴兵されたデンマーク兵士が、作業するドイツ兵を監視した。映画の中では、ドイツ人少年兵が英軍兵士に辱（はずかし）められたり、デンマーク人の憎悪の対象として扱われているが、いわば昨日までの敵であった彼らに対する敵意は当然であろうとされるが、映画の中のラスムセン軍曹——その存在自体もフィクションであるが——の上官に当たるデンマーク軍大尉の存在も、作業を差配する実践的上司という意味では、史実から言うと、そういった立場はありえなかったとされる。地雷除去作業は英軍の管理のもとに行なわれ、この時期のデンマークでは英軍からの指図に従い——英軍による指図に従うことは当然視されていた——、基本的にはデンマークの積極的意志によってドイツ人戦争捕虜を大規模に地雷撤去作業に動員させたといったことはありえなかった。ドイツ人の戦争捕虜の立場から言うと、その作業への参加には、良い食事、若干の手当て、抑留期間の短縮という可能性を期待し、それなりの「ボランティア」的意志が存在していたとも指摘される。

デンマークは大戦中ドイツによる「保護占領」下にあったものの、解放に至るレジスタンス活動を評価し、イギリス首相チャーチルは解放後にデンマークを連合国の一員として認めていく。デンマークの歴史研究者はそういった状況が英軍の決定に「ノー」と言えないデンマークを作り出していたと言い、デンマークの積極的なジュネーヴ協定違反の疑いを排除している。

〈さらに興味のある人に〉

デンマークでは、一九九五年のコペンハーゲン北郊のブレーゼ（Brede）の国立博物館で解放者として「英軍がやってきたとき」から五〇年が経ったのを記念してそのように題した特別展が行なわれた。そこでの一枚の写真が地雷撤去後の地雷原をドイツ兵が歩かされていたものであり、それがその後に本作品ができるまでに繋がる。その三年後、その写真を表紙にしたヘーイマンの書の出版によってデンマーク人の戦後史が告発され、デンマーク人にショックを与えた。そして、二〇一二年、スカリンゲンの海岸での最後の地雷撤去が行なわれた。本作品のデンマークでの公開の、三年前である。かつての大戦中のドイツ軍による海岸への地雷埋設がその延長上の農耕地にも及んでいたことが、それによって判明した。地雷撤去という意味では、同じように地雷が埋められたオランダやフランスではどのように撤去されたのであろうかと、デンマークの研究者が疑問を呈している。そこでも、ドイツ人捕虜にそれをやらせたのではないかと。

〔村井誠人〕

第４部　現代の北欧政治・経済

第30章 こころに剣士を

原題／Miekkailija（フェンサー）、監督／クラウス・ハロ、製作国／エストニア・フィンランド・ドイツ、製作年／二〇一五年、日本公開年／二〇一六年、上映時間／九八分

【主要対象国・地域】 エストニア

【キーワード】 フェンシング、ハープサル（エストニア）、ドイツ軍兵士、強制移送／追放、スターリン時代

〈ストーリー〉

バルト海東岸のエストニアの小都市ハープサルに一人の男が体育教師になるためにやって来た。エンデル・ネリスは、実はかつてはレニングラードで活躍した有名なフェンシング選手だった。なぜ、こんな田舎町にやってきたのだろうか。

元々口数の少ないエンデルはなかなか子どもたちに溶け込むことができない。ある日、体育館で一人でフェンシングの練習をしているところを、生徒の一人マルタに見られてしまう。エンデルの美しいフォームに魅せられ、興味を持ったマルタは、自分たちにもフェンシングを教えて欲しいとせがむ。何もかも手作りでまともな道具もない中で、子どもたちは練習に励む（【図1】）。閉塞感漂う中で、子どもたちも何かひたむきに取り組めるものを求めていたのだ。ところが校長らは、目立つことをすると当局に目をつけられるなどと脅し、保護者会を開いてフェンシング・クラブの解散を提案する（【図2】）。だが、子どもたちの熱心な姿と、校長らの抑圧的な態度に対する反発から、保護者らはクラブ活動継続を支持するのだった。校長は、エンデルの過去を探り始める。

【図1】子どもたちにフェンシングを教えるネリス

そうした中で、エンデルの旧友アレクセイがレニングラードから訪ねてくる。エンデルに追っ手が迫っていると知らせるためであった。実は、エンデルには独ソ戦でドイツ側で戦った過去があった。その過去を隠すために苗字も変えていた。シベリアでの仕事の方が安全だというアレクセイの勧めに対し、危険と知りながらもエンデルはハープサルに残ることを選ぶ。レニングラードに戻ったアレクセイから、子どもたちのためのフェンシン

【図2】フェンシング・クラブの解散を提案する校長ら

グの道具が届く。

マルタは新聞広告で、レニングラードでフェンシングのジュニア全国大会が開かれることを知り、エンデルに出場を懇願する。身の安全のためにレニングラードに行くことはできないエンデルは躊躇し悩むが、大人たちの思惑と政治に翻弄されながらも、ひたむきに練習に励む子どもたちの姿に出場を決意し、子どもたちとともにレニングラードに向かうのだった。

〈作品の背景と現実〉

この映画の舞台となっているのは、一九五〇年代初頭のエストニア・ソヴィエト社会主義共和国である。一九四〇年にソ連に併合され、一九四一年から四四年のドイツ軍による占領を経て、再度ソ連に占領されてから数年後である（独ソ戦については、第28章参照）。

第二次世界大戦後、エストニアを襲ったのは、戦争により中断されたソヴィエト化であった。一九四一年に続き、一九四九年にも二万人規模とも言われる強制移送が実施された。移送の対象は富農やドイツ軍協力者、「森の兄弟」として対ソ抵抗活動を続けた者に限らず、むしろ、ノルマを達成するための無作為抽出の移送が実行されたのである。一九四〇年のいわゆる「社会主義革命」以来、ソヴィエト体制側にいた共産主義者らも逮捕の憂き目にあった。一九五二年には、三度目の大規模強制移送が実施されるだろうという噂が流れ、人びとは恐怖に苛まれた。本作は、この終戦から数年の間のエストニアの地方都市の様子を描いたものである。後で述べるように、実在の人物を主人公としているとはいえ物語的要素の強い作品に仕上がっているので、どこまで史実に基づいているのかにこだわる必要はないが、人びとが互いに疑心暗鬼になり、当局の意向を推し量り、強制移送をなんとか逃れようとする姿には現実に重なるところがあるように思う。

この映画では子どもが存在感を示している。映画の中で彼・彼女らは、戦争や強制移送で親を失いつつも、健気に生きている。しかしながら現実の世界では、子どもも親とともに強制移送される場合が少なくなかった。「人道に対する犯罪調査のためのエストニア国際委員会」(1)の調査によれば、一九四九年三月に実施された強制移送者の内訳は次頁の表の通りである。

家族	人数	男性	女性	子ども
7471	20480人	4566人	9866人	6048人

Estonian International Commission for the Investigation of Crimes against Humanity, *Estonia since 1944*, Tallinn, 2009, p.448より筆者作成

一九五三年三月、スターリンがこの世を去り、エストニアでは三度目の大規模強制移送は現実のものとはならなかった。フルシチョフによる一九五六年のスターリン批判を経て、恐怖政治も過去のものとなった。シベリアに追放になった人々も戻ってきた。いわゆる「正常化」といわれる時代の始まりであった。だが、直接的な恐怖がなくなったとはいえ、それは自由な社会とは程遠いものであった。シベリアから生きて戻ってくることはできても、以前と同じ暮らしができたわけでもない。こうした一九六〇年代から八〇年代にかけてのエストニア社会の史的解明はまだそれほど進んでいない。

この映画は、実在するフェンシング・コーチの話を偶然耳にしたフィンランド人脚本家のアイデアから製作されたものであるが、その実在の人物の経歴は、映画の主人公のそれとはやや異なる。実在したエンデルの娘が新聞記事の中で語ったところによれば、父エンデルは、高校時代に徴兵されドイツ軍兵士としてシニマエまで連れていかれたが、仲間と一緒に脱走したのであった（シニマエについては第28章参照）。しかしながらこの従軍が問題となり、せっかく入ったレニングラードの体育大学をやめてエストニアのタルト大学に移らざるをえなくなった。またタルト大学の卒業の際も、経歴が問題となって危うく卒業試験前に放校になるところであったが、なんとか無事に受験を済ませて卒業し、体育教師としてハープサルに赴任した。その後、フェンシング・コーチとして多くの選手を指導し、有名選手も育った。映画の中では、ハープサルで出会った女性（カトリ）がエンデルの良き理解者となり、支えてくれるのであるが、実際には、タルト大学時代にすでに未来の妻に出会っており、卒業後、ともにハープサルに移り住んでいる[2]。

〈さらに興味のある人に〉

映画の中でははっきりとは描かれていないが、エンデルは、フェンシングの大会後レニングラードで逮捕されて追放となるものの、ラスト・シーンでハープサル駅に再び降り立ち、カトリと再会する。追放中の様子は全く出てこないとはいえ、追放は、エンデルの人生を追放前も後も大きく左右する重要な要素である。

一九四〇年代、エストニアのみならず、ラトヴィア、リトアニアからも多くの人びとが強制移送／追放された（もちろん、この三国に限らず、追放がソ連全体で起こっ

たことであるのは言うまでもない）。ラトヴィアについては、外務大臣を務め長らくＥＵ議会議員でもあるサンドラ・カルニエテが、自伝ともいうべき『ダンスシューズで雪のシベリアへ――あるラトビア人家族の物語』の中で、家族と自らが経験した追放生活を描いている。本書は、日本語を含む数言語に翻訳され、ある意味でラトヴィアの歴史政策の手段になっているとも言えなくもない。リトアニア映画の『エミリヤ　自由への闘い』（原題／*Ekskursante*［周遊旅行者］、監督／アンドリュス・ユゼナス、製作国／リトアニア、製作年／二〇一三年）は、母親とシベリアに追放された一〇歳の少女が、その母親の死後、たった一人でリトアニアに戻るまでの苦難を描いた物語で、これも実話に基づいているという。ただ、強制移送／追放が民族的悲劇であることは言を俟たないものの、常に悲劇としてだけ表象されているわけでもないのが、今日的現象としては興味深い。

主役エンデルを演じたマルト・アヴァンティ（一九八一年生まれ）は、本作ではシリアスな役どころを好演しているが、コメディ俳優としても人気のある実力派である。エストニアの年末の名物番組『機嫌を損ねる人』（*Tujurikkuja*、二〇〇八～二〇一五）は、エストニア社会のありとあらゆる側面を皮肉る短編ドラマとして人気を博した。このドラマで多くの主たる登場人物を演じているのがアヴァンティである。二〇〇九年に放映されたその名も『強制移送』というタイトルの短編では、アヴァンティが移送実行者を演じている。ところが、この短編は強制移送を悲劇として描いたものではない。「今日は、大強制移送の日だ。一五分で支度しろ」と命じる連行者（アヴァンティ）に対し、被追放家族は事情を全く理解できず、無料でシベリア旅行ができると喜ぶ。ナンセンス極まりないストーリーであるが、強制移送が冗談のネタになっているのである。歴史を題材にしたドラマや映画は、それを直接経験した人びとからの批判を浴びやすい。『こころに剣士を』についても、エストニアでは「当時はあんな風じゃなかった。あれはフィンランド人の見たエストニアだ」などという声もあった。他方で、かなり限定的であるとはいえ、歴史が笑いのネタになっていることから考えても、一様でない歴史の扱われ方が生まれてきているといってよいのかもしれない。

（小森宏美）

註

（1）「人道に対する犯罪調査のためのエストニア国際委員会」について、詳しくは橋本伸也編『せめぎあう中東欧・ロシアの歴史認識問題――ナチズムと社会主義の過去をめぐる葛藤』（ミネルヴァ書房、二〇一七年）を参照。

（2）"Vehkleja": Kaks lugu, elu ja tõde filmis, *Lääne elu*, 16 march 2015.

第31章 暗殺の瞬間

原題／Sista kontraktet［最後の契約］、監督／チェル・スンドヴァル、製作国／スウェーデン・ノルウェー・フィンランド、製作年／一九九八年、日本公開年／一九九九年、上映時間／一一〇分

【主要対象国・地域】 スウェーデン

【キーワード】 オーロフ・パルメ、社会民主党、核軍縮、積極的外交政策、セーポ

〈ストーリー〉

警察官ローゲル・ニーマンは、同僚のボッセとともに警邏中に立ち寄ったスーパーマーケットで拳銃を持った強盗と遭遇し、追跡中に撃たれ重傷を負う。療養中に異動願を出していたニーマンは、快復後にスウェーデンの秘密警察「セーポ」（Säkerhetspolisen: Säpo）に配属される。彼に課された任務は、身分を偽ってスウェーデンに入国してきたジョン・ゲイルズと名乗る男の捜査であった。この男の正体は、南アフリカなど世界各地で暗殺を請け負ってきたプロの殺し屋であった。

監視を続ける中で、ニーマンはゲイルズの目的がスウェーデンの首相オーロフ・パルメの暗殺であることに気づく。しかしニーマンは、突如この任務を解かれた上、金庫に保管してあった証拠とその資料も忽然と消えてしまう。諦めきれないニーマンはプライベートをも犠牲にして個人的にゲイルズを追い続ける。しかし、セーポの上層部はこうしたニーマンの行動を疎ましく思っていた。しかも、セーポで働いていることを知らない家族とも溝が深まっていき、ニーマンは次第に孤立していく。

一方のゲイルズは、ノルウェー人協力者やスウェーデンのネオナチ組織、薬物中毒者（パルメ暗殺容疑で実際に一九八八年に逮捕され、八九年に嫌疑不十分で釈放されたクリステル・ペッテションを彷彿とさせる）などを操りながら慎重に暗殺計画を進めていた。ある晩、SPを付けずにパルメは夫婦で映画館を訪れようとしていた。しかしセーポは、パルメ首相を警護しようとはしなかった。そしてその帰り道、ノルウェー人協力者が回転式拳銃でパルメを背後から射殺した。

ニーマンはアジトに戻ってきたゲイルズを追い詰めるが、反撃されてしまい逃してしまう。ゲイルズはマルタ島の自宅に戻るが、ヨハネスブルグで殺害した解放運動家の仇を取られて射殺される。ニーマンはボッセにすべてを語るが、その直後にボッセはニーマンの車に仕掛け

られた爆弾で命を落とす。残されたニーマンは、一通の厚みのある封筒を貸金庫に保管する。その封筒には「最後の契約」(Sista kontraktet)と書かれてあった。

〈作品の背景と現実〉

一九八六年二月二八日、スウェーデンの首相オーロフ・パルメ(在任一九六九~七六、八二~八六)は、ストックホルム中心街のスヴェーア通りで、何者かに背後から拳銃で撃たれてこの世を去った。享年五九歳であった。三月一五日に執り行なわれたパルメの葬儀には世界各国から要人が参列し、国連旗が掲げられた祭壇はまさに世界平和のために尽力したパルメの偉業を讃えるものであった。スウェーデンの外交政策の大きな特徴は、平和、人権、軍縮の促進を掲げる「積極的外交政策」と呼ばれる外交政策にある。これはターゲ・エランデル政権(在任一九四六~六九)のウステン・ウンデーン外相(在任一九四五~六二)のときから徐々に形成されていったが、パルメの時代に大きく花開き、パルメはまさにこの「積極的外交政策」を体現した政治家であった。

【図1】パルメ首相(左)とオランダのデン・アイル首相(右)。1974年9月11日。©Nationaal Archief

パルメが政治の世界に足を踏み入れたのは、エランデルの個人秘書に抜擢された一九五三年のことであった。その後、一九五八年に初当選を果たし、六三年に無任所大臣として初入閣してからは、逓信大臣、教会・教育大臣、教育大臣と要職を歴任した。そして、六九年に社会民主党の党大会で党首に選出され、四二歳の若さで首相に就任した。パルメは教育大臣時代にベトナム戦争を批判する街頭デモに参加するなど、国際政治の問題に積極的に関与していった。首相に就任してからも一九七二年に「クリスマス演説」と呼ばれるアメリカによる北爆をホロコーストになぞらえて非難する演説を行なっている。この演説は本作品のオープニングにも用いられているが、この演説によって一九七四年までスウェーデンとアメリカとの関係は著しく冷え込んだ。

パルメは圧政に苦しむ人々との「国際的連帯」を図り、たとえば南アフリカの「アフリカ民族会議」(ANC)などのアパルトヘイト撤廃運動などを支援したり、「パレスチナ解放機構」(PLO)のヤーシル・アラファート議長やキューバのフィデル・カストロ議長などとも外交関係を築いていったりした。ベトナム戦争批判とともに、こうした国際的連帯は「反米的」な性格を帯びていた。しかし一方で、一九七九年のソ連によるアフガニスタン侵攻についてパルメは時を経ずしてソ連をも批判し、ソ連軍の撤退を要求する声明を出していることから必ずしも「反米」一辺倒というわけではなかった。パルメ本人は一九四八年から一年間、アメリカのケニヨン・カレッジで学んでおり、若い頃の充実したアメリカ経験はパルメの人生に大きな影響を与えた。とくに、激しい討論が行なわれるアメリカ型の政治はパルメの政治スタイルを決定づけた。スウェーデンはコンセンサス政治と呼ばれる合意形成型の政治で知られ、与野党間で激しい応酬を繰り広げることは一般的ではない。しかし、パルメは新しいメディアであるテレビを駆使して、格調高くも、ときには辛辣な言葉遣いで討論相手を完膚なきまでに論破する場面もしばしば見られた。

「反米的」に映る外交スタンスに加えて、こうしたアメリカ型の政治スタイルは熱狂的な支持者を獲得することには成功したが、一方でパルメに対する大きな憎しみも生んだ。パルメに対する両極端な評価には、一九六〇年代末からスウェーデン国内の労働運動が先鋭化したことも大きく影響している。とりわけ、社会民主党の最大支持母体である「全国労働組合連盟」（ＬＯ）が提案した「労働者基金」は世論を大きく二分した。反対派から「基金社会主義」だと批判された労働者基金の設立をめぐってはパルメ政権内でも葛藤があった。しかし、支持者層の急進的な要求に合わせて論陣を張るパルメに対して、「パルメ憎悪」とも呼ばれるような激しい反パルメ感情も広がっていた。本作品でも、パルメをまるで悪魔のように描く風刺画などが見て取れる。本作品は当時のスウェーデン社会や国際社会に根強く存在していた「パルメ憎悪」を背景としながら、パルメ暗殺にまつわる一つのシナリオを描き出している。

パルメ暗殺については、ＣＩＡ説、ＫＧＢ説、南ア説、クルディスタン労働者党（ＰＫＫ）説などさまざまな外的動機が語られてきたが、本作品はＣＩＡがパルメ暗殺の背後に潜んでいるという説に基づいている。前述した一九七二年の「クリスマス演説」はアメリカを大いに苛立たせた。さらにパレスチナやキューバなどアメリカと敵対する国や地域を「国際的連帯」の名において支援するパルメは、アメリカにとって煙たい存在であった。

しかし、一時期冷却化したとはいえ、スウェーデンにとって対米関係は外交と安全保障の重要な軸となっていた。それでもなお、パルメが米ソ両陣営に批判を加えたのは、冷戦構造そのものが世界平和を脅かしていると認識していたからである。そのため、パルメは核軍縮を促すことに大きな使命感をもって取り組んでいた。その大きな成果が、「パルメ委員会」の異名を取る「軍縮と安全保障問題に関する独立委員会」である。同委員会でパルメは北欧における非核地帯構想を掲げたが、西側諸国からはこれがソ連を利して西側の軍事力を弱体化させるものだと捉えられた。そして本作品では暗殺の動機として、この「北欧非核地帯構想」を唱えるパルメをスウェーデン国内の「パルメ憎悪」を利用しながら排除したいという思惑がアメリカ側にあったことが描写されている。とくに、スウェーデンの警察とセーポ、そして軍部内の一部の右派グループは、ソ連とも友好な関係を築いていたパルメに敵意を抱いていたことが指摘されている。映画館へ向かうパルメ夫妻を警護しなかったことについて当初から警察当局への不信感が存在したが、本作品でも、パルメに迫る危険を認識しながらもセーポの上層部が何ら対策を講じなかったシーンにその姿勢が見て取れる。本作品が公開された翌年の一九九九年に、スウェーデン政府はパルメ暗殺に関する「政府公式調査書」を刊行したが、その中では前述の外的要因と並んで、警察説や極右説など内的要因も可能性のひとつとして検討されている。

パルメの葬儀で弔辞を読んだひとりに、のちに外務大臣となる社会民主党青年部議長アンナ・リンドがいた。パルメの薫陶（くんとう）を受けていたリンドもまた二〇〇三年九月に暗殺されてしまうが、リンドの読んだ弔辞の一節には、「彼（＝パルメ）は緊張緩和、軍縮そして平和のための闘いを率いてくれました。オーロフ・パルメの最後の手紙は超大国の指導者たちに向けられ、すべての核実験停止を要請するものでした。最後のインタビューでは、一九八六年は大きな可能性を秘めた年になることを願っていると彼は語っていました」とある。暗殺によってパルメは冷戦の終焉を見ることはなかったが、世界的な核軍縮を望んだパルメの遺志は、現在もスウェーデン政府の外交政策に脈々と引き継がれている。

〈さらに興味のある人に〉

スウェーデン・テレビで放映されたドキュメンタリー映画『パルメ』（原題／*Palme*［パルメ］、監督／モード・ニカンデル（Maud Nycander）、クリスティーナ・リンドストゥルム（Kristina Lindström）、製作国／スウェーデン、製作年／二〇一二年、第四八回グルドバッゲ賞編集賞・音楽賞受賞（二〇一三））は、パルメに興味を持った人にはもはや必見の作品であろう。パルメの生涯、政治、演説、家族などについて網羅（もうら）的かつ体系的にパルメを理解することのできる一作である。

〔清水 謙〕

第32章 ある愛の風景

原題／Brødre〔兄弟〕、監督／スサンネ（スサネ）・ビア、製作国／デンマーク・イギリス・スウェーデン・ノルウェー、製作年／二〇〇四年、日本公開年／二〇〇七年、上映時間／一一七分

【主要対象国・地域】デンマーク、アフガニスタン

【キーワード】デンマーク軍、NATO（北大西洋条約機構）、ISAF（国際治安支援部隊）、アナス・フォウ・ラスムセン、戦死者

〈ストーリー〉

デンマーク軍エリート兵士、ミカエルは、妻、二人の娘と穏やかな暮らしをしていたが、アフガニスタン派遣が決まる。家族、両親、刑務所帰りで一家の問題児の弟ヤニックも参加した送別会の後、現地に赴く。そこはデンマーク軍若手兵士がパトロール中に行方不明になるなど、反政府勢力タリバンとの戦闘が続く緊迫した状況にあった。そうした中、ミカエルの乗ったヘリコプターが反政府勢力の支配地域で撃墜されてしまう。

妻のもとにはミカエルの死亡を伝える訃報が入り、家族は悲嘆にくれる。その時に家族を支えたのはミカエルの弟ヤニックであった。時間とともに家族は落ち着きを取り戻した。

ある日、突然ミカエルの生存が確認される。撃墜時、ミカエルだけは生き残り、反政府勢力の捕虜になっていたのである（【図1】）。監禁されたところには行方不明中のデンマーク軍兵士もいた。しかし、結局ミカエルだけが生き残り、救出されたのであった。

【図1】アフガニスタンで反政府勢力の捕虜になった主人公

ミカエルは、すぐにデンマークの家族のもとに送り返された。しかし、そのミカエルは以前のミカエルではなかった。捕虜になったときの苛酷な体験から精神的に不安定になり、家族と衝突を繰り返すのであった（【図2】）。

〈作品の背景と現実〉

二〇〇一年九月一一日のアメリカ同時多発テロ事件

は、国際関係を激変させ、その後を方向づけるものとなった。アメリカに敵対するテロ組織、アルカイダが民間航空機を使い、アメリカ経済、政治の中心であるニューヨークとワシントンを攻撃したのであった。ブッシュ政権は、すぐにテロとの戦いを宣言し、アルカイダ打倒に乗り出す。同組織指導者のウサマ・ビン・ラディンをかくまうアフガニスタンのタリバン政権に対して、同年一〇月、アメリカは「不朽の自由」作戦を開始し、タリバン政権を倒す。デンマーク、ノルウェーもNATO（北大西洋条約機構）の一員としてこの軍事作戦に参加している。同年一二月には、アメリカなどの支援を受けて、カルザイを議長とする暫定行政機構がアフガニスタンに樹立された。その後、二〇〇二年にはカルザイを大統領とする移行政府が発足し、二〇〇四年の新憲法発布、大統領選挙を経て、二〇〇五年には国会選挙も実施され、統治機構の整備は終わった。しかし、タリバン政権の残党や軍閥が各地に残り、同地では依然として不安定な状況が続くことになった。

【図2】デンマークの刑務所で面会に来た妻に事実を語り始める主人公

アフガニスタンの新政府を支える役割を担ったのは、NATO主導のISAF（国際治安支援部隊）であった。北欧諸国では、NATO加盟国のデンマーク、アイスランド、ノルウェーのほか、非加盟国のフィンランド、スウェーデンもこれに要員を派遣した。あくまでも治安維持、地域復興、人道支援という目的の派遣であった。本作品の主人公が派遣されたのは、このISAFである。

しかし、想定とは異なり、実際のアフガニスタンはタリバン政権の残党との戦闘やテロが頻発する「戦場」であった。デンマーク軍は、当初首都カブール周辺に駐留し、二〇〇六年以降はおもに南部のヘルマンド県をイギリス軍とともに担当した。二〇一四年のISAF終了までの期間、アフガニスタンでのデンマーク軍兵士の死者数は、デンマーク国防省によれば四三名にのぼる。これは、各国の人口当たりの死者数で比較すると、派遣国中でもっとも多い人数となる。本作品が製作されたのは二〇〇四年であるが、同年までのデンマーク軍兵士の死者数は四名にすぎない。死者はその後増加し、全体の九割近くは二〇〇七年～二〇一三年に起こったヘルマンド県での戦死であった。また、死者全体の約八割は二〇

【図３】デンマーク軍国際貢献戦没者記念碑（コペンハーゲン）／筆者撮影

代の兵士である[1]【図３】）。本作品の主人公にみられるように、「戦場」体験からＰＴＳＤ（心的外傷後ストレス障害）を発症する例もあった。最前線の現場がいかに苛酷なものであったかがわかる。本作品のスサンネ・ビア監督は、デンマークのアフガニスタン参戦が社会にいかに大きな影響をもたらすか、早くから深刻に受け止めていたと考えられる。

デンマークは、第二次世界大戦後、国連の平和維持活動のため国外に要員を派遣してきた歴史をもつ。一九九〇年代以降は、国連のほかＮＡＴＯの一員として、旧ユーゴスラヴィア地域の平和維持活動にも参加している。九・一一アメリカ同時多発テロ事件後には、アナス・フォウ・ラスムセンを首班とする中道右派政府がブッシュ政権と共同歩調をとり、アフガニスタンでの「不朽の自由」作戦のほか、二〇〇三年には「有志連合」の一員としてイラクの大量破壊兵器保有を理由にしてサダム・フセイン政権打倒を掲げて、イラク戦争にも派兵したのであった。二〇〇一年以降、デンマーク軍の国際活動は、単に平和維持にとどまらず、戦闘を含むものに変化した。しかし、政権崩壊後のアフガニスタン、イラクが混乱を極めた現実を考えると、戦争には勝利したものの、その後の平和構築に苦労し、自国の兵士はもちろん現地の住民にも多大な犠牲を強いたことがわかる。

なお、首相であったアナス・フォウ・ラスムセンは二〇〇九年に職を辞し、二〇一四年までＮＡＴＯ事務総長として同組織を代表する「顔」となり、加盟国間の調整役を担った。その意味でも、ＮＡＴＯ主導のＩＳＡＦにデンマークが大きな貢献をすることは当然のことであったのかもしれない。デンマークの歴代首相は、退任後、国会内に肖像画が飾られるが、同元首相の肖像画は二〇一〇年一二月に披露された[2]。その肖像の背景にはアフガニスタン、イラクと思わせる砂漠地帯を軍用輸送機が飛ぶ様子が鮮明に描かれており、歴代首相の肖像画とは全く異質な印象を与えるものである。まさにこの時代のデンマークを象徴している。

〈さらに興味のある人に〉

本作品を観てデンマーク軍のアフガニスタン派遣に

興味をもった人には、以下の二本の映画がお勧めである。『アルマジロ　アフガン戦争最前線基地』（原題／*Armadillo*〔アルマジロ〕、監督／イェーヌス・メッツ、製作国／デンマーク、製作年／二〇一〇年、日本公開年／二〇一三年、上映時間／一〇五分）は、二〇〇九年に実際に同地に派遣された新兵の若者たちを追ったドキュメンタリーである。家族から祝福されて故国を出発するものの、前線基地アルマジロではいつ殺されるかもしれないという緊張状態の毎日が続き、パトロール中、ゲリラとの戦闘にも遭遇する。敵の遺体をもてあそぶなど、若者たちが戦争に慣らされ、人格を変えていく状況をリアルに描いている。現実はフィクションを越えていることを思い知らされる。デンマークでの公開後、「戦場」の自国軍兵士の実情を見て、衝撃を受けた国民も多く、アフガニスタン派遣の是非について議論を惹き起こすことになった。しかし、基本的に同地への派遣についてデンマークの世論の支持は高かった[3]。『ある戦争』（原題／*Krigen*〔戦争〕、監督／トビーアス・リンホルム、製作国／デンマーク、製作年／二〇一五年、日本公開年／二〇一六年、上映時間／一一五分）は、同様に同地に派遣されたデンマーク人軍人を扱ったフィクション映画である。前半はタリバンとの激しい戦闘、後半は民間人を犠牲にした誤爆をめぐる軍法会議を扱っている。多くのデンマーク人には受け入れられる結末であるが、アフガニスタンの人々にはいかに映るのであろうか。

また、ビア監督に興味をもった人には、同監督の『未来を生きる君たちへ』（原題／*Hævnen*〔復讐〕、製作国／デンマーク、スウェーデン、製作年／二〇一〇年、日本公開年／二〇一一年、上映時間／一一三分）も参考になる。これは、アフリカの難民キャンプに派遣された医師とその家族の物語である。アフリカとデンマークを舞台にして、受けた暴力に対して報復することが正しいのか、疑問を呈し、個人対個人の復讐の連鎖を断ち切ることに希望を見出している。国家対国家、国家対反政府勢力、テロリストの場合、いかに考えれば良いのであろうか。

〔吉武信彦〕

註

（1）デンマーク国防省ホームページ〈https//www2.forsvaret.dk/viden-om/udland/afghanistan2002-2015/Faldne/Pages/default.aspx〉（二〇一九年七月三一日閲覧）。

（2）Peter Jørgensen, "Foghs statsministerportræter afsløret," *Politiken*, kunst, den 3. december 2010.

（3）Peter Viggo Jakobsen and Jens Ringsmose, "In Denmark, Afghanistan Is Worth Dying for: How Public Support for the War Was Maintained in the Face of Mounting Casualties and Elusive Success," *Cooperation and Conflict*, Vol.50, No.2, 2015.

第33章

受け継ぐ人々

原題／Firekeepers［火の守り手・伝統の継承者］、監督／ロッセッラ・ラガツィ、製作国／ノルウェー、製作年／二〇〇七年、日本公開年／劇場未公開、二〇一六年、国立民族学博物館にて上映、上映時間／五七分

【主要対象国・地域】 ノルウェー北部
【キーワード】 サーミ、先住民、ヨイク、映像人類学、ロッセッラ・ラガツィ監督

〈ストーリー〉

ノルウェー・サーミの若者、ラウラとサラはサーミ民族の伝統的な歌唱形態である「ヨイク（Yoik）」を継承するかたわら、ロックなど現代音楽との融合による新しいサーミ音楽の創造を模索している。本作品では、二人がロックバンド「アッジャガス（Adjágas）」のボーカルとしてノルウェー国内の野外音楽祭やイギリス・ツアーでの演奏活動が描かれ、彼らの作り出す曲が、それぞれの家族や親族、サーミ・コミュニティとの対話の中から生み出され、彼らが抱く葛藤がその製作過程を通じて描きだされる。そして、それらの背景となるサーミの文化やその言語に関しても触れられていく。

サラは父方の故郷であるノルウェー北部のカウトケイノで親族から伝統的なサーミの手工芸の製作法を教わりながら、ヨイクや手工芸の伝統が廃れないように、彼女自らがその実践者となることを目指す。ヨイクを歌うことは彼女にとっては自然なことだったが、一〇代の頃にそのことで周囲から異端者扱いされたと語っている。

一方、ラウラも己を発見する旅に出る。曾祖母の生まれ故郷は一九七〇年代のダム建設によって、すでに水没していた。失われた場所が彼にはまるで聖地のように感じられた。また、母親が南サーミの出身者であったにもかかわらず、なぜ自分が南サーミ語を話せないのか、その理由を母親から語られて、はじめて真実を知る。ラウラは失われた過去を繋ぎ合わせるように、南サーミ語のヨイクを用いた音楽表現を模索することになる。

〈作品の背景と現実〉

イタリア出身のロッセッラ・ラガツィ監督は映像人類学や民族誌映画製作を専門とし、トロムソ大学で教鞭をとっている。本作品はヨイク伝統の継承を中心に据え、先住民サーミの無形文化を題材にして彼女が製作したド

キュメンタリーである。

ヨイクとはサーミの伝統的な歌唱形態のことで、詩やメロディ、独自ののどの使い方で、人や自然現象、景観、動物やさらには「出来事」との対話を表現するものである。とくにそれらが〝ヨイクする人〟の中に生み出される感情や記憶を表現する手法である。またヨイクは祖先の人々が常に身近に存在しているというサーミの考え方に重なり、西洋世界の直線的な時間軸とは異なり、サーミにとっての「時間」概念はいかなる存在もが自由に行き来できる〝円環〟を描いている。ヨイクは歌い手が祖先・過去の人々の魂やその遺産と繋がりをもち、音楽を通してそれらを受け継ぎ、維持することができるものだという。そして本作品を観ることで「ヨイクは大地の下に住むもの〝ウルッダトゥ(ulddat)〟からサーミへのプレゼント」であること、ヨイクによって「感情が高揚させられて、歌わずにいられなくなる」、また「ヨイクが人に歌わせている」といった表現から、サーミはヨイクを独特な精神世界の連環の中で捉えている事が伺える。

ヨイクはドラムを用いたシャーマニズム的儀式にも用いられてきた。しかし一七世紀後半以降、キリスト教の布教がサーミ地域で活発に行なわれると、その布教活動の過程でキリスト教以外に由来する風習は否定され、ヨイクは〝悪魔の歌声〟としてシャーマン信仰とともに教会によって禁止され、またドラムも焼き払われた。とくに一九世紀前半に広まった厳格なレスターディウス派は、ヨイクを飲酒の習慣と関連づけて罪深いものとした。こうしてサーミの間にもヨイクは人前で歌い、聞かせることは罪深いこととして植えつけられ、学校教育においても、ヨイクは禁止された。しかし、ヨイク伝統は消滅の道を辿っていたかに見えたが、廃れることはなかった。

キリスト教の布教によるヨイク伝統の排除に平行して、ノルウェーでは一九世紀後半から一〇〇年近くにわたる「ノルウェー化」と呼ぶべき〝同化政策〟によって、サーミ文化への抑圧が続いた。それはとくに一八七〇年代以降に強まっていき、一八八〇年には学校での使用言語はノルウェー語とされ、一八九八年には授業での使用言語がノルウェー語のみとされ、サーミ地域の学校でのサーミ語使用は禁じられた。この学校法は一九五九年に無効となるまで続いた。第二次世界大戦後の福祉国家の建設に向かう復興期にあっても、サーミをノルウェー文化圏内に統合することが目的となっていた。そこでは学校教育の持つ意味が重視された。サーミの子どもたちは遠く自宅から離れた全寮制の学校に通い、サーミ語環境や伝統的な生活空間から離されることで、子どもたちの「ノルウェー化」が進んだ。親たちも多数派言語であるノルウェー語を話す必要性を次第に感じ、自宅の家庭語からもサーミ語が排除される傾向にあった。

一九五九年、政府による「サーミ問題対策委員会」の報告書がまとめられ、サーミ問題に対して憂慮の声が上がり始めた。「ノルウェー化」路線からようやく舵が切られだす。

そして多くのサーミもサーミ問題に関わるようになっていく。一九六八年には全国的なノルウェー・サーミ協会（NRS）が設立された（複数組織をまとめて一九八九年には現「サーミ議会」発足）。当時の世界的な少数民族の復権に対する目覚めに呼応し、子供時代に全寮制学校に通っていた、いわゆる〝寄宿舎世代〟と呼ばれるサーミの若者たちが中心となって、動き出したのである。

一九七〇、八〇年代にはサーミ問題は新たな価値観の回復、政治文化における「サーミ・ルネッサンス」と呼ばれる民族覚醒の時期を迎えた。サーミの若者たちは失われた自分たちのことば、文化、土地、そして自信を、取り戻そうと訴えた。この時期のノルウェー社会に対抗するサーミであることへの過激な宣言が、三つのサーミ語のイニシャルを使用して「ČSV（サーミ魂を見せよう！Čájet Sámi Vuoiŋŋa!）」と表された。これはサーミ運動を積極的に支持する者にとって結集の合図となった。ヨイクを歌うことに抵抗がないサラに対し、周囲からは否定的な文脈で「あなたはまるでČSVよ」と言われたとサラ自身が本作品のなかで語っている。

一九七〇年代の民族覚醒の動きは芸術分野で表現されはじめ、とくに文学や音楽において顕著であった。「サーミ・ルネッサンス」期にサーミ文化の復権に多大な貢献をしたマルチ芸術家のニルス＝アスラク・ヴァルケアパー（Nils -Aslak Valkeapää 一九四三〜二〇〇一）は、一九六八年にコンサートを行なった。彼は同年サーミ人として初めてレコード『ヨイクヤ（*Joikuja*）』をリリースし、ヨイクを、聴衆に聞かせる音楽芸能へと、また民族にとっての重要なシンボルへと、押し上げた。彼はコンサートという公の場所でヨイクを披露することでヨイク伝統の魅力を若者たちに再発見させた。彼の影響でサーミ音楽はさまざまな西洋音楽の要素をヨイクのことばや発声に融合させた。このサーミたちこそ、あの〝寄宿舎〟でラジオから流れる西洋音楽に親しんできた世代であり、彼らには新しい音楽の創出に抵抗はなかった。

ヨイクは現在では公的な機会や場所で披露され、本作品では「アッジャガス」がノルウェー北部開催の先住民の音楽祭典「リッドゥ・リッズ（Riddu Riđđu）」に出演した様子を追いかけていた（【図1】）。開催地のコーフィヨル（Kåfjord）は一九九〇年代には道路標識のサーミ語表記部分が消されるなど反サーミの風潮が根強く、それに反発する形でサーミ語の音楽祭典が始まったという。

【図1】北トロムソ開催の音楽祭典「リッドゥ・リッズ(Riddu Riđđu)」に出演した「アッジャガス(Adjágas)」のボーカル、サラ

しかし現在ではサーミ音楽にとどまらず、国際的な先住民の音楽祭典としてノルウェー政府からも援助されている。

最後に本作品のタイトル「ファイヤーキーパー（Firekeeper）」に触れておきたい。冒頭サマーキャンプで焚き火を囲むシーン、民族衣装を着たサーミ男性が「ヨイクが消滅しなかったのは、上手なファイヤーキーパーが火を燃やし続けてくれたおかげだ」「ファイヤーキーパーとは火が絶え間なく燃え続けるように見守る人のことだ」と説明する。Firekeeperとは文字通りには「火の番人、火の守り手」ということだが、それをヨイクの守り手にたとえて「ヨイクという火が燃え続けるように見守ってくれた」人がいてくれたおかげでヨイクが現在まで受け継がれいているという比喩的な表現をしている。

「アッジャガス」の活動は結成から一〇年の節目で二〇一四年に解散したが、彼らが創作したサーミ音楽はヨイク継承の伝統の中で捉えられよう。ドキュメンタリーとしての本作品は完結しているが、ボーカルの一人であったサラはその後、新しいグループ「アルッヴァス（Arvvas）」を結成し来日しており、新たな試行錯誤の中で彼らのヨイク継承の物語は続いている。

〈さらに興味のある人に〉

本作品からサーミの伝統的な世界観に興味を持った人には、『ホワイトウィザード』（原題／*Ofelaš*（北サーミ語）／*Veiviseren*［道を示す者］、監督／ニルス・ガウプ、製作国／ノルウェー、製作年／一九八七年）を紹介しておきたい。日本では一九九〇年に劇場公開されたが、現在視聴は難しい。アメリカでは一九九一年に『道を示す者（*Pathfinder*）』のタイトルでVHSビデオ版が、ドイツとノルウェーでは二〇〇五年にDVDが発売されている。舞台は一〇〇〇年前のラップランド、サーミに伝わるチュード伝説をもとにサーミ少年の成長と冒険を通じたアクションアドベンチャー映画だ。チュード族に家族を殺された主人公アイギンが知恵を絞って窮地を切り抜け、最後には殺されたサーミの長老の後を継いで自らが「道を示す者」となる。音楽を担当しているのが前述のヴァルケアパーであり、彼のヨイクが心地よく響く。

［山川亜古］

第34章 ウトヤ島、七月二二日

原題／Utøya 22. juli〔ウトヤ、七月二二日〕、監督／エーリック・ポッペ、製作国／ノルウェー、製作年／二〇一八年、日本公開年／二〇一九年、上映時間／九三分

【主要対象国・地域】 ノルウェー

【キーワード】 無差別銃乱射事件、労働党青年部、サマーキャンプ、テロ

〈ストーリー〉

二〇一一年七月二二日にノルウェーのウトヤ島[1]で起こった無差別銃乱射事件を、生存者の証言に基づきながら、架空の人物を登場させて映画化した作品。九〇分間の本編のうち、実際の事件における発生から収束までの七二分間と同じ時間をワンカットで描き、主人公の少女カヤの視点から、事件に巻き込まれた若者たちが恐怖や絶望というギリギリの極限状態の中で必死に生き抜こうとする姿を、リアリズムたっぷりに描いている。

ウトヤ島でのサマーキャンプ。バーベキューやキャンプファイヤーを楽しみにする若者たち。そこにオスロの爆弾事件の報が届き、不安が広がる。心配して電話をかけてきた母親に対して、カヤは「ここはウトヤ島よ。世界一安全だから何も心配いらない」と言い聞かせる。しかし、優等生であるカヤは、勝手な行動に走る妹エミリアに注意をして、反発を受け喧嘩になってしまう。心がざわつく中で、友人たちとワッフルを食べながら爆弾事件について議論するカヤたち。「イスラム系組織の仕業ではないのか」「テロかどうかもわからないのに、憶測でものを言ってはいけない」、カヤは移民の友人らの側に立ち、不用意な差別感をたしなめる分別を持った少女であった。そこに遠くから何かが爆発したような音が聞こえ、音の方角から若者が数名逃げて来る。「逃げろ！」何が起こったかわからないまま、カヤたちは建物の中に避難する。しかし、銃声は建物に向かってくる。「ここも危ない！」建物を捨てて遠くに逃げようとする若者たちは、徐々に姿を隠すものを探して分散す

タイトル：ウトヤ島、7月22日
発売元：カルチュア・パブリッシャーズ ©2018 Paradox

る。姿を見せず、しかし、銃弾を発射する音だけが不気味に響き、それを聞いてさらに逃げ惑う若者たち。カヤは自分に反発して姿を消した妹エミリアを探しに、危険を冒してテントに戻るが、妹はどこにもいない。その後カヤは銃に撃たれ倒れている少女の最後を看取ることとなり、恐怖はさらに増す。海辺に逃げ、断崖の岩に姿を隠し怯えるカヤ。一緒に逃げたマグヌスは、カヤを落ち着かせようと将来の夢を聞き、二人はいっとき将来の夢を語り合うが、追っ手の姿は断崖の上にあった。

〈作品の背景と現実〉

ノルウェー人の多くが夏休みに入った七月二二日に勃発した無差別連続テロ事件は、世界中を震撼させた。一五時一七分に首都オスロの政府庁舎前に駐車中の車に積み込まれていた爆弾が爆発し、近隣のビルのオフィスや店舗を破壊、さらに犯人はオスロから四〇キロ離れたウトヤ島に移動し、一七時過ぎに銃乱射事件を起こし、ノルウェー労働党青年部（AUF）のサマーキャンプに参加していた一〇~二〇代の若者たちが犠牲になった。のちに判明したことによると、犯人は三二歳のアンネシュ・ベーリング・ブレイヴィーク、極右思想の持ち主のノルウェー人男性であり、当時の労働党政府の移民政策に不満を抱きテロを計画した。政府庁舎前の爆弾で八人、ウトヤ島の銃乱射で六九人と、単独犯としては戦後史上最多となる七七人の命を奪った。

映画の最初に若者同士が「行かないの?」「グローが来る」とやりとりをする。事件当日、労働党首相を一九八〇年代から十年近く務めたグロー・H・ブルントランのスピーチが予定されており、当初ブレイヴィークは彼女を標的に計画を練っていた。しかしブルントランの到着が遅れたため、彼女ではなく青年部の若者たちへの無差別テロへと計画が変更された。ブルントランは、国連のブルントラン委員会の責任者として「持続的な発展（サステイナブル・ディベロップメント）」概念を国際的に提示した政治家であり、また労働党の開放的な移民政策の先駆者であった。狂信的な移民排斥論者であるブレイヴィークがブルントランの殺害を企てたのは、彼の生い立ちや労働党の開放的な移民政策と関係がある。

だがその前に、AUFについて述べておく必要があるだろう。AUFはその前身を一九〇三年に発足した社会民主主義青年協会に遡り、百年以上の歴史を持つ伝統ある労働党青年組織である。また、その上部組織であるノルウェー労働党は、一八八七年に設立された社会民主主義政党で、一九三五年から第二次世界大戦を挟んで一九六五年までの間、長期政権を担い、ノルウェーの福祉体制を築いた。労働党が二〇一三年の総選挙で敗れて以来、現在は保守党ソールベルグ首相による四党連立政権が続いているが、今なお労働党は国会第一党の位置を占めている。このように、戦後のノルウェーを作り上げた労働党には、祖父母の代から家族揃って支持者であるというケースも多く、中道左派政党としてノルウェー社会の「伝統」を作り上げてきた。

映画の中で少女たちが母親について話す場面が幾度かあるが、サマーキャンプに参加する娘を母親たちは喜んで送り出したことが想像できる。犠牲者が一四歳を筆頭に十代が多かったのも、ここが親の世代も参加した伝統ある楽しいサマーキャンプであったからである。他方、犯人のブレイヴィークは、その幼少期に離婚した両親がともに労働党支持者であったため、同党に反感を持っていたといわれ、それが既存のエスタブリッシュに対する彼の憎悪に繋がっていたのではないかと解釈されている。AUFは有名な労働党政治家を輩出しており、そのリーダーが後に労働党首相になった例も多い。現在のNATO事務総長のストルテンベルグもその一人であり、ブルントランも地方組織の副リーダーであった。つまり、AUFはノルウェー労働党政治家の登竜門であり、主人公のカヤがアフガニスタン戦争について友人と議論を戦わせ、また将来の希望を聞かれて国会議員になりたいと口にするのも、このキャンプにおいて不思議なことではない。もっともサマーキャンプ自体は全国各地、あるいは諸外国から参加する若者と触れ合い、夜を徹して議論をする、若者の出会いの場でもある。当日は五六九人がウトヤ島にいたというが、映画の中でおしゃべりなマグヌスが「自分はナンパに来た」と口にするのも、キャンプの一側面を表している。なお、こうしたサマーキャンプは労働党のみならず他の政党でも開催され、同じような機能を果たしている。また各政党の青年組織は国内のみならずヨーロッパ規模で同じ政治的立ち位置の組織と繋がり、国際的視点から政治や社会を考え、さらに自分の意見や活動が世界を変えるという認識へと若者を導く場でもある。

日本で女子がカヤのように「国会議員になりたい」と言ったら特殊に思われてしまうかもしれないが、ノルウェーで政治家は決して特別な存在ではない。ノルウェーの比例代表制の議会選挙では、政党を問わず地方支部の推薦で候補者を擁立し、人望が厚く論争ができ実行力があれば、年齢や性別、職業、学歴に関係なく被選挙人になれる。そして、地盤のない学生、保育士、店主など普通の人が選ばれることも多い。

こうした参加型民主主義の伝統を支える風土は、政党に留まらず、様々なボランティア活動によっても支えられている。すなわち、住民は出自を問わずNGOやボランティアなどの社会・政治活動に積極的に関わっている。こうした自発的組織に対しては政府の補助もあり、その結果、人口の三分の二が何らかの政治・社会・文化組織に属し、「組織社会」とも言われる状況が存在する。ノルウェーは、日本とほぼ同じ面積の国土を持ちながら、人口は約五三〇万人（日本の福岡県の人口よりやや多い）であり、人口密度が極端に少ないが、こうした少ない人的資源を有効に活用するためにも、強制ではなく、また商品化されていない自由意志に基づいたボランティア活動が、社会の活性化にとって必要であったといえる。

しかし、ブレイヴィークの犯行は、人権を重んじ多文化共生を謳うノルウェーの参加型民主主義を、暴力によって封じ込めようとするものであった。彼は当初ノルウェーの「リバタリアン政党」と自称する進歩党に入党していたが、進歩党の移民制限政策ですら生ぬるいとして脱退し、以降アンチ社会主義、移民排斥、アンチフェミニズムの思想を育んだ。反イスラムを掲げる極右団体「イギリス防衛連盟」のメンバーとなり、ノルウェー文化を守るために同様の団体を作ろうと考えていたという、さらにバイエルン地方の極右グループとのメールのやり取りも確認されている。しかし、連続テロ自体は彼が個人的に計画したものであったと裁判では認定された。

事件直前にブレイヴィークは一五〇〇ページに及ぶ「声明二〇八三」と銘打った文書をウェブ上に公開し、その思想を世に広めようとしていた。その中で彼は日本を理想的な国である評価している。その理由は、日本が多文化主義に組みすることなく、また特別な人種やグループを表立って排斥しているわけではないのに、結果としてイスラムの移民を拒否しているからであるという。

〈さらに興味のある人に〉

エーリック・ポッペ監督のインタビューがCurrierで配信されており、なぜこの映画を撮ったのか、本作の意味などが説明されている。

https://courrier.jp/news/archives/153747/?ate_cookie=1564498975

また、本作には犯人の姿は一切出てこないが、ポール・グリーングラス監督のアメリカ映画『七月二二日』は犯人の裁判や被害者と家族のその後についても描いており、インターネット配信ネットフリックスの映画で観ることができる。

〔大島美穂〕

註

（1）ウトヤはノルウェー語音では「ウートゥウーヤ」の発音に近く、意味は沖の島（複数形）である。

第35章 希望のかなた

原題／Toivon tuolla puolen〔希望の向こう側〕、監督／アキ・カウリスマキ、製作国／フィンランド、製作年／二〇一七年、日本公開年／二〇一七年、上映時間／九八分

【主要対象国・地域】フィンランド
【キーワード】フィンランド、シリア内戦、難民、不法滞在、外国人、アキ・カウリスマキ

〈ストーリー〉

二〇一X年のヘルシンキ。内戦の激化する故郷シリアを脱出したカーリドは、船荷の石炭に埋もれて入港し、密かに上陸する。一方、フィンランド人ヴィクストロムは、酒浸りの妻を残して家を出、それまでの衣類卸の仕事も人に譲り、賭けポーカーで手にした金でさびれたレストランを買って人生のやり直しを始めたところだった。カーリドはヨーロッパに向かう途中で離ればなれになった妹を探しながら難民申請の結果を待つが、保護の必要性はないと判断される。強制送還の決まったカーリドが収容施設から逃亡し、ヴィクストロムのレストランのごみ置き場で見つかるところで二人の人生が交錯する（【図1】）。ヴィクストロムはカーリドに寝床と仕事を与え、偽造の身分証明書も手配してカーリドを市民として生活できるようにする。

【図1】ヴィクストロムに見つかり、彼の店で食事を与えられるカーリド

表面的には落ち着いた生活を送りながらも妹の安否不明に焦燥を覚えるカーリド。妹を探すためにフィンランドを出る手段を模索していたさなかに、彼女がリトアニアで見つかったとの知らせを受ける。ヴィクストロムらの手助けで妹も無事にヘルシンキまで送り届けられ、兄妹が再会を果たしたところで物語は暗転する。

〈作品の背景と現実〉

国連難民高等弁務官事務所（ＵＮＨＣＲ）が二〇一九年六月に公表したデータによれば、天災、戦争被害、政

治的迫害などによって家を追われた人々は、過去に例のない七〇八〇万人に上るという。このうち国内避難民は四一三〇万人、自国を脱出してＵＮＨＣＲないし国連パレスチナ難民救済事業機関（ＵＮＲＷＡ）が難民としての地位を認めた者は二五九〇万人、残りの三五〇万人がたどりついた国での庇護を希望する者である。ＵＮＨＣＲが認定した難民のなかで目下最大のグループがシリア難民であり、六三〇万人という数は、ＵＮＲＷＡの認定するパレスチナ難民五五〇万人をしのぐ。二〇一一年のシリア内戦発生以来、難民を受け入れていたレバノンなどの周辺国が受け入れの限界に達すると、シリア難民は二〇一五年以降、船で地中海を渡り、ヨーロッパを目指すことになる。同年にはかつてない規模での難民流入が、ヨーロッパに「難民危機」といわれる状況を生んだことは記憶に新しい。本作の主人公カーリドもまた、シリアを逃れてフィンランドに流れ着いたひとりという設定である。

フィンランドにおいて難民の受け入れそのものは新しい現象ではなく、ロシア革命を逃れたロシア人数千人の流入（一九一七～二二）や、ソ連へ割譲されたカレリア地方からの四〇万人を超える国内避難民への対応（一九三九～四四）といった経験がある。難民条約に基づいて初めて一〇〇人のベトナム難民を受け入れたのは一九七九年であり（最終的な受け入れ数は約八〇〇人）、一九九〇年代には数千のソマリア難民を受け入れている。その後、二〇〇〇年代の庇護申請者は一五〇〇～六〇〇〇人程度で推移していたが、二〇一五年には過去最多の三万二四七六人を記録した[1]。

ＥＵ加盟国はＥＵ資格指令（2011/95/EU（改））をはじめとする庇護に関する共通の基準を持ち、フィンランドの外国人法にもこれが組み込まれている。押し寄せる難民の波に対しＥＵでは、とくに上陸地であるギリシャとイタリアの負担を軽減するため、二〇一五年に加盟国間で、人口、ＧＤＰ、庇護申請者数、失業率などを勘案した難民の再配置が行なわれていた[2]。フィンランド移民局によれば、同国での庇護申請に対しては同じ二〇一五年で七四六六件、翌二〇一六年には二万八二〇八件の決定がなされており、そのうち難民として認定され、あるいは難民に該当しない者が受けられる補完的保護などの国際的保護が認められて、滞在許可が与えられたのは各年一八七四件と七七四五件にとどまる。

明示的に言及されないものの、カーリドのケースでは、難民認定の要件である「出自、宗教、国籍、特定の社会的集団の構成員であること、または政治的意見を理由に迫害を受けるおそれがあるという十分に理由のある恐怖」（外国人法第八七条）は認められず、難民には該当しないとの判断がそもそもの前提とされており、本作で描かれるのは次善の策である補完的保護が否定される決定の言い渡し場面である。カーリドの故郷アレッポでは、都市での戦闘としては「史上最悪レベル」と赤十字総裁に言わせるほどの、空爆を含む激しい戦闘が五年にも及んだ。にもかかわらず決定では、アレッポ市に滞在するすべての人々が「重大な危害」を被る「重大な個別の脅威」に直面する結果となるような武力紛争（同法第八八条）は、アレッポ市を支配してはいないとするフィンランド外務省の見解が、カーリドへの保護を否定する理由とされた。庇護申請者に厳しい事実認定に基づいた法適用により、国際的保護を得るためのハードルは高く保たれる。個々人の「原理的平等」は北欧福祉国家において強調される理念であり、その「エトスを形づくる原理的姿勢」のひとつであるとされるが[3]、それは国民の間だけで終わってしまい、見知らぬ他者には及ばないものなのだろうか。道端や酒場でカーリドの身に降りかかったように、庇護申請者あるいは外国人は、そうした「特定の社会的集団の構成員」であるがゆえに、逃れた地にあっても差別と暴力に晒される。暴力を振るう側も福祉国家にありながら決して恵まれた境遇ではなく、弱い者がさらに弱い者を虐げる連鎖がある。

しかし、本作の描き出す「希望の向こう側」にあるのは絶望だけではない。カーリドを自分と同じ人間として遇する人々もまた、本作には登場する。ヴィクストロムはそのひとりである。ひたすらに店と雇用を維持し、カーリドを守る手立てを打ち続ける。それは表情一つ変えずに次々と行なわれる、違法行為を通じた「献身」である。行政内部にあっても、警察こそカーリドの庇護申請を棄却するが、審査のためにカーリドに面接した移民局の係官の表情には憐憫が見え隠れし、カーリドが収容された一時滞在施設の担当者は、カーリドが施設から逃げ出す扉を無言で開けていた。そこでは法治国家を形式的には堅持しつつ、実質的には「正義」が実現されるための暗黙の役割分担がなされているようにすら見える。ほかにも底辺の人々による小さな支えや裏切られない友情が、緊迫した場面のなかに慎ましく挿入される。こうした利益や給付の配分にとどまらない、人間相互の関係そのものを規定する根源的標識であるところの「平等」という理念は、何より監督カウリスマキ自身に内面化されている。二〇一七年ベルリン国際映画祭での会見で、彼が「見たくなかった」と述べた現実世界での難民に対する同胞フィンランド人の猜疑の態度は、だからこそ耐えがたく、本作は「我々はみな同じでみな人間であ」り、「明日はあなたが難民になるかもしれない」とのメッセージを発して観る者に内省を促す。

にもかかわらず、フィンランドでの難民をとりまく現実は、本作公開と同年の二〇一七年にトゥルクで発生した、一八歳のモロッコ人青年による複数殺傷事件によって、さらに難しさを増したように思われる。事件では一〇名がナイフで刺され、うち二名が死亡した。庇護申請者として入国した犯人は、自らに下された難民申請を認めない決定に対し不服申立てを行なっていたが、犯行の動機はこの決定への不満や将来への絶望ではなく、ＩＳに感化されての「テロ」であった。カウリスマキは先の会見で、「友に対する人間性がなければ、我々も存在しえなかったし、存在すらするべきでない」と述べて失われた人間性の在処を問うていた。揺るがぬ害意を隠した人物が紛れているかもしれなくても、助けを求める人々を、なお友として遇し受け入れることができるのか。少なくとも彼の問いを問い続けなければ、「希望の向こう側」は見通せないように思われる。

〈さらに興味のある人に〉

本作はカウリスマキの「難民三部作」の第二作とされる。第一作『ル・アーブルの靴みがき（*Le Havre*［ル・アーヴル］）』（二〇一一）は、フランスの港町を舞台に、生母に会うためにアフリカのガボンから密航し、警察の手を逃れた少年と、彼を匿う靴みがきを生業とする初老の男との関わりを軸に物語が展開する。ここに描かれる「難民問題」は不法移民問題に近く、みんなで助ける、あるいは助け合うという本作にも共通するカウリスマキのモティーフが、通奏低音として明るい響きをもつだけに、その後暗雲のようにヨーロッパを覆う難民危機の深刻さが痛切に感じられるであろう。先の会見によればシリーズは当初「港町三部作」と称していたところ、本作『希望のかなた』によってもはやそれではなくなり、「難民三部作」となったのだった。なお、カウリスマキは本作を最後に映画製作をやめると表明しており（ＹＬＥウェッブサイト〈https://yle.fi/uutiset/3-9463566〉）、第三作を目にすることはかなわないようである。

（遠藤美奈）

註

（1）以上はフィンランド国営放送（ＹＬＥ）ウェッブサイト〈https://yle.fi/uutiset/3-10909626〉及びフィンランド内務省ウェッブサイト〈https://intermin.fi/maahanmuutto/turvapaikanhakijat-ja-pakolaiset〉を参照。

（2）川村真理「難民・移民の大規模移動とＥＵ法制の課題」『杏林社会科学』第三三巻第一号、二〇一七年参照。

（3）遠藤美奈「福祉国家の憲法枠組み――フィンランドにおける社会保障の権利・平等・デモクラシー」『憲法問題』第二〇号、二〇〇九年参照。

第36章 一〇〇、〇〇〇年後の安全

原題／Into Eternity［永遠の中へ］、監督／マイケル・マドセン（マセン）、製作国／デンマーク・フィンランド・スウェーデン・イタリア、製作年／二〇〇九年、日本公開年／二〇一一年、上映時間／七九分

【主要対象国・地域】フィンランド
【キーワード】オンカロ、原子力発電、高レベル放射性廃棄物、地下貯蔵所、一〇万年後の世界

〈ストーリー〉

本映画はドキュメンタリー映画である。フィンランドの原子力発電所の一つがあるオンカロは、映画の中では「隠された場所」と表現されているが、フィンランド語では「洞窟、空洞、渓谷」などの意味があり、高レベル放射性廃棄物の最終処分場がそこでは建設中である。オンカロはヘルシンキから約二五〇㎞離れたバルト海に浮かぶオルキルオト島にあり、そこを最終処分場と定めた（**【図1】**）。放射線の発見当初はその危険性への認識は乏しく、有効利用方法が研究されていた。放射線は、透明で無臭なので、人の五感では感知できないが、有害である。放射能で汚染された地域には立ち入らず、絶対に放射線源には触れてはならないとのフィンランド原子力安全局のW・パイレ医療部長の警告が響く。

【図1】オンカロ施設について作業員から説明を受けるマドセン監督

原子力発電から放射性廃棄物が出るのは必然であるが、放射性廃棄物は消えて無くなるわけではなく、オンカロのティモ・アイカス副社長が語るように、その処理が長年の懸案となっている。過去には、海底に沈める案や放射性廃棄物を無害化する技術が唱えられたが、前者は環境汚染の問題があり、無害化技術も進展せず、解決策とはなっていない。中間貯蔵として、使用済み燃料は深い水槽の中で保管する。地上が安定しているのなら、一〇年～二〇年、あるいはもっと長く保管できるだろう。しかし、人類は過去において二つの世界大戦を経験し、また、チェルノブイリ事故もあった

【図2】オンカロ施設の入口

ように地上は不安定である。

　そこで、地下貯蔵所の案が出てきた。一八億年前の安定した地層を持つオンカロで地下都市のような巨大な空間を作り、高レベル放射性廃棄物が無害になるとされている一〇万年の間、保管する予定である（【図2】）。二一〇〇年には作業を終了し、入口に蓋をすることとなっているが、一〇万年後まで無事に保管できるだろうか。関係者はこの保管場所が忘れられることを願っているようであるが、一〇万年後の人類が好奇心に駆られ、開けてしまう危険性は無いだろうか。何か標識を残すべきか、様々な課題が出てくるが、解決策はあるのだろうか。

〈作品の背景と現実〉

　北欧において原子力発電が行なわれているのは、フィンランドとスウェーデンである。一九八〇年に原子力に関する国民投票が実施され、世界の注目を集めたスウェーデンに比べ、控え目なフィンランドの原子力政策は世界の動向に影響され、停滞する時期もあったが、着実に推進されてきた。ロシア産の天然ガスに極力依存しないというエネルギー安全保障、増大する電力需要を賄う等の観点より、ヘルシンキの東方約一〇〇kmに位置し、フィンランド湾に面するロヴィーサ原子力発電所でフィンランド初の原子炉が一九七七年に稼働し、二号機も一九八〇年に稼働した。さらに、オルキルオトの原子力発電所では最初の一基が一九七九年に、また、二基目が一九八二年に稼働したが、二〇一三年に予定されていた三基目の稼働は大幅に遅れている。

　フィンランドの原子力政策のバックボーンを形成しているのは、国と原子力産業だけでなく、国と輸出産業、労働組合間の比較的緊密な関係も作用する親原発的連携である。一九八〇年代には環境問題に対する意識が醸成され、欧州各国での環境政党の結成とともに反原発の機運が高まり、また、八六年のチェルノブイリ原発事故もあり、新たな原発プロジェクトを推進する機運は醸成されなかった。冷戦終了後、ソ連の解体も影響して、フィンランド経済は打撃を受け、景気後退の議論が出てくると、原発産業は新規原子炉の建設を求める申請を政府に行なった。しかし、この申請は一九九三年に国会で否決された。

　一九九〇年代に入ると、九二年にブラジルでいわゆる国連の「地球サミット」が開催され、世界のエネルギー政策に影響を与えることとなる「国連気候変動枠組条約」が採択された。さらに、一九九七年には京都議定書が採択され、温暖化問題に世界の注目が集まり、再生可能エネルギー資源の開発・普及の議論が活発となった。フィンランドにおいても、一九九〇年代後半には反原発運動のキャンペーンが原発のリスクから再生可能エネルギー資源の技術的可能性や経済性の問題に移った。原発は経済成長に資するものであり、また、二酸化炭素（CO_2）の排出量がほぼゼロの環境にやさしいエネルギー源とされた。温暖化政策が変化し、原発を排除しないという新たなエネルギー政策が採られたほか、北欧の電力売買市場であるノード・プールへ参加する等、電力自由化や規制撤廃が行なわれた。チェルノブイリ事故から一五年以上経過した二〇〇〇年以降は「原子力ルネサンス」と呼ばれ、世界で原子力発電所の建設が推進され、フィンランドでも電力多消費型産業に追い風となり、電力会社には再び原発建設の機運が高まった。二〇〇二年、国会は新規原子炉の建設を承認し、建設中のオルキルオト三号機の建設に加え、さらに二基の原子炉の建設が予定されている。

フィンランドの原子力法では原子力施設の許可取得者が放射性廃棄物の処分・貯蔵等に関する管理全般の費用を負担することとなっており、ポシヴァ社は二〇〇四年からオンカロでの地下特性調査施設の建設を開始した後、二〇一二年に処分場の建設許可申請が行なわれ、二〇二〇年に操業が開始される予定となっている。

なお、スウェーデンのエネルギー政策では再生可能エネルギーを増やす一方で、一〇基ある原子炉は徐々に減らすこととなっている。また、フォシュマルク原子力発電所が存在するウストハンマルが最終処分場の建設地として選定され、二〇一一年に処分場の立地・建設の許可申請が行なわれた。早ければ二〇二五年から稼働を予定しているが、政府による最終決定が遅れている。

〈さらに興味のある人に〉

本作品を観て世界に衝撃を与えたチェルノブイリ原発事故に関心を持った人には、いくつかの作品はあるが、次のドキュメンタリー作品がお勧めである。『チェルノブイリ・シンドローム』（原題／*The Bell of Chernobyl*［チェルノブイリの鐘］、監督／ロラン・セルギエンコ、製作国／ソ連、製作年／一九八八年）。動物と違い、人間は火を恐れず、火を使いこなしたことが人類の進歩につながったとされているが、その後、人類は、原子力という未来のエネルギーを手に入れ、経済的に手の届く価格で、いつでも自由に使える電力の供給を受けることができるようになった。しかし、一九八六年四月二六日に起きたチェルノブイリの原発事故で放射能は北欧の地にも降ってきた。この映画の監督であるセルギエンコは一九八六年の五月から九月にかけて、現地を何回も訪問し、被災した人々、遺族、専門家の証言などを集めて、人々の放射能との戦いを描いた。見えざる敵と戦う人々や土地を捨てざるを得ない農民たちの姿を通して、放射能汚染の実態を私たちに訴えかけている。

さて、原発問題の根源的なことにかかわる話題として、原子力発電に使用するウラン等の放射性元素に関心があり、その名づけ親であるキューリー夫人の人物像をここで見てみよう。映画では、『キューリー夫人』（原題／*Madame Curie*［キューリー夫人］、監督／マーヴィン・ルロイ、製作国／アメリカ、製作年／一九四三年）がある。彼女の伝記は娘のイヴ・キューリーによって一九三七年に出版されているが、この映画はその伝記に基づいて脚色されたものである。現在ではキューリー夫人についてはは科学史の分野で多くの研究があり、批判的記述もあるが、一八六七年生まれの彼女は放射能研究のパイオニアであり、女性に対するいくつもの差別を打ち破ってフランスの大学で博士号を取得した最初の女性である。その他、パリ大学の教授となった最初の女性、一九〇三年には放射能の発見と功績を認められ、ノーベル物理学賞を受賞した最初の女性、また、一九一一年にはラジウムとポロニウムの発見といった功績が認められ、ノーベル化学賞を受賞し、二つの科学分野でノーベル賞を受賞した最初の女性となった。この映画の始まりはパリ・ソルボンヌ大学で、ベロー教授の講義を聴く学生の中にマリー・スクロドフスカというポーランドの貧しい女学生がいた。冬は暖房もないような屋根裏部屋に住み、物理学と数学を研究していたが、同教授はマリーに鋼鉄の磁性を研究するように勧め、実験室として物理化学部のピエール・キューリーの実験室を使用するよう斡旋した。内気なピエールは相手が女性であることに戸惑ったが、彼女の明敏な頭脳を尊敬するようになり、二人の研究生活が始まった。その後、二人は結婚し、子供ができ、キューリー夫人はいわば働く女性のパイオニアでもあった。映画では上映時間の七割を費やし、粗末な実験室で何度も何度もあきらめない不屈の精神と夫婦愛により、ラジウムを鉱石から分離することに成功し、ノーベル賞受賞につながったラジウム元素の発見を描いている。自らの健康を犠牲にし、持てる頭脳を研究にささげたキューリー夫人が使用済み核燃料の処分問題を解決しようと、今、苦心している現代人を見たら、どのような感想を述べるであろうか。

〔中嶋瑞枝〕

第37章 たちあがる女

原題／Kona fer í stríð［女、闘いにいく］、監督／ベネディクト・エルリンクソン、製作国／アイスランド・フランス・ウクライナ、製作年／二〇一八年、日本公開年／二〇一九年、上映時間／一〇一分

【主要対象国・地域】アイスランド
【キーワード】アイスランド、ジェンダー、アルミニウム精錬工場、環境破壊、ウクライナ、海外養子、

〈ストーリー〉

『馬々と人間たち（*Hoss i oss / Of Horses and Men*）』で注目を集めたアイスランドのベネディクト・エルリンクソンが監督、脚本を務めた作品。興行時のカテゴリーとしては「コメディ作品」「スリラー作品」であったが、それに留まらない独特な世界がアイスランドの自然の中で展開される。

ハットラはセミプロ合唱団の指揮者を務める女性。地域社会に溶け込み、別々に住む双子の姉でヨガ講師のアウサと女同士、適度な距離を保ちながら付き合っている。そして、いつかウクライナから養子をもらいたいと申請を行ない、その経緯に一喜一憂する日々。しかしそれに加えて、アイスランドの壮大な自然を愛する彼女には、謎の環境活動家「山女」というもう一つ別の顔があった。

©2018-Slot Machine-Gulldrengurinn-Solar Media Entertainment-Ukrainian State Film Agency-Köggull Filmworks-Vintage Pictures

地元にあるリオ・ティント社のアルミニウム製錬工場に対して、一人で孤独な戦いを仕掛け続けるハットラ。弓矢で送電線を破壊し、工場の稼働を止め、謎のテロリストとしてお尋ね者となる。遠赤外線探査から逃れるために泥水を被り、息を止めて、空中から追いかける警察の執拗な追跡をかわす。羊の死骸を被りアイスランドの原野を移動し、危機一髪のところで原野に一人住む羊飼いに助けられる。どんな過酷な追跡があろうと、苔むす大地を抱きしめてアイスランドの自然を守ろうと誓うハットラは、環境テロリストとして強い信念をもって一人挑み続ける。合唱団にいる政府の役人も頼りにならず、むしろこれ以上の活動は危険だと言われるそ

の時、彼女のもとに、ついに長年の願いであった養子の申請が受け入れられたとの連絡が来る。子どもの未来のために、自分がアイスランドの自然を守らなければならないと決意を新たにしたハットラは、母親になる夢の実現に向けて、アルミニウム工場に対して最終決戦に挑む。

〈作品の背景と現実〉

本作品を鑑賞して驚くのは、日本版のタイトルや映画チラシの牧歌的なレイアウトと異なった、作品の「尖った」部分である。捕まる危険を顧みず、マッチョな牧場主も呆れるような逃亡劇を警察相手に繰り広げるハットラ。大きな組織もないのに、なぜハットラは一人でこのような活動に挑み続けるのだろうか。それは彼女が特別で過激な女性だからなのだろうか。この映画の背景には、アイスランドにおける女性の地位の高さがある。

世界経済フォーラムの男女平等に関する調査（二〇一八年）は、日本が一四九国中一一〇位であることで有名になったが、ここでアイスランドは十年連続でトップを飾っている。女性の政治分野でのエンパワーメントで一位、同じ職務における男女の収入差は世界で最も少なく、中等教育を終え第三期教育に進む割合もアイスランド女性は九六・八％と一位である。国会議員数こそ二〇一九年現在六二議席中二三議席（三八％）と例年と比較して少ないが、閣僚は一一人中五人（四五％）を女性が占める。

政治分野は特に女性の活躍が目覚ましい。二〇〇九〜一三年にヨハンナ・シグルザルドッティルが女性初の首相を務め、二〇一七年からはアイスランドの環境政党でフェミニズムや社会民主主義を掲げ、ＮＡＴＯからの脱退を掲げるグリーンレフト党の党首で三人の子持ちのカトリーヌ・ヤコブスドッティルが首相に就任している。女性大統領の実現はさらに早く、一九八〇年〜九六年の長期にわたりヴィグディス・フィンボガドッティルが大統領を務めた。ヴィクディスは選挙によって民主主義的に選ばれた、世界で初めての女性大統領であると言われる。また、女性の就業率も世界一で、八〇％以上の女性が家庭外に仕事をもって働いている。

一般に女性の地位が高い北欧の中でも、なぜアイスランド女性はさらに高い位置にあるのだろうか。この問いに関して一般に言われるのは、第一に、他の北欧諸国と比べても、アイスランドがより小さな人口と乏しい資源の国であるために、歴史的に女性労働力が必要とされてきたという説明である。小さな漁業国として、漁業の繁忙期に女性の労働力は不可欠であり、さらに缶詰工場が誕生し漁業の近代化が起こると、女性の就業率は飛躍的に躍進した。第二に、より遡って、アイスランド・サガの中にもたくましい女性のイメージが存在すると指摘され、他のヨーロッパ諸国の女性よりも未亡人の権利や夫への発言権などにおいて進んでいたという。

一九世紀に入り、法的な男女の平等が進み、一八五〇年に世界初の相続権における男女間の平等を確立し、国政選挙においても一八八一年には女性の選挙権、一九〇二年には女性の被選挙権が確立する。こうした女権拡張の背景には、女性団体の存在があり、一八六九年には女性協会が、九四年にはアイスランド女性協会が誕生し、後者の署名活動によって一九一一年に公的助成金、公職及び教育への平等な機会が認められた。アイスランドがデンマークから独立したのは、第二次世界大戦中の一九四四年であるから、アイスランド女性は国家が独立する以前から、様々な法的権利の獲得のために動いていたことになる。

さらに興味深いのは、戦後一九七五年に国連女性年設定に刺激されて、一〇月二四日にアイスランド全土で一斉に行なわれた女性のストライキ(「女性の休日」)である。この日アイスランド女性の九〇%が「アイスランド経済・社会にとって女性は不可欠であることを示すため」に何らかの形で職場や家での仕事を放棄した。その結果、労働者のほとんどが女性である缶詰工場は休業を余儀なくされ、総人口二二万のうち二万五千人が首都レイキャヴィークで集会を行なった。集会では、主婦から国会議員までたくさんの女性が演説を行ない、合唱して気勢を揚げたという。これはその後も五年ごとに、全国的な規模で女性が仕事から早退する時限ストとして続いた。このような女性の活動によって、世界でも最たるアイスランド女性の地位が確立されてきたのであろう。

いま一つ、本作品の背景にあるのが、アイスランドにおける環境問題と環境保護の動きである。アイスランドは歴史的に地場産業としての漁業を守り、諸外国の漁船がアイスランドの生命線とも言える漁場を荒らすことがないように、EUにも加盟せず、閉ざされた社会を保ってきた。NATO加盟国、すなわち同盟国の一つであるイギリス軍の軍艦を相手に沿岸監視船が「戦い」を挑むという一九五六〜七八年の間三度にわたった「タラ戦争」が発生したのも漁業立国としてのアイスランドの気概を示す出来事であった。しかしながら、その後の国際経済の進展の中で、アイスランドも世界に開かれた経済の必要に迫られ、そこから発展したのがインバウンド・ツアーの開拓であり、アルミニウム工場の建設であった。

アイスランドの観光業は、本作品が示すような絶景の自然を売りにし、三つの国立公園や温泉ブルーラグーンなどたくさんの見所がある。アイスランドの国立公園は、他国のように自然が人間の生活の場から遠く離れ箱庭化されて点在しているのではなく、町が自然の中に点在し、どの自然も繋がっているという特色がある。

他方、多くの活火山が存在するアイスランドでは、一九七三年の石油危機をきっかけに地熱開発が本格化し、現在エネルギーの三割が地熱から、残りが水力発電により賄われている。この自然を利用した「世界で最も安価でクリーンなエネルギー（アイスランド政府）」を利用したアルミニウム精錬所の誘致を受けて海外企業が進出し、アイスランドにおけるアルミニウムの輸出は魚介類を抜いてトップに躍り出た。その合間、二〇〇七年末から始まったアメリカの住宅購入用途向けサブプライム・ローンの不良債権化によって、その商品化証券への投資に依存していたアイスランドの主要銀行は経済破綻し、アイスランドもあわや国家経済の破綻という状況に陥ったが、その後前述の観光業とアルミニウムの輸出拡大によって経済は上向き、二〇一六年のGDPは前年の七・二％も上昇した。

ハットラが戦いを挑み続けるリオ・ティント・アルキャン社は、本社をカナダに置く世界的なアルミニウム・メーカーであるが、一九六九年からレイキャヴィークのハフナフィヨルズゥルにアルミニウム精錬所をもち、アイスランドの輸出総額の二三％にあたる年間二〇万トン以上のアルミニウムを生産している。同社の広報によると、工場は一九九七年に世界で初めて認可された環境管理システムを導入し、精錬所で使用された工場用水は冷却回路を通って近接するゴルフ場で再利用されるというが、アルミニウム精錬には大量の電気が必要とされ、フッ化水素と二酸化炭素が蒸気として常時排出される中で、確実に環境に被害を与えている。こうした汚染に対しては国際的にも危機感が持たれ、諸外国から環境活動家が参加する「セーヴィング・アイスランド」では、二〇〇五年に初めて国際的な反対行動をコーラニューカル（Kárahnjúkar）で行ない、その後も国内外で活動を続けている。国内の環境保護団体としては、会員五千人規模のランドバーンが、高地地方の環境保護や政府の環境政策促進への働きかけ、若者へのエコ教育などを積極的に行なっており、アイスランド自然保護協会（通称INCA）がヴァトナヨークトル国立公園とヴァトナ氷河の環境保護活動を続けている。

〈さらに興味のある人に〉

一九七五年の女性のストライキやタラ戦争の様子については、当時のBBCの動画を視聴することができる。また、YouTubeにも映像が残っている。

〔大島美穂〕

第38章 グリーンランド映画を語る

北欧理解の深度を深めるために

【主要対象国・地域】 グリーンランド、デンマーク
【キーワード】 植民地、近代化、社会実験、中心 - 周辺、米軍基地

〈北欧の時空にグリーンランドを位置づける〉

北欧の輪郭を時間的、空間的に跡づける上で、グリーンランドの持つ意味は小さくない。とくにデンマークとの係わりにおいて、それは明示的に表れる。第一に、グリーンランドが一八世紀以降二〇〇年強にわたってデンマークの植民地であった事実は、時空の両面で、グリーンランドがデンマーク史を形作る「外縁」として機能し続けてきたことを端的に説明する。第二に、第二次世界大戦を契機に、軍事戦略上の価値を米国に見出されたグリーンランドは、デンマークが米国に提供し得るほとんど唯一の安全保障上の財として、今日に至るまできわめて核心的な意味を持ち続けてきた。第三に、EC（欧州共同体）にデンマークとともに加盟するものの、そこから単独で離脱を選択したグリーンランドは、デンマークという国家の境界と、実質的にその力がおよぶ範囲とが必ずしも自動的に重なり合うものではないことを、デンマークに思い知らせることになった。

〈作品紹介とその背景〉

二〇一〇年公開の『実験（*Eksperimentet*）』は、まさにこうしたグリーンランドとデンマークの来し方を理解する際に、舞台装置としての機能を持つ映画の一つである。この映画では、一九五一年のグリーンランドにおいて、選抜された六～七歳の子どもたち二二人を「良きデンマーク人」に仕立てるため、また後世のロールモデルにするため、強制的に親元から隔離し、グリーンランドの中心都市・ゴドホープ（現ヌーク）の施設や、デンマークの家庭や学校などで教育を受けさせる社会実験に焦点を当てている（【図1】）。これは、後進地域としてのグリーンランドを、近代化＝デンマーク化させることを目的に、デンマーク赤十字社とセーブ・ザ・チルドレンの協力を得て、グリーンランドを抱き込みながらデンマーク当局が主導したものであった。

『実験』には、この社会実験の実相を理解する際の手がかりを与えてくれるシーンがある。グリーンランド地方議会議員という立場で、リュンゲ（グリーンランド

選出の政治家として、初のデンマーク国会議員となったアウゴ・リュンゲが想起される）と名乗るグリーンランド人男性が登場する場面である。彼が、選抜された子どもの一人、カーアンという少女に対して、グリーンランド語で質問する。「施設での学びはどうだい？」。すると、カーアンではなく、子どもたちの世話役の命を任じられている看護師ゲアトが、「子どもたちはグリーンランド語をほとんど覚えていません」と言う。リュンゲは応答する。「グリーンランド地方議会は、彼・彼女らの母語（グリーンランド語）を保護することを謳っている」。デンマーク人教師スヴェンセンが反応する。「誰も彼・彼女らの母語を盗もうとしていない。そこにあるのは、子どもたちはとても流暢にデンマーク語を話すということだけだ。これは、あなた（リュンゲ）が望んでいたことではなかったのか？　一つの国、一つの民族、一つの言語だ」。リュンゲが何も答えず、スヴェンセンに対して別の質問をする。「グリーンランドの子どもたちは、デンマーク人の子どもたちと学びの時間を共有できているか？」。スヴェンセンは言う。「いや、私たちデンマーク人は十分であるとは思っていない」。そして、グリーンランド省長官オーマンがスヴェンセンの応答に補足するように、リュンゲに諭す。「言語の喪失を嘆くのはやめよう。それがこの実験の要点だ。同意するね？」。そのときのリュンゲの表情を正確に読み解くことはできないが、何かを拒絶するとも、受け入れるとも取れる「微笑み」を見せ、その場にただ佇むのであった。

【図1】世話役のゲアトと社会実験の対象になった少女カーアン

　近代化（デンマーク化）政策の一環として実施された社会実験の基層には、自文化中心主義に基づく、デンマークとグリーンランドとの中心と周辺、文明と野生（野蛮）、先進（優）と後進（劣）といった二元論的世界観があったといわれている。これは、アラスカや極北カナダの先住民族が、同化政策の一環として、全寮制学校への就学を強いられたことと、一定の類縁性を持つものであった。文化的ジェノサイドと呼ばれるような民族・言語など文化的事物の存在を消滅させる可能性を持っていたり、心的外傷および心的外傷後ストレス障害（PTSD）の発症リスクを高めたりするなど、実験それ自体が潜在的に持つ暴力性にも、私たちは目を向ける必要があるだろう。因果関係は明確でないが、二二人の半数は、成人する前に亡くなっている。この事実は、実験が子どもたちにいかなる影響を与えたのかを見極める上で、一つの判断材料を提供するものであった。

それでは、デンマークが近代化の名の下に、実験を遂行した動機はどこにあったのか。一つは、非自治地域を抱える国連加盟国が負う義務を遂行するという、国連からの要請であり、この点は映画のなかでも語られている。しかし、前記の決定の実質を左右したのはそれだけではない。注目したいのは、戦時中から戦後間もない時期にかけて、グリーンランドの購入を打診していた米国の存在である。米軍の最高機関である統合参謀本部は、一九四〇年代の複数の基地計画レポートで、在グリーンランド米軍基地を、緊要性の極めて高い基地と位置づけ、軍事戦略上の価値をグリーンランドに見出すと同時にその購入も画策していた。

他方で、デンマークにとってグリーンランドは、自国の安全を安定的に保障してくれる米国との関係維持・強化に不可欠な存在であった。先行研究によれば、一九四九年設立のＮＡＴＯ（北大西洋条約機構）という軍事同盟に、小国デンマークが原加盟国として参加し、集団安全保障体制の構築に「貢献」できるのも、グリーンランドを領有しているからであるとされている。デンマークは単独でＮＡＴＯに加盟するにはあまりに非力であったし、このことに十分自覚的でもあった。「北部デンマーク化」とも論じられるグリーンランドの近代化を通じて、国家としての統合度を高めていこうとする背景には、米国との取引空間として、もしくは交渉のカード（グリーンランド・カード）として、グリーンランドを保持しておきたいというデンマークの思惑があったのである。

二〇一五年公開の『理想主義者（*Idealisten*）』は、三者関係のなかで価値を見出されたグリーンランドの足元で起こった一九六八年一月の水爆事故と、その除染に駆り出された作業員の被ばくとの相関を題材にしている。事故当時、デンマークは、グリーンランドを含む全域に、核の持ち込みを拒否する政策を掲げていた。にもかかわらず、なぜグリーンランドで水爆事故が起きたのか。オペレーション・クレステッド・アイスと名づけられる除染作業が、どの程度被ばくのリスクを想定し遂行されたのか。歴史の闇に切り込んだデンマーク人ラジオ記者が明らかにしたのは、冷戦期のグリーンランドにおいて、核の持ち込みは実質的に許容されていたこと、そしてそれは、米国からの「協議」の要請に対する、デンマーク側の実質的なゼロ回答が起点になっていたことであった。有効な回答を示さなかった（結論を米国に委ねた）デンマークの真意は、国内的には核の持ち込みを拒絶しながらも、国外的にはデンマークの一地方であったグリーンランドの利活用について、米国の自由裁量を最大化させようとするところにあった。『理想主義者』は、『実験』の物語が実質的にそうであったように、デンマークとグリーンランドの二者間の中心–周辺関係ではなく、米国を加えた三者間の中心–周辺関係の上に成り立つものであった。『実験』や『理想主義者』は、対グリーンランド政策をめぐる決定のフェーズにおいて、デンマークがどれだけ「主体的に」自己の行動を律し、行動に表すことができたのかを、具体的な材料を基に考えるきっかけを与えてくれている。

〈さらに興味のある人に〉

一九六〇年代にピークを迎える近代化政策は、七〇年代以降のグリーンランドにおける自治権獲得運動を生起させた。『サウンド・オブ・レボリューション グリーンランドの夜明け』（原題／*Sumé: Mumisitsinerup nipaa*［スミ：サウンド・オブ・レボリューション］、監督／イヌック・シリス・フー、製作国／グリーンランド・デンマーク・ノルウェー、製作年／二〇一四年）は、近代化に対する異議申し立ての動きを、七〇年代にグリーンランド語で歌う初めてのミュージシャンとして音楽界に現れたロックバンド「スミ（Sume）」に焦点を当てながら描くドキュメンタリーである。デンマーク語を流暢に話すことが目指された『実験』の時代から、グリーンランド語で歌うことでグリーンランド人としての感情を発露させる時代への変転に、スミを中心とする若者が果たした役割は大きかった。スミのファーストアルバムのジャケットには、入植者であるノース人（ヴァイキング）を殺害するイヌイットのスナップが使われている。宗主国デンマークの諸政策に対するアンチテーゼが、彼らの音楽の根源にあることを暗示している。

グリーンランドは、一九七九年に自治権を獲得する。二〇〇九年には部分的ではあるがその範囲を安全保障分野にまで拡張させた。それでもなお、グリーンランドの心身を縛るのはデンマークであった。二〇一九年に日本でも公開された『北の果ての小さな村で』（原題／*Une année polaire*［極年］、監督／サミュエル・コラルデ、製作国／フランス、製作年／二〇一七年）は、新任教師として、人口八〇人ほどの東グリーンランドの村に赴任するデンマーク人青年の葛藤を描くドキュフィクション（ドキュメンタリー的要素を持つフィクション）だが、デンマークによる植民地主義や近代化政策の遺産が、どのような形で現地社会に影を落としているのかを、東グリーンランドのトゥヌミウト（イヌイットの地域グループの一つ）社会に生きる人たちを通して、過不足なく説明している。

〔高橋美野梨〕

第39章 マリメッコの奇跡

原題／Marimekko unikkoja aallokossa［波の中のウニッコ］、監督／ニーナ・ステンロース、製作国／フィンランド、製作年／二〇〇四年、日本公開年／劇場未公開、二〇〇九年DVDのみ発売、上映時間／五四分

【主要対象国・地域】フィンランド

【キーワード】フィンランド、デザイン、マリメッコ社、アルミ・ラティア、キルスティ・パーッカネン

〈ストーリー〉

一九五一年にアルミ・ラティアにより設立されたマリメッコ社は、アルミの死後、倒産の危機に陥った。会社を立て直すべくマリメッコを買収したのは、広告代理店を経営し名を馳せたキルスティ・パーッカネンであった。一九九一年九月にCEOに就任したパーッカネンは、わずか半年の間にマリメッコの業績を黒字に転換させた。創始者アルミの理念に立ち戻るとともに改革を行ないマリメッコを復活させたパーッカネンの経営は、のちに「奇跡」とよばれた。

本作品は、パーッカネン本人に同行した取材や、当時のデザイナー、投資家、ファッション誌編集者などマリメッコを取り巻く人々へのインタビューにより構成される。マリメッコの息を吹きかえらせたパーッカネンの語るエネルギーのあふれる経営方針を織り込みながら、二〇〇四年までの一三年間のマリメッコ再建の軌跡をたどるドキュメンタリーである。なお、デザイナーのひとりとして日本人の石本藤雄も出演している。

〈作品の背景と現実〉

本作品は、マリメッコを復活させた女性実業家キルスティ・パーッカネンに焦点を当てたドキュメンタリー番組であり、二〇〇四年にフィンランド放送協会（YLE）のTV1で放送された。原題「波の中のウニッコ」のウニッコとはフィンランド語でケシの花を意味し、マリメッコの中でもっとも知られている柄である（【図1】）。パーッカネンのもと再び使用され人気を博したウニッコを、フィンランドを取り巻く環境が大きく変わる中、躍動したマリメッコと重ねたのであると考えられる。本作品は国外でも放送されたほか、日本で二〇〇九年にDVDで発売された。なお二〇一九年現在、フィンランド語音声のみではあるがフィンランド放送協会アーカイブページで抜粋の視聴が可能である。日本で鑑賞可能なマ

【図1】ウニッコ柄の製品（撮影：大瀧未帆）

リメッコ関連の映像作品として本作品のほかに「ファブリックの女王」があり、この作品は創業者アルミの人生を描く映画である。

マリメッコはアルミ・ラティアによって、物資不足が続くヘルシンキで一九五一年に設立されたデザイン・ハウスである。アルミは一九一三年にカレリア地方（現ロシア領）に生まれた。ヘルシンキでテキスタイル・デザインを学んだのち、広告代理店でコピーライターとして働いていた。マリメッコの創業は、元将校の夫ヴィルヨ・ラティアが買収した工業用生地の会社に端を発する。外国製品との差別化を図るため、アルミはデザイナーの友人と独自の柄をプリントしたコットン生地を開発した。しかし独創的な柄それだけでは販路を広げることができず、その布地を使った製品を提案するためにマリメッコを立ち上げた。マリメッコとはフィンランド語で「マリのドレス」という意味であり、鮮やかな色彩と大胆な柄に加え、ウエストが絞られた当時の主流のドレスと対照的な、体を締め付けない直線的なシルエットのドレスで特に好評を博した。ウィメンズ・ウェアを皮切りに、マリメッコはインテリアなどに事業を広げ、トータルな生活を提案するブランドとして発展した。

一九五〇年代から六〇年代にかけて北欧諸国のデザインへの関心が高まる中、フィンランドの建築とデザインも国際博覧会を通して評価を高め、「デザインの黄金期」を迎えた。マリメッコもそうした場を通し、スウェーデンに加えアメリカでの販路を築いた。アメリカではセブン・シスターズと総称される東海岸の私立女子大学生の間でそのワンピースが人気を博すとともに、高級デパートにも評価され、マリメッコはボストンを中心に幅広い年代に受け入れられた。大統領選の最中の一九六〇年にジャクリーン・ケネディが自身のフランスの高級ファッションへの批判の応答として、既製品であるマリメッコの色鮮やかな機能的でかつルーズなシルエットのワンピースを着用したのを契機に、世界中にその名が知られるようになった。特に東海岸の知識人層に愛用されたことから、マリメッコはアメリカで「インテリ」の象徴とみなされるようになった。

文化的現象として国外から注目を集め、アルミの別荘に世界中の著名人が集まるなど華々しい成功を収めたマリメッコであったが、経営面では資金調達に苦労していた。ファッションではなく、ライフスタイルをデザインするブランドであると自負していたアルミが構想した、理想郷マリ村計画にかかる経費や、顧客の期待すべてに応じるべく生産を行なった結果として生じた在庫余剰などが経営を圧迫していたのであった。数度のリストラとアルミの強いリーダーシップでその場をしのいだが、一九七九年にアルミが亡くなるとマリメッコの勢いは徐々に衰え始めた。

アルミの子どもたちが経営を引き継いだが、マリメッコは一九八五年にフィンランドでトヨタ車やマルボロを扱っていた巨大企業アメル・グループに売却された。アメル・グループはターゲットを若い女性に絞り、それまでの大胆で色鮮やかなスタイルから落ち着いた色と抑制的なスタイルへと路線転換し、かつての名声を取り戻そうとした。この変化は収益重視の新トップによる経営方針の変化と併せて『ニューヨーク・タイムズ』にも取り上げられている。しかしながら、アメル・グループ下で自律性を失ったマリメッコの経営状態は改善されることなく、破産の危機が生じた。

フランス人の祖母を持ち、フィンランド中部の湖に囲まれた小さな町の貧しい家庭に一九二九年に生まれたパーッカネンは、一九六九年にヘルシンキに女性社員のみの広告代理店ウォメナを設立し、成功を収めた。アメル・グループからCEOを打診された際、パーッカネンは既に経済界から引退し、南仏に隠居していた。最大の貿易相手国ソ連が崩壊し、フィンランドで金融危機が生じる中、パーッカネンは自身への売却を条件として一九九一年秋に社主兼CEOに就任した。多くのフィンランド企業と同様にリストラなど痛みを伴う改善策を取らねばならない状況であったが、パーッカネンはアメル・グループ下で形成された社内のヒエラルキーを一掃し、創業時の理念に立ち戻りデザイン部門を第一とし、デザイナーに自由と責任を与えることで再建を図った。その結果、パーッカネンは破産寸前であったマリメッコの業績を半年で黒字にし、以後毎年利益を増大させ二〇〇八年まで職責を果たした。パーッカネンの在籍の間に、フィンランドは経済不況、EU加盟、ノキアの躍進、初の女性大統領の就任を経験した。まさに世紀末から二一世紀のフィンランド社会が大きく変動した時期にパーッカネンはマリメッコを率いたのであった。

パーッカネン在任中の注目すべき点は、主に三点ある。①過去のプリントの再展開とライセンス事業の強化、②女性用ビジネス・ウエアをはじめとする新ラインの展開、③国外進出の拡大、である。二〇〇〇年代初頭の「レトロ」ファッション流行前夜、マリメッコは過去の図案の大きさや色に手を加え、再展開させた。現在広く知られるウニッコは、もともとはインテリア・ファブリック用に制作された柄であり、このときから服に用いられるようになった。さらにライセンス事業を拡大することで、ノキアの携帯電話のカバーなど他社の製品を通して名を広めた。加えてデザイナーを新たに迎え入れ、出張の多い女性に向けたビジネス・ウェアを新たに発表し、新しい時代のニーズに応えた。マリメッコの想定する顧客はビジネス・ウーマンとされ、彼女たちのための機能的な服を提供することが意識された。またメンズ・ウェアと子供服のラインを展開、縮小していたインテリア部門にテコ入れし、新旧の柄の提供によって、マリメッコが持つ、生活の提案という側面を強化した。二〇〇三年にはスウェーデンとドイツに子会社を設立し、国外の販売代理店契約を積極的に結び、二〇〇八年までに四〇ヵ国以上で展開した。

フィンランドでは放送の前年の二〇〇三年に総選挙が行なわれ、中央党党首のヤーテンマキが首相に就任し、わずか三ヵ月の間ではあったが、同国の大統領と首相は共に女性となった。マリメッコは女性による女性のための企業として、以前からデザイン面のみならずジェンダーの観点から国外で評価される企業であった。他国と同様、男性優位であったフィンランドの経済界において、経済全体が不況に陥っていた時期に六二歳でマリメッコのトップに立ち、さらに経営陣をすべて女性で揃え立て直しに成功した女性実業家パーッカネンも、創業者アルミと同様に国内外から注目を集める存在となった。二〇一九年にパーッカネンは九〇歳を迎えたが、フィンランドの各メディアが彼女の誕生日を報じるなど一線を退いてもなお、その動向は関心を集めている。

〈さらに興味のある人に〉

本作品で度々言及される創業者のアルミの生涯を描いた作品として、『ファブリックの女王』(原題/*Armi elää!*［アルミは生きている！］、監督/ヨールン・ドンネル、製作国/フィンランド、製作年/二〇一五年、日本公開/二〇一六年、上映時間/八五分)がある。監督のドンネルは、アルミの知人でマリメッコの経営にも携わっていた人物である。弱さを抱えながらも理想を追求し続けたアルミの生涯を、劇中劇など実験的な方法を用いて浮かび上がらせようと試みた作品である。

デザイナーや時代ごとのデザインの変遷を知りたい場合は、『マリメッコ展――デザイン、ファブリック、ライフスタイル』などの展覧会図録が便利である。

［出町未央］

第40章 ハロルドが笑うその日まで

原題／Her er Harold［ここにハーロルはいる］、監督／グンナル・ヴィケネ、製作国／ノルウェー・スウェーデン、製作年／二〇一四年、日本公開年／二〇一六年、上映時間／八八分

【主要対象国・地域】 ノルウェー、スウェーデン・スモーランド地方

【キーワード】 イケア、イングヴァル・カンプラード、福祉国家、「国民の家」、ナチズム

〈ストーリー〉

ハロルド（ノルウェー語音では通常「ハーロル」となるが、邦語題名に合わせて「ハロルド」と表記する）は、ノルウェー第二の都市ベルゲンの北端に位置するオーサネ（Åsane）地区で、四〇年にわたって高品質の家具を提供する小さな家具屋を営んでいた。だが、そのすぐ傍にスウェーデン発祥の世界的な家具販売チェーン「イケア」（IKEA。スウェーデン語では、通常「ケ」にアクセントをおいて「イケーア」と発音されるが、ここでは日本で定着している「イケア」という表記を用いる）の大型店舗が建ったことをきっかけに顧客を奪われてしまったため、ハロルドは店を畳まざるをえなくなる。さらに不幸は続き、閉店に伴って福祉施設に入居することになった認知症の妻が、慣れない環境下で急死してしまう。最愛の妻を失ったハロルドは、悲しみのあまり自殺を試みるが、失敗に終わる。彼のやり場のない怒りの矛先は、イケアの創業者であるイングヴァル・カンプラード（Ingvar Kamprad）に向けられ、彼はカンプラードを誘拐して復讐をすることを決意し、車でオーサネを後にする。

ハロルドは、疎遠になっていたオスロ在住の一人息子（とその家族）に会いに行った後、スウェーデンに入り、スモーランド地方の町エルムフルト（Älmhult イケア一号店が建てられた町で、現在は博物館をはじめ、様々な関連施設がある）に向かった。その道中で、一六歳の少女エバに会ってこの地に来た理由を話したことから、結果としてエバを自身の誘拐計画に巻き込むことになるのだが、同時に酒に溺れる母親との関係性に悩むエバの家庭問題にハロルド自身も関わらざるをえなくなる。

誘拐計画は、自家用車の故障で助けを求めていたカンプラードにハロルドが偶然出会ったことから、実際に動き出した。そこに家出をしてきたエバも合流してハロルドに協力するのだが、誘拐された側のカンプラードも一筋縄ではいかない人物で、彼の言動に二人は振り回わさ

れてしまう。その過程で、一度は怒りに我を忘れたハロルドが、カンプラードのビジネス観や彼の現在の境遇を知り、またエバの家庭内の悩みの相談にのることで、徐々に冷静さを取り戻していく。結局、ハロルドは誘拐を中止してカンプラードを解放するとともに、エバを母親の元に帰すことを決断する。

いずれの件もひとまず落着し、平穏を取り戻したハロルドは、これまで仕事一途で試したこともなかった魚の氷上釣りに初めて挑戦するも、あえなく失敗にする。だが、新たな人生を踏み出す気力を得たハロルドは、失業と離婚で失意の中にある一人息子を励ますべく、ノルウェーに戻るのであった。

〈作品の背景と現実〉

本作品は、ノルウェーの作家フローデ・グリッテン（Frode Grytten）の『夜話（*Saga-natt*）』を基につくられた、コメディー映画である。いわゆる「ドタバタ喜劇」であることから、娯楽映画として北欧的なユーモアを楽しむだけで十分であり、そこに何かしらの「社会派映画」の要素を敢えて見出す必要はないのかもしれない。とはいえ、当時存命中であったイケアの創業者を実名で描いていることから、彼がスウェーデンでどのような人物としてイメージされているか、という問題を考察することは、本作品の背景と現実を知るうえで意義があろう。

イケアは、一九四三年に当時わずか一七歳であったイングヴァル・カンプラード（一九二六〜二〇一八）によって設立された。ＩＫＥＡのＩＫは彼の名前の頭文字からとられたものである（ちなみに、ＥＡは彼の生家の農場名であるElmtaryd i Agunnaryd アグンナリード村のエルムタリード農場の頭文字に由来している。ただしElmtarydは旧式の綴りで、現在はÄlmtarydと表記される）。設立当初は常設店舗を持たない日用雑貨屋で、家具は扱っていなかったが、四年後には家具の販売に乗り出した。一九五三年にエルムフルトに店を構え、その五年後の一九五八年に現在のスタイルとなっている大型店舗の一号店を開いている。その後は、国内での集合住宅の増加に伴う家具・日用雑貨の需要の高まりなどを追い風に、イケアは順調に業績を伸ばしていった。

だが、徹底的に低価格を目指すカンプラードのビジネススタイルは、従来の取引慣行との軋轢をうみ、スウェーデン国内の家具販売業界からの強い抵抗にあった。このため、国外の業者からの納品に活路を見出すことになるのだが、これが結果的に同社のグローバル志向の一因となった。一九六三年にノルウェーに国外最初の店舗がつくられて以降、世界各地で店舗の開設が進み、現在では三〇を超える国々に店舗（グループ会社直営店のほか、フランチャイズ方式の店舗も含む）が存在するまでに至っている。カンプラード自身は一九八二年にイケアグループの経営をオランダの財団に譲渡して、経営の一線から退いたかたちをとったものの、イケアの管理権を維持することで収入を得て、二〇一〇年代までに世界の富豪の上位五位以内に入ったと推定されるほどの莫大な富を築き上げた。

このようにビジネスにおいて成功を収め、大富豪となったカンプラードであるが、本作品のなかでは、仕事一途で趣味はなく、自身でスウェーデンの国産車を運転する、質素倹約を重んじる人物として描かれている。こうした彼のイメージは、実態はどうであれ、しばしば喧伝されてきたものであり、スウェーデンでは一般的に広く受け入れられているといってよい。二〇一四年までのおよそ四〇年にわたって、節税対策としてスウェーデンを離れてスイスに在住していても大きな批判を浴びなかったのは、こうした庶民的なイメージによるところが大きいと考えられる。

この映画が公開されて三年ほどが過ぎた二〇一八年一月に、カンプラードは九一歳で亡くなった。その際に、彼の生涯の「栄光と闇」についてメディアでさかんに取り上げられた。栄光の部分としては、二〇世紀スウェーデンを代表する企業家であるという点のほか、スウェーデン国内に多くの雇用を創出した功労者である点、さらには格安の家具の浸透を通じて、比較的平等な社会の形成に一役買った点、などが挙げられている（“Han skickade folkhemmet på export i platta paket,” *Dagens Nyheter* 2018-01-28.）。ある意味で、スウェーデン福祉国家の発展を、労働市場と消費市場から支援した人物であった、という高い評価である。

【図１】エバからの批判に反論するカンプラード

一方で、闇の部分として主に取り上げられたのは、過去のナチズムとの関係についてである。本作品の中でも、エバがカンプラードをナチスト呼ばわりしたのに対して、カンプラードは自身の若い頃の話であると不満げに述べたうえで、「若気の至り」であったと弁解するシーンがある（【図1】）。実際、彼はかつて「新スウェーデン運動（Nysvenska rörelsen）」と呼ばれるナチズム運動に参加しており、その事実が一九九四年に発覚した。また、二〇一一年には、第二次世界大戦期の中立国スウェーデンにおいて、彼が極右政党「スウェーデン社会主義連合」（Svensk Socialistisk Samling）の熱心な活動家であった事実も明らかになっている。いずれについても、映画の通り、「若気の至り」であったと公式に謝罪している（"Här är Ingvar Kamprads liv," Dagens Nyheter 2018-01-28.）。

〈さらに興味のある人に〉

二〇一一年刊行のエリーサベト・オースブリンク『そしてウィーンの森に木々は残った』（(*Elisabeth Åsbrink, Och i Wienerwald står träden kvar*, Malmö：Ordfront Ljud, 2011.)。同著は、若きカンプラードと、オーストリアでのナチスによる迫害からスウェーデンに逃れて来た同世代のユダヤ人との交友秘話を扱った本である）の中で、前年に行なわれたカンプラードへのインタビューの際に、「新スウェーデン運動」の提唱者で、同国のファシズム運動の指導者であったパール・エングダール（Per Engdahl 一九〇四〜一九九四）を崇拝し続けている旨の発言をしたことが記述されており、大きな波紋を呼んだことがあった。これに関する公式な弁解はなされなかったが、ナチズムとの関わりについてのニュースが世界的に広まった約一ヵ月後に、イケアは国連難民高等弁務官事務所（ＵＮＨＣＲ）に約四億スウェーデン・クローネ（当時の為替レート、一スウェーデン・クローネ＝約一二円で計算すると、約四八億円）もの巨額の寄付金を支払うことを表明し、事態をひとまず沈静化させることに成功している（Elisabeth Åsbrink, "En gåta att Kamprad var lojal med fascistledare och älskade sin judiske vän," *Dagens Nyheter* 2018-01-28.）。ちなみに、一九五〇年代初め以降は、カンプラードが公の場で極右運動を支持する発言をしたことは一切ないと考えられている。

このようなナチズムとの関係という「影の側面」は広く知られているものの、カンプラードがスウェーデンを代表する優れた企業経営者であり、格安家具を通じて「国民の家」（スウェーデン福祉国家）の発展に寄与した功労者であるという評価がスウェーデンで揺らぐことはないであろう。自身の考えや信念を曲げることなく、常に商品の工夫とコスト削減のことを考え、庶民的な感覚を失うことのない人物として描かれている本作品の中のカンプラード像は、スウェーデンで一般的に受け入れられている彼のイメージが強く反映されたものであるといえよう。

〔佐藤睦朗〕

第5部　現代の北欧社会

第41章 キッチン・ストーリー

原題／Salmer fra kjøkkenet［キッチンからの賛歌］、監督／ベント・ハーメル、製作国／ノルウェー・スウェーデン、製作年／二〇〇三年、日本公開年／二〇〇四年、上映時間／九五分

【主要対象国・地域】ノルウェー
【キーワード】ノルウェー、スウェーデン、キッチン、第二次世界大戦

〈ストーリー〉

一九五〇年代初頭、スウェーデンの「家庭研究所（Hemmens Forskningsinstitut, 略称HFI）は、家事を効率よく行なえるキッチンの開発のため、ノルウェーで独身男性を対象とした調査を行なうこととなった。キッチンでの行動を観察し、どう動いたかの動線を記録するのである。調査員も全員が男性で、スウェーデンから運んできたトレーラーの中で寝泊まりをしながら観察を行なう。ただし被験者との会話は厳禁、家事を手伝うなどの交流は、一切してはならないという固い決まりがある。フォルケが担当したのは、イーサクという初老の男性だった。フォルケはテニスの審判が使うような高い椅子を部屋のすみに置き、観察を開始する（【図1】）。だがイーサクは、キッチンをうろうろするくせに、なぜかまったく家事をしない。それどころか、フォルケの邪魔をして電気を消したり、二階のストーブでシチューを煮て、匂いを漂わせたり、挙句の果てに二階の床に穴を開け、上からフォルケをこっそり観察する始末。困り果てたフォルケは、研究所に担当を変えてくれるよう頼むが却下される。

【図1】高い椅子に座って観察するフォルケ（右上）とイーサク（左）

だが、ある日、煙草を切らしたイーサクの悲しそうな様子に、フォルケは思わずポケットから煙草の箱を取り出し、イーサクに渡した。イーサクはお礼にコーヒーを入れ、フォルケは規則を破って「ありがとう」と答えた。以来、二人は急速に親しくなり、キッチンでさまざまなことを語り合う。

イーサクの誕生日、フォルケは自分のトレーラーに

イーサクを招待し、ケーキに何十本ものろうそくを立ててお祝いをする（【図2】）。その晩、二人は盛大に飲み明かした。しかし、それが研究所の知るところとなり……。

【図2】トレーラーでイーサク（右）の誕生日を祝うフォルケ（左）

〈作品の背景と現実〉

かつてスウェーデンは、大陸ヨーロッパの中で、唯一、自動車は左側通行だったが、一九六七年九月三日に右側通行に変更された。この日は「Hの日（Dagen H）」と呼ばれる（Hは「右側通行」を意味するHögertrafikomlaggningenの頭文字）。映画の設定の一九五〇年代初頭は、スウェーデンはまだ左側通行である。

映画の冒頭では、HFIという文字がでかでかと書かれたトレーラーを引きながら走る自動車の列が、ノルウェーとの国境を越える時に、次々と右車線へと移動していく様子が上空から映し出されている。

HFIは、第二次世界大戦末期の一九四四年に設立された、実際に存在していた機関であり、行動心理学に基づいて、家事がより効率的に行なえるキッチンの研究を行なった。この研究では、映画と同じく、実際にキッチンでの主婦の動線を記録しており、ハーメル監督はこの動線が記された図から映画の着想を得たという。

この映画はコメディだが、根底にあるのは、第二次世界大戦でナチス・ドイツに占領されたノルウェーと、最後まで中立を守ったスウェーデンの複雑な関係である。スーツを着たスウェーデン人が、高い椅子の上から、くたびれた部屋着でキッチンをうろうろするノルウェー人を無言で見下ろしている。その様子は、ナチスに苦しめられるノルウェーを、スウェーデンがまさに「高みの見物」のように眺めていたことを連想させる。

だがスウェーデンは決して「高みの見物」を決め込んでいたわけではない。大戦中、五万とも六万ともいわれるノルウェー人がスウェーデンに避難した。ドイツ軍の目をごまかしながら、ノルウェー人兵士に軍事訓練までした。だがスウェーデンが国境を越えて援軍に来ることはなかった。スウェーデンも、いつドイツ軍が侵攻してきてもおかしくない状態で、自国を守ることで精いっぱいだったのである。

イーサクの住む村の住民は、みな貧しい。電話のベルが鳴ってもイーサクは電話代を惜しんで受話器を取らない。四回ベルが鳴って切れると、友人のグラントがコーヒーを飲みにくる知らせだ。キッチンも殺風景で、必要最低限のものしか置いていない。逆にフォルケの寝泊まりするトレーラーは、立派な壁紙が張られ、家族の写真まで飾ってある。

イーサクが調査に応募したのも、応募すれば馬がもらえると聞いたからだった。だが、実際にもらったのは、スウェーデン南部のダーラナ地方で作られる、赤く塗った木彫りの馬だった。この木彫りの馬はスウェーデン語で「ダーラへスト（dalahäst）」という。イーサクはこれをノルウェー語の「大きな馬（døla hest）」と聞き間違えていたのである。

停電もよく起きる。「ジャガイモがうまくゆでられないんだ。だが原子力発電でゆでたら焦げるんじゃないだろうか？」とイーサクがたずねる（この頃、スウェーデンでは原発の開発が始められている）。フォルケは「火加減を調節すればいいだけのことで、原子力でも水力でも電気であることは同じだ」と答える。だがイーサクは同じではないと言う。フォルケは「なぜコンロでジャガイモをゆでないのに、そんなことを聞くのか」と問う。するとイーサクは「観察されている時にはゆでないだけだ。スウェーデン人にはわからないだろう。戦争では中立を守り、傍観していたのだから」と答えた。

ノルウェー語とスウェーデン語は非常によく似ている。だが、似ているがゆえに、それこそ右側通行と左側通行と同じくらい大きな誤解が生まれてしまうのである。確かにHFIは生きている馬をくれるとは言わなかった。ノルウェーがナチスに占領されても、スウェーデンは好きで傍観していたわけではない。だが、わかっていても、イーサクにとって、ノルウェー人にとって、簡単に納得できるような話ではないのだ。それでも、キッチンという、食べたり飲んだり、時には酒を飲みながら、くつろいで会話できる場所で語り合い続ければ、いつか、わかり合える日が来るかもしれない。

一方、イーサクの友人のグラントは、フォルケに対し、最初から敵意に満ちた視線を投げかけていた。フォルケとイーサクが親しくなっていくにつれ、グラントはいら立ちを募らせていく。実は、グラントは大戦中、スウェーデンの強制収容所に入っていたのである。

第二次世界大戦中、スウェーデンは国内の一四ヵ所に強制収容所を設置し、スウェーデンに滞在している外国人のうち、共産主義者や過激な政治思想を持っていると思われる者、約三千人を収容した。だが、その中にはさしたる根拠もないのに、正式な手続きも踏まずに収容された者も少なくなかった。

イーサクの誕生日、グラントはケーキを持ってやってくるが、二人が盛大に祝っているのを見て、グラントの怒りは頂点に達する。グラントはとんでもないことをしでかすのだが、イーサクはグラントの気持ちを思いやり、そっと見守る。

ハーメル監督は、この重いテーマを、コミカルで心温まるストーリーに仕立て上げた。イーサクが反抗的な態度を取ったのは、本当はフォルケと親しくなりたかったのかもしれない。


〈さらに興味のある人に〉


映画とはまったく趣が異なるが、第二次世界大戦の前後に活躍した、世界的に有名な二人のオペラ歌手の自伝を読み比べてみてはどうだろう。

一冊目は、ルイ・ビアンコリ『ヴァグナーの女王——キルステン・フラグスタート自伝』田村哲雄訳（新評論、二〇一〇年）である。ノルウェーの歌手キルステン・フラグスタート（Kirsten Flagstad, 一八九五〜一九六二。最近はノルウェー語の発音に近いヒシュテン・フラグスタと表記されることが増えつつある）は、大戦前から世界的な名声を確立し、米国を拠点に活動していた。大戦中の一九四一年、家族とともに暮らしたいという理由で、周囲の反対を押し切ってノルウェーに帰国するが、その際、ナチスのシンパだという根も葉もない噂を立てられる。終戦後、米国に戻った彼女は激しい中傷に晒され、公演には抗議のデモ隊が殺到し、その状況は五年近くも続いた。

もう一冊は、ビルギット・ニルソン『ビルギット・ニルソン——オペラに捧げた生涯』市原和子訳（春秋社、二〇〇八年）である。スウェーデンの歌手ビルギット・ニルソン（Birgit Nilsson, 一九一八〜二〇〇五）は、大戦中、ストックホルムの王立音楽院の生徒だったが、戦争の影響は一切受けずに勉強に励み、戦後は一気に世界的な歌手へと飛躍した。彼女の自伝には、戦争の記述はまったく登場しない。

〔岩﨑昌子〕

第42章 マイライフ・アズ・ア・ドッグ

原題／Mitt liv som hund〔犬のようなぼくの人生〕、監督／ラッセ・ハルストゥルム、製作国／スウェーデン、製作年／一九八五年、日本公開年／一九八八年、上映時間／一〇二分

【主要対象国・地域】スウェーデン、スモーランド
【キーワード】スプートニク、ライカ、ボクシング、サッカー、ラジオ

〈ストーリー〉

一九五〇年代の終わり頃、母と兄、そして愛犬シッカンと共に都会に暮らす少年インゲマル（【図1】）。かつてインゲマルの話を声を立てて笑いながら聞いてくれていた陽気な母は胸を病み、その快活さを失っている。インゲマルは母に以前のように笑ってもらいたいと思っているが、うまくいかないことばかりで、むしろ母のヒステリックな怒りが増すばかり。インゲマルは、自分の方がまだましだ、とソ連の人工衛星スプートニクに乗せられた犬ライカのことを思う。帰り道のない宇宙飛行に出されてしまったライカ、あの犬に比べれば自分の置かれた状況はまだずっとよいのだと。

夏の間、母をゆっくり養生させるため、兄は祖母の元に、インゲマルは叔父夫婦の元にそれぞれ送られ、家族はばらばらで過ごすことになる。大好きなシッカンを連れていくことはできない。インゲマルが送られたのは、ガラス産業が盛んな南部のスモーランド地方。叔父夫婦も働くガラス工場を中心とした田舎町には、多くの心優しい大人と子ども、そしていくらかの風変わりな人々がおり、インゲマルはその中でのびのびと日々を過ごしていく。村の少年サッカーチームに入ったインゲマルは、サッカーがうまくてボクシングもずば抜けて強い少女サーガと知り合う。思春期を迎え胸がふくらみ始めているサーガは、このままでは自分が女の子であることが相手チームにばれてしまい、チームから外されてしまうのではないかと心配している。ガラス工場に勤める魅力的な女性ベーリットは、自分が芸術家のアトリエでヌードモデルを務めている間、

【図1】インゲマルは犬のシッカンを母と同じくらい愛している

証人としてその場にいてもらいたいとインゲマルに依頼する。子どもも時代の終わりと大人への入り口を行ったり来たりしながら、インゲマルの夏は過ぎていく。

夏が終わるとインゲマルは都会に戻るが、母の病状はさらに悪化し、ついに入院してしまう。再び叔父夫婦の元に行くことになるインゲマルだが、小さな田舎町にも少しずつ変化が訪れていた。大人たちからたらい回しのような扱いを受けて心の傷を深めるインゲマルは、シッカンと一緒に暮らしたいと叔父に強く訴えるのだった。

〈作品の背景と現実〉

作品中に明確な年号が示されることはないが、物語の始まりは一九五八年の春であろうと推測される。ライカを乗せたスプートニク二号が打ち上げられたのは一九五七年一一月、大気圏に再突入して焼失したのが翌年四月である。そして、インゲマルがスモーランドの田舎町に送られた夏、それはサッカー・ワールドカップがスウェーデンで開催された夏でもあった。劇中、少女サーガの家のラジオからは、スウェーデンが西ドイツを三対一で破る準決勝の試合の中継が流れる。この試合が行なわれたのは一九五八年六月二四日である。スウェーデンはその後の決勝で、当時一七歳のペレを擁するブラジルに二対五で敗れ、準優勝となっている。サッカーは昔も今もスウェーデンで最も人気のあるスポーツの一つである。

そして、作品の時代背景を示唆するもう一つの大きな要素がボクシングである。サーガをはじめ村の子どもたちは大きな納屋の二階でボクシングに興じている。今日スウェーデンからボクシングを連想する人はほとんどいないかもしれないが、当時ボクシングはスウェーデンで非常に注目を浴びていた。一九五二年のヘルシンキ・オリンピックで銀メダルを獲得し、その後プロに転向したスウェーデン人ボクサー、本作品の主人公と同じ名前のインゲマル・ヨハンソンが活躍していた時代である。作品の終盤、日が長く夜が短い北欧の夏、人々がラジオ中継に耳を傾けている。一九五九年六月二六日、ニューヨークのヤンキース・スタジアムで行なわれたインゲマル・ヨハンソン対王者フロイド・パターソンの世界ヘビー級タイトルマッチは、スウェーデン中が注目した一大イベントであった。しかし、その一大イベントは、若者に悪影響を及ぼすものとして、公共放送スウェーデン・ラジオでは中継がされなかった。時差のため寝ずにラジオ中継に聴き入っていたスウェーデン人たちに通称「インゴ」がチャンピオンとなった瞬間を伝えたのは、ラジオ・ルクセンブルクであった。当時人口七五〇万弱の国で、三〇〇万人がこのラジオ中継を聴いたといわれている。

そして、スウェーデン人で最初の（そして今のところ最後の）ヘビー級チャンピオンとなったユーテボリの労働者階級出身であるインゲマル・ヨハンソンは、スウェーデン国内のみならず国際的にも知られるヒーローとなった。

一九五〇年代の終わり、スウェーデンでは近代化が進みつつあったが、地方を見ればまだまだその波は届いていなかった。一九五八年のサッカー・ワールドカップはスウェーデンにおけるテレビ普及の大きな契機となったと言われているが、テレビが一般家庭に本当に広く普及するのは一九六〇年代に入ってからである。それまでの、特に地方に住む人々にとっての主要なメディアはラジオであった。スウェーデン・ラジオが放送を始めたのは一九二五年、ラジオは第二次世界大戦中には市民が最新情報を得るための重要な情報源であった。北欧の他の国についても同様のことが言えるだろうが、ラジオ放送は多くのスウェーデンの家庭において今日でも欠かすことのできない存在となっている。

インゲマルが夏を過ごす田舎のガラス工場の場面では、機械による自動化が進む以前の姿、多くの人の手をかけてガラス製品が生み出されていく様子が描かれている。スモーランド地方は一八世紀からガラス産業で知られており、コスタ・ボダやオレフォスといった有名メーカーが生まれた地である。ギリシア人の一家が社宅に入ってくる場面があるが、これは一九五〇年代の労働力移民の姿を示している。第二次世界大戦で国土には直接ダメージを受けなかったスウェーデンでは、戦後の欧州の中でもいち早く産業が発展していく。当時は労働力不足を積極的に移民で補おうとしており、フィンランド、イタリア、旧ユーゴスラビア、ギリシアなどから、多くの労働者がスウェーデンの工場にやってきていた。統計によれば、現在スウェーデンの人口一〇〇〇万のうち二〇％近くが外国生まれである。近年では紛争地域からの難民が多くを占めているが、一九五〇年代から七〇年代にかけては労働力移民の受け入れが中心であった。かつて一九世紀半ばから二〇世紀初頭まで、スウェーデンは多数の国民を国外に送り出す側にあり、移民の多くは北米に向かった。人口が三〇〇万から五〇〇万程度であったにもかかわらず、この時期の国外への移民の総数は百万を軽く超えている。本作品の主な舞台であるスモーランドは、北米移民を特に多く出した地方としても知られる。

一九五八年から一九五九年というのは、スウェーデンがこれから本格的に新しい時代を迎える前夜のような時期であった。インゲマルと叔父のグンナルは、同じ曲のレコードを何度もかけては叔父の妻ウッラにうんざりされているが、これはポーヴェル・ラメル（Povel Ramel）という人気エンターテイナーが一九五〇年に出した曲である。これ自体は英語曲のカバーだが、ラメルは一九四〇年代から長く活躍した歌手・コメディアン・俳優で、自ら作詞作曲もしていた。インゲマルたちが五〇年代の流行曲をレコードで繰り返し聴く情景もまた、映画が描く時代の空気感を醸成する重要な要素となっている。

〈さらに興味のある人に〉

本作品で描かれるような、「モダン」になる以前のスウェーデンの姿は、同じくラッセ・ハルストゥルムが監督を務める「やかまし村」シリーズ（『やかまし村の子どもたち』、『やかまし村の春・夏・秋・冬』）を観ると存分に味わうことができる。『長くつ下のピッピ』で知られるスウェーデンの作家アストリッド・リンドグレーンの人気作品を原作としており、舞台は本作と同様、作家の故郷でもあるスモーランド地方である。『マイライフ・アズ・ア・ドッグ』よりも五〇年近く前の時代、リンドグレーン自身が幼い子どもであった時代を舞台としているが、大きな意味では一九五〇年代頃まで存在していたとも言える「農村社会スウェーデン」の姿に触れることができる。

スモーランド地方と北米移民を描いたものとしては、作家ヴィルヘルム・モーバリによる移民四部作（未邦訳）と、それらを原作とするヤーン・トロエル監督による映画『移民者たち』（原題／*Utvandrarna*［移民者たち］、製作国／スウェーデン、製作年／一九七一年）および『新開拓民たち』（原題／*Nybyggarna*［新開拓民たち］、製作国／スウェーデン、製作年／一九七二年）がよく知られる。カール・オスカルとクリスティーナの夫婦が、何人もの子どもを抱えながらの苦しい生活の末、アメリカへの移住を決意し、新たな生活を築いていく道のりを描くものである。

こうしたスウェーデン人の移民については、ビレ・アウグスト（アウゴスト）監督作品の『ペレ』（原題／*Pelle Erobreren*［征服者ペレ］、製作国／デンマーク、スウェーデン、製作年／一九八七年）が大いに参考になる（詳細は、第16章参照）。

福祉、平等、幸福度等で知られ、生活水準が高いというイメージで捉えられるスウェーデンだが、少し時代を遡れば、大多数が農村で暮らす国であり、移民を送り出す国であった。世界に福祉国家として知られるようになる以前、スウェーデンには別の姿があったことは見過ごすことのできない事実である。

（上倉あゆ子）

第43章 きっと、いい日が待っている

原題／Der kommer en dag［日はやってくる］、監督／イェスパ・W・ニルセン、製作国／デンマーク、製作年／二〇一六年、日本公開年／二〇一七年、上映時間／一一九分

【主要対象国・地域】デンマーク（北部シェラン）

【キーワード】一九六九年、少年養護施設、若者の蜂起、いい日、兄弟

〈ストーリー〉

一九六七年、コペンハーゲンで暮らす二人の兄弟、一三歳のイーレクと一〇歳のエルマは、母親の疾病入院で六〇㎞北にある男児向け擁護施設に入れられることになる。施設では収容される子どもたちを将来の単純労働の担い手とすることを前提に、基礎学力教育と労働訓練がなされ、保守的な〝理想主義〟のもと、厳格な規律と罰こそが子どもたちを救う最上の方法だと施設長以下、教職員たちは考えていた。それゆえ、エルマが将来宇宙飛行士になりたいと言っただけで鉄拳が飛ぶのであった。子どもたちの管理は「合理的に」徹底されており、夜尿には就寝前の催眠剤、朝には薬物を用いての「覚醒」が促された。すべての失態・規則違反には、厳しい体罰が続く。新任の女性教師ハマスホイが唯一例外でエルマらにやさしく接した。母親が急死した連絡に、二人は絶望し、施設から逃げることを計画したが、ハマスホイの善意から施設長にその計画が伝わり、阻止される。ハマスホイは施設を去る。

一五歳の誕生日を迎えればイーレクは施設から二人して出られると信じていたが、施設長から一八歳までは出られないと告げられ、激高、施設長の車を破壊し、そのため激しい体罰を受ける。昏睡状態に陥ったイーレクの姿を見て、エルマは一日の外出許可を得て、コペンハーゲンで転職していたハマスホイを訪ね、実情を伝え、教育行政担当官のもとに二人して出かける。しかし、当日、担当官には会えず、失望してエルマは、施設に戻る。

一九六九年七月二〇日、アメリカの宇宙飛行士が月面に降り立つテレビの衛星中継のさなか、施設内の給水塔から手づくりの宇宙服を着こんだエルマが、宇宙遊泳を試みる……（【図1】）。

〈作品の背景と現実〉

シェラン島北部のティスヴィレ＝ライエにあったゴズハウン少年養護施設のほか一九の施設を対象として収容

していた少年・少女に対する強制的体罰・薬物投与問題の調査が二一世紀になって行なわれた。二〇〇〇年代の半ばになって公表されたその報告書「ゴズハウン・レポート（Godhavnsrapporten）」をきっかけにこの映画は製作された。映画が扱った時期には、デンマークでは子育て上の児童への体罰は禁じられていたものの、養護施設における暴力は〝しつけ〟の範囲を口実に問題とされなかった。現在、それを告発する全国規模の組織ができており――「全国協会　ゴズハウンの少年たち（Landsforeningen Godhavnsdrengene）」と名乗っている――、一九五〇年代、六〇年代の養護施設で行なわれた暴力と抗精神剤の薬物投与問題に対し、当時の被収容者であった現在五、六〇歳代の人々が国からの正式な謝罪を求めて係争中である。彼らの中には、施設から出たのち、精神を病み、社会に適応できずに最低レベルの生活を強いられたものも少なくなかった。

【図1】

現在、デンマークは〝世界一幸せな国〟のきわめて上位に毎年ランクされているが、この映画の舞台の時期にあっても、私たち日本人がうらやむ〝幸せな国〟であった。筆者は一九六九年にデンマークに留学し、その年の七月二〇日、オスロにいてアメリカ宇宙飛行士アームストロングらの月面着陸のニュースを聞いている。デンマークは街中の人々は穏やかで親切で、外国人に微笑みかけ、治安は良く、浮浪者の存在も目に見えない社会であり、筆者にとってはこの世の楽園のようであった。映画内では、主人公二人の母親がケースワーカーに男女の賃金格差の存在を訴える場面もあり、まさに片親家族の生活苦が子供の貧困現象を呼んでいたのである。当時の〝幸せなデンマーク社会〟からこぼれ落ちた「よい家庭環境の喪失」こそが子どもたちの不幸の原因であり、家庭の不幸を背負った子どもたちがデンマーク各地の養護施設に収容され、当時の〝福祉制度〟の下、将来の単純労働の担い手として「養育」されていたのである。

　それでも筆者は本映画の邦題にある「いい日」の訪れを当時のコペンハーゲンで体験している。一九六八年がその誕生の年であり、「若者の蜂起（ungdomsoprør）」と呼ばれる時代の画期となる現象が現れる。映画の舞台は一九六七年から六九年であり、わが国にあっては同時期、視覚的には〝学生運動の時代〟が展開され、その後の歴史の流れの中でその現象はいささかノスタルジックに

〝矮小化〟されて、「学園紛争」の時代と呼ばれ、過ぎてしまえば社会の「一過性」の現象として記憶されている。デンマークでは外見的に似ている現象として、六八年三月コペンハーゲン大学心理学研究室の学生グループが教育システムへの抗議と教授の権威を否定していくところから始まる。その後、学生の集会が続き、学長のモーウンス・フォウが最終的に学生の主張を認めていくという展開があった。象徴的にはそこからデンマーク社会が大きく変化していくきっかけになり、家父長制的であった既存の社会の秩序が俎板の上に乗り、その権威そのものを問題視する流れが出てくる。日本との絶対的な違いは、既成社会の秩序を担ってきた側が――いわば大人たちが――若者の主張するところに耳を傾け、聞こうとしたところである。結果として、〝より平等な社会〟の実現が必要だとして若者の考え方を受けとめ、社会全体が変わっていったことである。

当時のデンマークの学生たちとは、日本では大学院を終えるぐらいまでの年齢の人々で〝おとな〟然としており、同年齢層の一割ほどであった。男女ともヤッケにセーター・Tシャツ・ジーンズで飾り気はなく、髭面に長髪の男子学生は自ら紙を巻く手巻きタバコを燻らせ、洗い髪そのままの女子学生は毛糸で手編みをしながら、口角泡を飛ばして議論し、本作品の中にあるようにヴェトナム反戦を唱え集会に参加していた。筆者の見た光景では、大学本部が一日占拠されたときには、その占拠の終わり方が印象的で、喧騒の中にあった日本の学生紛争とは違って、静かに終わっていったのを覚えている。彼らは知的エリートの候補生とはいえ、経済的には社会の中で一番貧しい生活を強いられた者たちであり、映画の中で、二人にとっての叔父さんには、〝学生集会〟への参加が生業のように語られ、学生あがりだと思われる彼が経済的に二人の面倒を見ることができない立場であることは容易に推察できる。こうした新しい価値観の流れを作った若い人たちを「六八年の世代（Otteogtresserne）」といい、彼らの主張を年配者が認めたのである。一方、我が国では「学園紛争」後も年長者が社会的権威を持ち続けていることに出くわすことが多く、その彼我の差は

【図2】学生が占拠したコペンハーゲン大学本部――北ヴェトナムの国旗が、入り口の鷲の像にかぶせられる――(1970年2月、筆者撮影)

決定的であった。この時から始まる、自由な考え方、男女平等、弱者への社会的関心、個人の尊厳といったことに、法律がそれらを後追いする形で作られ、整えられていく。社会的には「いい日」が作り出され、本映画でも主人公二人に覆い被さっていた不幸の原因が取り除かれていくのである。

現在、外見的には日本もデンマークにも似ている現象がある。たとえば我が国のテレビ・雑誌のコマーシャルでは、若い女性が華やかに「コスメティックな」化粧や下着やらで登場し、デンマークでも同様である。しかし、注意すべきは、六八年の騒ぎのあと「赤靴下同盟(Rødstrømperne)」といった過激な女性組織がブラジャーなど女性らしさを象徴するものを女性が付けることをあからさまに非難したことから、七〇年代のデンマークで女性が着飾って美しくすることは「男性に媚びる振る舞い」として女性たち自身によって忌避され、街中のショーウィンドーから純白の花嫁衣装などはすっかり見かけなくなっていた。それゆえ、八五年に街中で純白のドレスを着たマネキンを見かけて筆者は驚いた。時が経ち、美しさを求めるのは女性にとっては男性に媚びるためではない〝当たり前〟のことだという風潮が出てきたのである。すなわち、それぞれ、大きく社会を騒然とさせた若者の騒ぎを経て時代が移行したが、一方は根本が変わらずに移行し、もう一方は〝一皮むけて〟内容が変化し、外的現象としては双方、今、同じように見えているのだ。

〈さらに興味のある人に〉

今、我が国では、多くの場合、離婚後の一人親がその生活と子育てに困窮し、社会現象として「子どもの貧困」問題が存在する。常勤者・非常勤者間の本来的な同一労働・同一賃金の確立、〝夫婦〟による家族構成を前提としない個々の人格に対する課税システム、家庭内の役割分担、育児の男女平等負担の義務化等々、「六八年」の経験を経て、社会が、そして国が追随する形で「現在」という現象を作り出していったのがデンマークである。北欧各国でも同様の福祉社会が機能していることは言を俟たない。一方、働く女性に対して優しくない社会、保育園への待機児童問題など、「六八年」を契機に変わらなかった——変わる方向へ向かわなかった——ことの〝付け〟が、今、私たちに降りかかっているという認識があってもよいのではないか。デンマークの現代を舞台にしたいろいろな映画には、この六八年現象を必然的に扱っているものが多い。それらを注視してみるのも面白い。

〔村井誠人〕

第44章 氷の国のノイ

原題／Nói albinói［アルビノのノイ］、監督／ダーグル・カウリ、製作国／アイスランド・ドイツ・イギリス・デンマーク、製作年／二〇〇三年、日本公開年／二〇〇四年、上映時間／九三分

【主要対象国・地域】 アイスランド
【キーワード】 アイスランドの冬、都会と田舎、閉塞感、自然災害、ブラックジョーク

〈ストーリー〉

一七歳のノイは、冬になると雪に閉ざされるアイスランド北部の小村に祖母と二人で暮らしている。父親は同じ村に住んでいるが、アルコール依存症で父子の関係はぎこちない。ノイはルービックキューブを瞬時に解き、IQテストでも高い点を取るような天才児だが、学校もサボってばかりでその才能に気づく者はおらず、周囲から浮いていた。

ある日、ノイは新しくガソリンスタンドの店員となったイーリスと出会う。彼女はノイが入り浸っている本屋の店主の娘で、最近都会から戻ってきたばかりだった。彼女を一目で気に入り、単調な暮らしに刺激を見出すノイ。しかし周囲との軋轢は深まるばかりで、とうとう高校も退学になる。孫を心配した祖母の勧めでノイは占い師ギルヴィに将来を占ってもらうが、その結果は避けられない「死」を暗示するものだった。

〈作品の背景と現実〉

本作はデンマークで映画制作を学んだダーグル・カウリ監督による初の長編映画である。冬のアイスランドの美しい風景をバックに田舎暮らしの閉塞感や葛藤を描き出し、国内外で高い評価を得た。ここでは主に「田舎」と「自然」という二点から作品の背景を考えたい。

公式サイトによれば、本作の舞台はアイスランド西北部の人口九五七人の村、ボールンガルヴィークである。全島でも人口三六万人（二〇一九年現在）のアイスランドだが、その六割以上は南西部に位置する首都レイキャヴィークとその周辺に住んでいる。アイスランドに都市が作られはじめたのは他の北欧諸国と比べてもかなり遅く、一八世紀後半からである。とくに第二次世界大戦後、基地を設置したアメリカ軍の影響下に南西部の都市化が進んだ。しかしそれは首都周辺だけのことで、北部の中心地である第二の都市アークレイリの人口は、現在でも二万人弱である。作中、ノイが恋に落ちるイーリスは

アイスランド語では「南の喧噪（geðveikin fyrir sunnan）」から逃れるため村に帰ってきたと父親によって説明されている。「南」というだけでレイキャヴィークと断定できるほど、アイスランドにおいて都会は限られているのである。

南から遠く離れ、冬の間は氷雪で道路も封鎖され孤立するこの村には、フラストレーションを抱える人が多い。氷柱に向かってショットガンを撃ちまくる主人公ノイ（【図1】）をはじめ、ノイの父キッディはピアノを叩き壊して「この状態にがまんできないんだ」と叫び、イーリスも「退屈で死にそう」とつぶやく。どこに行っても顔見知りで、刺激がない。ここではない、もっとマシなどこかへ行きたい――そのような「小さな町ゆえの絶望を呼び覚ます」[1]のに成功しているのがこの作品の大きな特徴であり、世界の果ての孤島アイスランドでは、たとえ首都に住んだとしてもそれはなじみ深い感情なのだ。

【図1】ショットガンを撃つノイ。
出所：https://kvikmyndir.is/islenskar/tokustadir/?id=2401

さらに、アイスランドの過酷な自然環境がこの作品の衝撃的なクライマックスを導いている。終盤、「死」の予言を信じたノイは全財産をはたいて上等なスーツを買い、車を盗んでイーリスを迎えに行く。一緒に逃げよう、と。以前、デートで博物館に忍び込んだとき、イーリスはノイに「一緒に逃げようか？」と言った。ノイはそれを本気にして、死ぬ前にこの凍える村から飛び出そうとしたのだ。しかし、占いの結果を知らないイーリスはノイの唐突な誘いに戸惑うだけだった。彼女に振られ、警察にも捕まったノイは、釈放後自宅の地下室に引きこもる。そこはノイにとって、昔から誰にも邪魔されない聖域だった。そのとき、村中に不気味な音が響き始める。やがて轟音と共に画面は暗転する。のちに判明するのは、村が雪崩に襲われたこと、地下にいたノイは救助されるが、一〇名が犠牲となり、祖母や父、高校の友人、イーリスとその父などノイと親しかった人々は皆亡くなったことだった。

この筋書きの背景には、舞台となった西部フィヨルド地域で実際に起こった大規模な雪崩災害がある。一九九五年一〇月、同地域のフラーテイリという漁村を雪崩が襲い、多くの家が潰され、二〇名が犠牲となった。同年一月にはスーザヴィークでも雪崩で一四名が亡くなっている。この事故後に災害対策が強化され、フラーテイリには雪崩除けのダムが築かれた。その横の斜面

【図2】ダムとスマイルマーク／筆者撮影

にはスマイルマークが描かれている（【図2】）。雪崩に限らず、手つかずの自然が多く残るアイスランドには自然災害も多く、地震、噴火、洪水、嵐にともなう海難などの被害を人間がコントロールするのは現在でも難しい。スマイルマークは、悲劇に襲われても挫けずに笑おうという願いをこめて描かれたのだと、筆者は同村の出身者から聞いた。映画は、ノイが祖母から贈られたビューマスター（双眼鏡のような形で、セットした写真のフィルムを見ることができる道具）で南国の写真を眺める場面で幕を閉じる。ノイのその後は不明だが、親しい人々を失ったことで自由を得た彼が、南国へ旅立ったかもしれないと思わせる終わり方である。突然の不幸は誰にでも降りかかるが、生き残った者はそれを乗り越えてゆくしかないというこの国の生き方が現れているシーンといえるだろう。

一方、ところどころに差し挟まれるブラックジョークもこの作品の魅力である。寝起きの悪いノイを起こすため祖母がいきなりショットガンを発砲したり、ブラッドソーセージを作るための血をノイがぶちまけ、突然スプラッタのような画が出現したりする。アイスランドでは、日常生活でもこのような笑ってよいのか迷うようなジョークに出くわすことが多い。これもまた、厳しい現実を笑いに変える生活の知恵なのかもしれない。

また、本作ではノイの運命を左右する人物として占い師ギルヴィが登場し、紅茶占いを行なう。その結果、自分が死ぬと思ったノイは大胆な行動に出るのだが、物語の最後に実は占いの結果はノイ自身ではなく、周囲の人々の未来を示すものだったことがわかる。ノイの予想とは違った形とはいえ、予言は的中した。このような占いや必ず的中する予言は、作中でイーリスが馬鹿にするような田舎の迷信ではなく、アイスランドに中世から伝わる物語や神話にも登場するセオリーである。そのような文化の伝統もこの映画には反映されている（ただし紅茶占い自体は近代以降のもの）。

〈さらに興味のある人に〉

アイスランド映画が日本で上映される機会は多くはないが、最近はミニシアター系列や映画祭でかなり見やすくなっている。ダーグル・カウリ監督の作品はほかに、アメリカでの撮影に挑戦した初の英語作品『グッド・ハート』（二〇〇九）（日本では二〇一八年にトーキョーノーザンライツフェスティバルで上映）や、容姿にコンプレックスを抱える中年男性を主人公とした『好きにならずにいられない』（二〇一五）が日本で公開されている。『ノイ』と同様に、さまざまな理由から周囲に溶け込めない人物を主人公とし、彼らの人生に唐突にふりかかる事件、それによる旅立ちを描いている。また、ダーグル・カウリはオッリ・ヨウンソンと共にバンドSlowblowとして音楽活動も行なっており、自らの映画で使用する音楽のほぼすべてを担当している。『ノイ』においても風景に溶け込むような音楽は魅力のひとつである。

また、アイスランドの「田舎」に焦点を当てた作品の公開も増えている。たとえば『馬々と人間たち』（二〇一三）、『ひつじ村の兄弟』（二〇一五）、『ハートストーン』（二〇一六）など。共通してみられるのは、田舎の濃密な人間関係、それゆえの愛憎や閉塞感だ。アイスランドは同性婚も認められているなど、一般に他者に寛容な社会とされている。それはたしかだが、都会を出るとまだまだ古い慣習や世間の目が大きな影響力をもつという現実を、これらの作品は映し出している。

吹雪に閉ざされるという舞台設定に惹かれた人には、TVドラマシリーズ『トラップ　凍える死体』（二〇一五～）や、最近翻訳が進むミステリー小説『雪盲』（ラグナル・ヨナソン著、二〇一〇～）シリーズがお勧めである。天候が人の運命を左右するアイスランドの冬を存分に味わえるだろう。

本作主演のトーマス・レマルキスについては、『ブレードランナー 2049』（二〇一七）や『X-MEN：アポカリプス』（二〇一六）に出演するなど活躍の場を広げている。日本未公開だが、主演を務めた『一二月　共に過ごすとき（*Desember: tími til að vera saman*）』（二〇〇九）は『ノイ』と比べてもおもしろい。主人公は音楽の夢のため家族や恋人との関係を顧みずにアルゼンチンへ旅立ったが、三年後のクリスマスに帰郷したところ、自分が置き去りにしたものと向き合わざるを得なくなる。アルコール依存やドラッグ、ネグレクト、貧困など現代アイスランドの社会問題を背景としつつ、親しい人々は一方で自由を縛るしがらみであり、他方で大切な絆でもあるという『ノイ』にも通じるテーマが表現されている。

〔松本 涼〕

註

（1）　"The Saga Of Icelandic Cinema: 'Nói the Albino'". The Reykjavik Grapevine. https://grapevine.is/icelandic-culture/movies-theatre/2016/08/11/the-saga-of-icelandic-cinema-noi-the-albino/（二〇一六年八月一一日掲載、二〇一九年八月二〇日閲覧）

第45章

ぼくのエリ　二〇〇歳の少女

原題／Låt den rätte komma in［正しい者を招き入れよ］、監督／トーマス・アルフレッドソン、製作国／スウェーデン、製作年／二〇〇八年、日本公開年／二〇一〇年、上映時間／一一五分

【主要対象国・地域】スウェーデン
【キーワード】ヴァンパイア、いじめ、スウェーデン、郊外、団地、モールス信号

〈ストーリー〉

スウェーデン国内はもとより世界的にも高い評価を受け、アメリカで『モールス』としてリメイクされた作品。原作・脚本はヨン・アイヴィデ・リンドクヴィスト（John Ajvide Lindqvist）で、この原作が彼の処女作である。吸血鬼映画として、恐怖映画のジャンルに入れられるが、その美しく静謐な世界は我々の生きている社会を鋭く照射している。

オスカルは少女のように華奢な一二歳の少年。ストックホルム郊外のブラッケベーリにある団地でシングルマザーの母と暮らす。クラスでは浮いた存在で、何かにつけ男子三人組にいじめられている。両親は離婚し、テレビ番組を楽しみに過ごす凡庸な母は彼のことを理解せず、遠くに住むアルコール依存症の父とも一緒にいて安らげない。こうした孤独な日々に、オスカルは猟奇的な殺人事件の記事を集め、いじめっ子にみたてた木の幹に執拗にナイフを刺し、鬱憤を晴らしていた。

ある日の夕方、いつものように中庭のジャングルジムに一人で行ったオスカルは、黒髪の少女エリと出会う。エリは薄着でしかも素足のまま震えることなく、開口一番、自分は君と友達になれないと言う。彼女はオスカルの家の隣に父親と思しき中年男性と一緒に引っ越してきたが、学校にも行っていない様子だった。エリはオスカルのルービックキューブに関心を示し、それを借りると翌日には全面を揃えて返し、一度も揃えることのできなかったオスカルを驚かせる。いつしか二人は親しくなり、中庭のジャングルジムでの時間を共に楽しみにするようになる。そして、オスカルは二人の家の壁が薄く音が聞こえることを知ると、壁越しに会話ができるようにと、エリにモールス信号を教える。

その頃、ブラッケベーリで奇妙な殺人事件が続けて起こる。被害者は何者かに血を抜かれて逆さ吊りにされ、また次の事件では深夜にトンネルで子どもに襲われた男性が行方不明になる。狭い町ではロシア人スパイかもし

れないなどと住民が噂するが、犯人逮捕の糸口は見つからない。

一方、オスカルへのいじめはエスカレートし、それに気づいたエリはオスカルにやり返すようにと促す。クラスで校外の湖に行った際、オスカルはまたしてもいじめっ子に暴力を振るわれるが、エリの言葉に従い反対に木の枝で相手を殴り怪我をさせる。いじめっ子たちはおじけづき、オスカルが少しだけ自信を得たちょうどその時、湖の氷の中に男の死体が発見され、周囲は騒然となる。その遺体は、行方不明になっていた男のものだった。その後の奇怪な連続事件とエリの関係をめぐりオスカルは翻弄され、最後に起こるいじめっ子とオスカルの間衝撃の事件からエリとの未来を示唆する終わり方まで、息もつかせぬ展開が続く。

ぼくのエリ 200歳の少女 Blu-ray 発売中／発売元：株式会社ショウゲート／販売元：アミューズソフト／価格：2,800円＋税

〈作品の背景と現実〉

本作品は一九八一年一〇～一一月にストックホルム郊外のブラッケベーリを舞台に繰り広げられる。作者のリンドクヴィスト自身も同地の出身であり、本作品のロケ地もここを使っている。ブラッケベーリは一九五〇年に開発された地域で、昔ながらの住民の結びつきが存在しない一方、郊外の高級住宅地というわけでもなく、その居場所のない曖昧な感覚がこの作品に流れ、リンドクヴィストも、ブラッケベーリであったからこそ小説の着想が湧いたのだとインタビューで語っている。

当時はまだ、北欧外からの移民がスウェーデンにはあまりおらず、冷戦期のただ中であり、町の住民のカフェでの会話にもソ連のスパイが見つかったらしいという発言が登場する。よそ者に慣れていない様子は、カフェでの住民たちがエリの同居人に向ける好奇の目に現れている。一九八一年といえば一〇月二一日にソ連バルト海艦隊所属のウィスキー級原子力潜水艦が、バルト海のスウェーデン東沿岸からわずか一〇キロの海域で座礁するという領海侵犯事件（ウィスキー・オン・ザ・ロック事件）が起こった年であり、これがスウェーデンのカールスクルーナ海軍基地の目の前であったために、両国の関係は緊張していた。

加えて、平穏なスウェーデン社会においてこの当時の犯罪数は決して多くなく、一九五〇～二〇一〇年、過去六〇年間に関するストックホルム大学の統計調査によると、スウェーデンの一九八一年の殺人事件数は一一九件、一〇万人あたりの割合も一・四人と決して突出して多くはいない（同年の日本は一〇万人あたり一・四九人）。さらに、本作品の中でオスカルの生活を不安にさせる両親の離婚だが、スウェーデンの離婚率は一九八〇年の数値で千人あたり三・七人であり、同時期のカナダと同じ。アメリカ七・九人、イギリス四・一人、フランス二・四人、日本一・八人と比べて中間的な位置づけにある。つまり、本作品の背景にスウェーデンに特有な環境があるというよりも、離婚やいじめ、核家族や郊外におけるコミュニティの問題など先進諸国一般における思春期の子どもを取り巻く普遍的な状況を背景にしているといって良いだろう。そうした普遍性が、本作品の国際的な評価を高めているのかもしれない。

しかし、本作品に一つ北欧らしさがあるとすると、オスカルやそのクラスメートなど子どもの登場する場面が、全体的に暗く、深夜のようにみえることである。オスカルが帰宅後母親に断って外に出ていく場面や放課後の課外活動時も、周囲は真っ暗であり、一般に子どもが遊ぶ時間帯とは思えない。しかしこれは北欧の日照時間に関わっている。スウェーデンの南部に位置するストックホルムにおいて一〇～一一月の日の入りは一六～一五時であり、暗いからといって決して深夜ではない。ヴァンパイアは日光にあたると身体に支障を来たし、最後に燃え尽きて灰になってしまうが、日照時間の短い北欧の秋から冬にかけての期間は、まさしくヴァンパイアにとってうってつけの季節なのである。そして、寒さ厳しいブラッケベーリの静かな暗闇が、この作品におけるオスカルとエリの精神的な結びつきを際立たせている。

〈さらに興味のある人に〉

本作品の原作はヨン・アイヴィデ・リンドクヴィスト『モールス』富永和子訳（ハヤカワ文庫、早川書房、二〇〇九年）として刊行されている。またアメリカのマット・リーヴス監督によって『モールス』（原題は『私を入れて（*Let me in*）』）が二〇一〇年にハリウッドでリメイクされた（日本公開は二〇一一年）。

本作品を含むこの三作品のうち、何を最初に経験すべきかという判断は難しいが、三者はそれぞれに異なる。

第一に、原作は日本語版で上下二巻に及び、映像では示せなかったエリの背景などが詳細に描かれている。たとえば、エリの出自や、このような体になった経緯とその後二〇〇年間にわたりどのような生活を送ってきたか。またオスカルの人間関係と内面心理、被害者となる住民たちの生活も深く描かれ、北欧ミステリーに特有の人間や社会への抜群の描写力が発揮され、本作品と相互補完的である。

なかでも大きな違いは、本作品でオスカルが少女のように繊細な容貌の少年であるのに対して、原作は太り気味でいじめっ子から「豚」と呼ばれ、すぐに失禁してしまう意気地のない少年となっていることである。いじめられっ子であるオスカルを、映像では美しさを全面に出すことで鑑賞に堪えるものにしているのに対して、原作ではオスカルの内面や周りの関係を丁寧に描くことによって、「豚」と呼ばれるオスカルが心のなかでどのような葛藤を抱えエリに惹かれていくのかが説得的に示されている。

第二に、ハリウッド作品であるが、こちらは構成が若干変わり、最初に被害者が入院している病院のシーンから始まり、刑事が中心に置かれて事件を追う形でミステリーの側面が強調される。くわえて、恐ろしい場面が始まる前には必ず恐怖を煽る音楽が鳴り響くなど、恐怖映画の常道を踏んでいる。原作から抽出したセリフは本作品と殆ど重なっているにも拘わらず、オスカル（ハリウッド版ではオーウェン）の性の目覚めが示され、エリ（同版ではアビー）がヴァンパイアに変身すると急に顔つきが怪物に変わるなど、非常に「ハリウッド」的な仕上がりになっている。本作において、静かで暗い画面が怖さや寂しさを生み出し、しかし全体的に美しい映像となってそれらが中性的な魅力を醸し出しているのとは対照的であり、世界観が根本的に異なる。しかも、ハリウッド版はエリ役にアメリカで人気のクロス・グレース・モレッツを起用し、製作費も本作品の五倍近く、興行収入も二倍という具合に、規模においても異なっている。

本作品の原作・脚本を手がけたリンドクヴィストの短編集『紙の壁』（*Pappersväggar;Stockholm*, 2006、日本語版は『ボーダー――二つの世界』）の収録作品「ボーダー（Gränse）」がアリ・アッバシ（Ali Abbasi）監督によって二〇一八年に映画化された（日本でも『ボーダー二つの世界』として二〇一九年一〇月に公開）。これはカンヌ映画祭「ある視点部門」で最優秀作品賞をはじめ、多くの賞を受賞した。ストーリーは本作品とは異なり、醜い容貌の不思議な能力をもつ入国管理官の女性を描いた「ファンタジー」であるが、リンドクヴィストは原作の提供だけでなく、脚本の協力も行なっており、北欧的な森を舞台に、本作品にも共通する独特の世界が展開される。また、この短編集には、本作品の番外編「占い夢は葬って」も収録されている。

〔大島美穂〕

第46章 シンプル・シモン

原題／I rymden finns inga känslor［感情なき宇宙で］、監督／アンドレーアス・ウーマン、製作国／スウェーデン、製作年／二〇一〇年、日本公開年／二〇一四年、上映時間／八六分

【主要対象国・地域】 スウェーデン
【キーワード】 ラブ・ストーリー、兄弟愛、自閉症スペクトラム障害、アスペルガー症候群

〈ストーリー〉

シモン（シーモン）は、SFと物理が好きな一八歳の青年。嫌なことがあると、ロケットを模したドラム缶の中に籠っている。この日も、シモンはドラム缶の中に八時間籠ったまま。途方に暮れた両親は、離れて暮らす長男サムに助けを求める。サムは、シモンの兄。弟思いで、面倒見もいい。シモンも自分のことを理解してくれるのは兄だけだと思っている。

母親からの電話を受けたサムは、塗りかけていたアパートの部屋の壁をそのままに、急いで駆け付け、「地球からシモンへ。シモン応答せよ！」と英語で呼びかける。「こちらシモン」と呼びかけには応えるものの、「敵（両親）がいる」として出てこようとしない。結局、シモンが籠っているドラム缶ごと恋人のフリーダと暮らすアパートへと運ぶことにする。アパートに着いてからも、フリーダがシモンのロケットの蓋を開けて一悶着。共に暮らすことへの不安を口にするフリーダに、「そのうち慣れるから」と話すサム。シモンにも、「僕がお前を、彼女が僕を助けるようにお前も彼女を助けなきゃ。方程式と同じさ。一人でも欠けたらバランスが崩れる。」と説く。「了解。」――こうして三人の生活が始まる。

ドラム缶のロケット、ドラム、そして大好きな丸いものでいっぱいのシモンの部屋の壁には、毎日の時間割が貼られている。できるだけシンプルに暮らせるよう、「方程式」を成立させるために決めたものだ。曜日ごとに決められた食事の献立や、家事の分担も同様だ。

三人の共同生活の中では、ちょっとした摩擦も起きる。しかし、シモンは、それにはお構いなし。毎日、分刻みに定められたスケジュールを、時間どおりにこなしていく。そういったシモンに堪えかねてフリーダが、「とても一緒には暮らせない」と言って出ていく。

「方程式」が崩れた生活は、大混乱。寝坊はするし、キッチンの照明は切れ気味。その上、バイクのエンジンがかからず、サムは苛立ち気味。シモンも遅刻をしてし

まう。仕事から帰ってもサムはいない。夕食の時間を二〇分過ぎてようやく帰ってきたサムは、タコスの日だけれど、ピザを頼むという。今日はピザの日じゃないと反発するシモン。「方程式」を立て直すべく、シモンはフリーダを訪ね、戻ってくるよう頼むが一蹴されてしまう。「あんたに耐えられるバカ女を探せばいいわ」というフリーダの言葉を聞いてひらめいたシモンは、サムの新しい恋人探しを始める。

　僕なら科学的に完璧な相手を分析できる！　というシモンが採った方法は、サムの好みや嗜好をもとに一三の質問を設定して、答えがぴったり一致する恋人を探すというもの。「ＳＦ映画は好き？」「皿洗いはする？」シモンは、女性に尋ねて回る。

　なかなか失恋の痛手から抜け出せないサムに、シモンは恋人候補をリスト化したファイルを渡す。答えがぴったりと一致した候補者を勧めるシモンに、サムは磁石を手に取り、磁石の同じ極がはじき合うようにそっくりな人間はお互いに反発し合い、磁石の反対の極がくっつくように正反対の人間はお互いに惹かれ合うのだと諭す。

　その言葉を聞いたシモンは、今度は、回答がサムと真逆の人こそ理想、と考える。そうして思い浮かんだのは、いつも通勤途中でぶつかるイェニーフェルのこと。待ち伏せをして、サムと会う気がないか尋ねる。「あなたのこともよく知らないのに」と躊躇するイェニーフェルに、「兄さんと恋に落ちれば僕のことも良くわかる」と返すシモン。結局、その日は、そのまま職場にイェニーフェルを連れていくことになる。

　天真爛漫なイェニーフェルは、シモンの「自分ルール」を容赦なく超えてくる。「触らないで」というシモンに「忘れてた！」と何度も触れては、拒絶されたり押し戻されたり、川に落とされたり。シモンにランチにはまだ早いと言われれば、シモンから時計を取り上げ、もうランチの時間だと主張し、「仕事に戻らなきゃ」とシモンが言えば、まだランチの時間だという。挙句の果てには、シモンのほうでも仕事を切り上げ、無理して彼女の家について行く始末。彼女の友人たちとゲームに興じたり、イェニーフェルと感情について話しあったり。感情の変化を、シモンの好きな丸を描いて説明する彼女の姿に、兄の理想の恋人であることを確信する。

　一方、シモンが職場から姿を消したことを聞いたサムは、街中を走り回り、必死でシモンを探す。ついには、フリーダのところにまで向かう始末。「知らないわ」と冷たくあしらわれながらも追いすがるサムに、フリーダは「自分よりも弟を選んだ」と言い放つ。

　サムと会うことについて、イェニーフェルの同意を得たシモンがようやく家に戻る。「心配したんだぞ」というサムに、「イェニーフェルのところにいた。兄さんの新しい恋人だよ」と答えるシモン。「そんな気になれない」とサムは怒り心頭。余計なおせっかいはやめてくれと言って、実家に帰ってしまう。

ロケットに籠り、考え込むシモン。「二人はまるで正反対。磁石を近づければ、あとは物理学が解決する」。シモンは、仲間の力を借りながら、サムとイェニーフェルのデートのセッティングのために奔走する。

〈作品の背景と現実〉

本作の主人公シモンは、外出する際、「触らないで！アスペルガーです」と書かれた缶バッジをつけている。アスペルガー症候群とは、知的発達の遅れを伴わず、かつ、自閉症の特徴のうち言葉の発達の遅れを伴わないものと定義され、高機能自閉症などとともに、広汎性発達障害のひとつに分類されてきたものである[1]。近年は、類似点が多く明確な区別が難しいとして、高機能自閉症などと併せて自閉症スペクトラム障害と呼ばれている[2]。

その典型的な特徴として①相互的な対人関係の障害、②コミュニケーションの障害、③興味や行動の偏りやこだわり、という三つが挙げられる[3]。これらは、両親や兄の恋人など身近な人たちとの関係づくりに困難を抱えたり、物理や宇宙に強い興味と深い知識を持っていたり、決められた予定通りに生活を送ることにこだわるシモンにも当てはまる。

本作から、ダスティン・ホフマンとトム・クルーズが兄弟を演じた映画『レインマン（*Rain Man*）』（一九八八）を思い出すかもしれない。しかし、同作が、遺産目当てに兄を施設から連れ出した弟が、旅を通じて、障害を含め、兄を理解し、絆を深めていく物語であるのに対し、本作では、兄であるサムが、弟シモンの最大にして唯一の理解者として描かれる。彼の好きなこと、嫌いなことを理解し、それを尊重して対応する。心地よい空間を創り出してくれる存在であったサムとの関係が、サムと恋人の別れにより状況が変化することで、シモンの世界もまた変わり始める。シモンの世界に新しい風を吹かせるのは、イェニーフェルだ。

【図1】シモンとイェニーフェルは共に過ごすなかで心を通わせる

本作は、シモンとイェニーフェルのラブ・ストーリーであり（【図1】）、シモンとサムの兄弟愛の物語であり、またシモン（とサム）の成長物語でもある。「たぶん僕は弟に慣れすぎた」というサムの言葉には、「弟はこうだ！」と思い込むことが、弟の気持ちを理解することや、弟が成長することを妨げていたかもしれない、という気持ちが滲んでいるようにも見える。

〈さらに興味のある人に〉

北欧諸国は、その福祉国家イメージのもとで、「ノーマライゼーション」や〝障害のある者と障害のない者が共に学ぶ仕組み〟の「インクルーシブ教育」[4]などの先進的事例と認識されている。本作の舞台であるスウェーデンは、とくに注目を集めている国であろう。しかし、先進的であったとしても問題がないわけではないし、その実態は必ずしも理想的なことばかりではない。そのことは、障害に対する周囲の理解の問題など、本作からも垣間見える。しかし、扱いようによっては重くなり得るテーマを、お涙頂戴ではなく、ポップでライトに描いていることや、単に障害を理解するということに留まらず、理解のその先にある次のステップまでも示していることなどからは、スウェーデン社会の成熟も感じられる。

地球温暖化対策を訴えて起こした「スクールストライキ」で一躍〝時の人〟となっているスウェーデンの女子高生グレタ・トゥンベリ（グレータ・トゥンバリ）さんは、自らがアスペルガー症候群であることを公表している。環境問題に関する発言が、注目を集める彼女であるが、アスペルガー症候群についての興味深い発言も多い。ソーシャルメディア等を通じて発信している彼女の言葉から、アスペルガー症候群、そして、彼女たちを取り巻くスウェーデン社会の現状の一端を知ることができる。

〔渡邊あや〕

註

（1）文部科学省特別支援教育の推進に関する調査研究協力会議「今後の特別支援教育の在り方について（最終報告）」二〇〇三年三月。ただし、同報告書の定義は、アメリカ精神医学会による『DSM-Ⅳ 精神疾患の診断・統計マニュアル』第四版（医学書院、一九九六年）を参照してまとめたものである。

（2）『DSM-5 精神疾患の診断・統計マニュアル第五版』（医学書院、二〇一四年）。

（3）厚生労働省ホームページ〈https://www.mhlw.go.jp/kokoro/know/disease_develop.html〉（二〇一九年九月一三日閲覧）。

（4）ただし、本定義は日本の文部科学省による。ユネスコによる定義では、性別・民族・言語・居住地等、より多様な視点からのインクルーシブが志向されている。

第47章 幸せになるためのイタリア語講座

原題／Italiensk for begyndere［イタリア語初級講座］、監督／ローネ・シェルフィグ（シェアフィ）、製作国／デンマーク、製作年／二〇〇〇年、日本公開年／二〇〇四年、上映時間／一一二分

【主要対象国・地域】デンマーク、ヴェネツィア
【キーワード】デンマーク、ドグマ映画、六人の男女、イタリア語、イブニング・スクール

〈ストーリー〉

コペンハーゲン郊外の町で出会った六人の男女の物語である。妻を亡くしたばかりの牧師、アンドレアスは、信仰心を失って働くことができなくなったある牧師の代理をつとめるためにこの町を訪れ、しばらくホテルに泊まることになる。そのホテルのフロント係ヤアアンは、自分に自信がもてず、女性にアプローチすることができないが、心優しくお人好しな男性である。そのヤアアンに密かに想いを寄せているのはイタリア人ウェイトレスのジュリア。ヤアアンの親友ハル・フィンは元サッカー選手で、ホテルと同じ系列のレストランで働いている。攻撃的な言動が多い彼は客にひどい言葉を浴びせるため苦情が絶えず、仕事をクビになってしまう。パン屋の店員オリンピアは何事にも不器用で失敗が多く、職を四三回も変わっている。偏屈な父親に日々ひどいことをいわれて閉口しながらも一緒に暮らしている。アルコール依存症の母を抱える美容師カーアンは、ハル・フィンと出会い、すぐにひかれあうが、やっと二人きりになったかと思うと邪魔が入ってすれ違ってしまう。仕事、恋愛、家族のさまざまな悩みを抱える六人は、偶然が重なり、週に一度のイタリア語初級講座に通うことになる。その出会いをきっかけに彼らの人生は変わり始める。イタリア旅行計画がもちあがり、みんな揃って訪れたヴェネツィアで六人は互いに心を開き、それぞれの人生の第一歩を踏み出す。

〈作品の背景と現実〉

ロネ・シェルフィグ監督の最高傑作といわれる本作品は、もっとも世界的にヒットしたデンマーク映画の一つである。世界の観客動員数は八二万八〇〇〇人というデンマーク映画としては異例の数字をたたきだした。(1)一九九五年に始まった映画のムーブメントである「ドグ

マ九五（Dogma 95）」に基づく「ドグマ映画」として認定された作品である。「ドグマ九五」とは、デンマークの映画監督ラース・フォン・トリアー（Lars von Trier）、トマス・ヴィンターベア（Thomas Vinterberg）、クレスチャン・レヴリング（Kristian Levring）、ソーレン・クラーウ・ヤコブセン（Søren Kragh-Jakobsen）が提唱した映画のムーブメントである。アメリカなどの映画製作で用いられる表面的な手法や技術に対する挑戦といえるかもしれない。撮影は手持ちカメラでおこなう、人工照明は使用しないといった十のルールが示され、それまでの映画製作の常識をくつがえした。規則であえて縛ることによって新たな映画製作のビジョンを打ち出そうとする試みといえる。これらの考え方に基づいてつくられた「ドグマ映画」の第一号はトマス・ヴィンターベア監督の『セレブレーション（*Festen*）』（一九九八年）である。本作品はカンヌ国際映画祭審査員賞を受賞し、世界的に注目されることとなる。その後、ラース・フォン・トリアー監督の『イディオッツ（*Idioterne*）』（一九九八年）やソーレン・クラーウ・ヤコブセン監督の『ミフネ（*Mifunes sidste sang*）』（一九九九年）などの作品が次々と出され、ドグマ映画は世界的に大きな注目を集めるようになった。

『幸せになるためのイタリア語講座』は、デンマークの「ドグマ映画」としては第五番目に公開された作品で、それまでのドグマ作品の荒々しいシリアスなトーンとは一線を画したコメディータッチの映画である。登場人物の六人はみな心のなかに孤独を抱えている。「私は一人で過ごすのに慣れているの」（Jeg er vant til at være alene）というセリフが、美容師カーアンの口からもそしてパン屋の店員オリンピアの口からも語られる。孤独は現代社会の普遍的なテーマである。家族との葛藤や仕事の悩み、家族を亡くした悲しみを抱えながらも、乗り越えようと生きる彼らの姿に感情移入する人も多いだろう。同時に、彼らは互いの孤独な気持ちをよく理解している。牧師のアンドレアスは、家族の葬儀を終えたオリンピアやカーアンに「今夜誰か話せる人がいますか」と気遣う。フロント係のヤアアンは、妻の死後はじめてクリスマスを迎えるアンドレアスに「はじめての誕生日やクリスマスがいちばん辛い。でもいつか終わる」とさりげなく励ます。そんな姿に私たちは共感し、彼らに幸せをつかんでほしいと思わず応援する気持ちになってしまう。ロネ・シェルフィグ監督は葛藤と孤独を抱える彼らの日常を、けっして深刻すぎず、独特のユーモアを交えながら描き、観ている私たちはおもわずクスッとさせられるのである。

この作品には死が何度も登場するが、その死も特段深刻に描かれることはない。パン屋の店員オリンピアがはじめて参加したイタリア語講座の授業中、イタリア人講師が急に倒れ、亡くなってしまう。さらに、家に帰ったオリンピアはテレビのリモコンを握りながら息絶えている父親を発見する。また、美容師カーアンの母親も病院で入院中に亡くなるのである。これらの死は、登場人物の人生の新たな展開につながっていく。イタリア人教師亡き後には、仕事を失ったハル・フィンがイタリア語教師をつとめることになるし、オリンピアは、父親が亡くなった後に、葬儀のために訪れた教会で、牧師のアンドレアスと心を通わせることになる。また、カーアンの母親の葬儀では、オリンピアとカーアンが姉妹であったことが発覚し、姉妹の絆を確認するのである。

ところで、登場人物たちが通うイタリア語講座は、デンマークの各地域に存在するイブニング・スクール(aftenskole)という生涯学習機関の講座の一つという設定になっている。成人教育の長い伝統をもつデンマークの成人教育機関としては、フォルケホイスコーレが有名であるが、イブニング・スクールも民衆のための教育機関としてデンマーク社会において伝統的に重要な役割を果たしてきた。古くは一八一四年に制定された学校法にすでに「イブニング・スクール」という言葉が使われていたという。自治体の助成金によってさまざまな非営利団体がイブニング・スクールを運営しており、人口約五八〇万人のデンマークに千を超える学校がある。語学、音楽、スポーツ、工芸、料理など多様なコースが原則的に夕方以降の時間帯に開講されており、仕事が終わってから趣味の教室に行く感覚で気軽に通うことができる。イブニング・スクールが果たす役割は、講座内容そのものの教育を提供することだけではない。人々に社会的交流の場を提供することや、地域社会に積極的に参加・貢献する市民を育成し、人々の生活の質を高めることも、イブニング・スクールの大きな存在意義とされている。[2] 本作品のなかで、登場人物たちがイブニング・スクールを出会いの場にして自分の人生を変えるきっかけをつかんでいくのは、まさにデンマークらしい場面設定だったのかもしれない。

イタリア語初級講座の仲間たちはみんなでイタリアに向かい、ヴェネツィアに滞在する。美しいヴェネツィアの町並みのなかで、互いに心を開き、愛に正直になる。こうしてみんなが、少しずつ幸せを手に入れていくのである。映画はヴェネツィアのシーンで終わる。しかし、きっとデンマークに帰って日常生活に戻っても、彼らの人生は、前向きに進んでいくのであろうと予感させられる終わり方である(【図1】)。

最後にローネ・シェルフィグ監督について紹介しておこう。同監督は一九五九年生まれ。デンマーク映画学校を卒業し、一九九〇年に映画『カイの誕生日』(*Kajs*

【図1】ヴェネツィアでの一行。

fødselsdag）で監督としてデビューした。本作品が大ヒットした以降も、国内外で数多くの作品の脚本や監督を手がけている（『ウィルバーの事情（*Wilbur wants to kill himself*）』（二〇〇二）、『ワン・デイ　二三年のラブストーリー（*One Day*）』（二〇一一）など）。なかでも監督を手がけたイギリス映画『一七歳の肖像（*An Education*）』（二〇〇九）は各国で高く評価され、二〇一〇年のアカデミー賞の三部門にノミネートされた。このような映画界での活躍が認められ、同監督は二〇一八年、デンマークの映画賞であるボーディル賞（Bodilprisen）の名誉賞を受賞した。

　また、ローネ・シェルフィグ監督は二〇一九年、モントーネ（Montone）という人口一六〇〇人のイタリアの町の名誉市民の称号を与えられたそうである。『幸せになるためのイタリア語講座』が二〇〇三年に町の映画祭で上映されたことをきっかけに、その後も自身の作品を、イタリアにもちこみ、上映を重ね、成功をおさめてきたという[3]。本作品はデンマークとイタリアの文化交流にも一役かってきたということができるのかもしれない。

〈さらに興味のある人に〉

　ローネ・シェルフィグ監督による最新作（二〇一九年現在）である *The Kindness of Strangers* が二〇一九年二月にベルリン国際映画祭で初公開された。日本での公開は未定であるが、劇場公開があれば鑑賞してみてはいかがだろうか。

〔石黒　暢〕

註

（1）TV2 (http://nyheder.tv2.dk/samfund/2018-05-09-stod-bag-dansk-hit-for-20-aar-siden-nu-filmer-hun-igen-i-danmark)（二〇一九年七月三一日閲覧）

（2）Vdencenter for folkesoplysning. Aftenskolerne – hvordan har de det? 2018.

（3）Nordjyske (https://nordjyske.dk/nyheder/kultur/lone-scherfig-nu-som-aeresborger-i-italien/4b56eff3-e71a-4eb0-a578-bf997de25f15)（二〇一九年七月三一日閲覧）

第48章 一〇〇歳の華麗なる冒険

原題／Hundraåringen som klev ut genom fönstret och försvann［窓から逃げ、姿を消した一〇〇歳老人］、監督／フェーリクス・ハーングレン、製作国／スウェーデン、製作年／二〇一三年、日本公開年／二〇一四年、上映時間／一一五分

【主要対象国・地域】 スウェーデン、スペイン、アメリカ、ソ連、フランス、インドネシア

【キーワード】 一〇〇歳老人、フランコ将軍、マンハッタン計画、アインシュタイン、スターリン、二重スパイ

〈ストーリー〉

一〇〇歳老人のアラン・カールソンはじっくり考えてから行動する種類の人間には属さない。お祝なんてまっぴらだ、とマルムーシューピングの老人ホーム一階の窓に苦労してよじ登り、よいしょと足を下ろしたのが花壇の上（**【図1】**）。踏んづけた可憐なパンジーの花には目もくれず、おぼつかない足取りで、教会墓地を横切って歩き出した。老人ホームでは一時間内にアランの一〇〇歳の誕生日パーティーが開かれる予定で、市長をはじめとする土地の名士や地方紙の記者が駆け付けることとなっていた。女所長アリスはパーティーの始まる数分前にアランの部屋に行って、初めてこの日の主役が見あたらないことに気づき、大騒ぎとなった。方々探したが徒労に終わり、警察が呼ばれた。ニュースの乏しい田舎町では新聞、テレビにより誘拐ではないかと大々的に報道され、以降、アロンソン警視がアランを追って動き回ることになる。

【図1】老人ホームの窓から逃げ出す主人公

一方、アランがバスターミナルにたどり着くと、券売窓口の男は三分後に発車するバスに乗るよう勧めた。ベンチに腰掛けて待っているとキャスター付きの大きなスーツケースを引きずった長髪の若者が近づいてきた。若者はアランに用を足すのでスーツケースを見張っていてくれと頼んだ。アランは若者に急いだ方がよいと言ったが、バスに乗るからという後の言葉は若者の耳には届かなかった。そこにバスがやってきて、スーツケースとバスを交互に見ていたアランはスーツケースと一緒にバ

スに乗り込んでしまった。スーツケースにはギャング団の大金（約五〇〇〇万クローナ）が入っていて、アランの追手は増えていく。アランの華麗な冒険の始まりだ。しかし、本人はなるようになるさと全く気にしない。実はアランは爆弾作りの名人として、二〇世紀の各国要人と渡り合い、数々の修羅場をくぐりぬけてきた強者だったのだ。

アランの過去と現在が交錯し、次々と展開するハチャメチャなストーリーにハラハラドキドキ。そして、象とともに行き着いた先はバリ島、と予想外の結末が待っていた。

〈作品の背景と現実〉

この作品はスウェーデンのヨーナス・ヨーナソンのベストセラー小説『窓から逃げた一〇〇歳老人』（原作は二〇〇九年、邦訳は二〇一四年出版）を映画化したものである。ストーリーは、荒唐無稽なコメディであるが、一〇〇歳になっても老人ホームの退屈な生活に満足せず、新たな冒険を求めて逃避行する主人公に対する共感やその背景にある一〇〇年の人生を世界史の流れと絡めて紹介し、当時の世界の主な出来事を観客に意識させる意図が感じられる。

アラン・カールソンが一〇〇歳となった二〇〇五年には冷戦時代のような緊張感はとっくに消え失せていて、南へ逃げていく途中には、美しい自然に囲まれた穏やかな風景が続いている。しかし、アランが生きてきた時代には世界で様々な出来事があった。

アランの少年時代、ニトログリセリン社で使い走りを始めたのが、爆薬との出会いであった。家に出入りしていた卸売商人グスタフソンの車を爆破実験でふっ飛ばし、運転していたグスタフソンも死亡するという事故を起こしてしまう。爆薬といえば、「ダイナマイト王」アルフレッド・ノーベルを生んだスウェーデンの物語らしい設定である。

その後、精神病院に収容され、数年の鉄格子生活を送った。そこで、カールソンの遺伝子をこれ以上繁殖させたくないという国家の方針に共感した担当医によりアランは去勢手術を受ける。今では人権外交を掲げるスウェーデンでも、当時、「優生学的かつ社会的理由」によってこの種の手術が行なわれていたという重いテーマも軽いタッチで描かれている。

精神病院を出たアランは二四歳となり、子供のころから得意とする爆破技術を買われ、鋳造所で点火専門員として雇われた。そこで、先に勤めていたエステバンと知り合う。スペインから逃れてきたエステバンは社会主義者であり、内戦前夜のスペインへ一緒に行こうとアランを誘う。外国へ行ってみたい好奇心にあふれたアランの海外生活がそこから始まる。幼い頃、父親が社会主義思想に共感し家族を捨ててロシアへ行ってしまったためか、思想と宗教には全く関心がないアランはエステバンの思想にも興味はなかったが、人民戦線政府の軍に参加したエステバンの後について回る。映画では、スペインの人民戦線に共鳴して彼の地に渡ったスウェーデンの若者の行動をアランに代表させたというところか。しかし、ひょんな顛末からフランコ将軍の命を助けることになって、将軍のディナーへ招待され、リスボンからスペイン船で帰国の途に就くこととなった。

　ところが、スウェーデンに帰国するはずのアランはその前に大国のアメリカを見てみたいとニューヨークを訪れ、高層建築現場で働くこととした。その現場の同僚からマンハッタン計画に参加しないかと誘われる。アランは計画の内容も知らないままに、面接試験を受け、ロス・アラモスの国立研究所で新型爆弾の製造に係わっているオッペンハイマーら著名な物理学者、数学者、科学者等にコーヒーを出す係になってしまう。そこでは、アランの爆薬の知識が役に立ち、核反応を起こすためダイナマイトを使う方法を説明したところ、オッペンハイマーは直ちに理解し、核爆発実験が行なわれた。実験の成功に大喜びしたトルーマン副大統領に誘われて、フランコ将軍の時と同様、アランは差し向かいで食事をすることとなったが（食事中、大統領死去の通知により大統領へ昇格）、この実験により新型爆弾の製造が可能となり、広島・長崎への原爆投下につながったことになる。

【図2】モスクワでスターリンと飲んで踊る主人公

　スウェーデンは第二次世界大戦後から一九六〇年代初めまで核兵器研究に関心を持っていた。エランデル首相は一九四七年一二月に帰国したアランに米国の核兵器開発の様子を聞き出そうとするが失敗し、代わりにソ連のスパイが勧誘にきて、メーラレン湖岸のグランドホテルの前で突然水面に浮上したソ連の潜水艦に乗り、アランはモスクワに行くことになる。ソ連の潜水艦の市内での出現はかなり荒唐無稽ではあっても、のちの一九八〇年代に頻発した国籍不明潜水艦による領海侵犯事件を思い起こせば、そういった想像もスウェーデンではありうる、といった具合である。アランは核兵器製造技術の入手に躍起になっていたソ連に目を付けられ、スターリンと面会した（【図2】）。しかし、話をはぐらかしてスターリンの逆鱗に触れ、強制収容所行きとなったり、CIAとソ連のKGBの二重スパイとなったり、一連の重大な出来事に次々と関わっていく。このように、映画はアランの人生とスウェーデンや世界の歴史事象を絡めて展開していくが、深刻な雰囲気ではなく、軽いタッチで冒険談風に綴られていく。

さて、アラン一〇〇歳の現代に戻ると、アラン一行が南部のベクシューへ行く道を離れてたどり着いた湖畔農場には二階建ての家と納屋があったが、突然、納屋の中から動物の唸り声が聞こえてきた。農場の女主人グニッラはソニアと名付けた象だと答え、サーカスの車を奪って連れてきたことを話し、サーカスは動物虐待を行なっているので盗みではない、象は誰のものでもないと正当化する。スウェーデンには森と湖の美しい国土を守るため、古くは一九〇九年に創立されたスウェーデン自然保護協会をはじめとする環境関係の民間団体が存在する。様々な環境問題を取り上げ、動物保護もその一つである。グニッラは生きとし生けるものを愛するスウェーデン人の精神的代弁者ともいえる。一行を追ってきたギャング団の男がアランを拳銃で撃とうとした時、象のソニアは自分の糞に足を滑らせて倒れた男が弾みで発砲した拳銃の音に驚いて、前足を挙げて目の前の彼を踏んづけてアランの命を救った。象も立派に人命救助の役割を果たして仲間になり、アランの逃避行に少々奇妙な彩りを添えることとなる。

〈さらに興味のある人に〉

前記〈作品の背景と現実〉の冒頭にあるように、原作の邦訳も出ているので、さらに興味のある人は読んでみることをお勧めする。原作ではイランの国境警備隊に逮捕されて秘密警察の監房に投獄されたり、ソ連では強制収容所で禁固三〇年の刑となるが、主人公の持ち前の「なるようになるさ」の精神で、脱出に成功する。しかし、映画では明白ではないが、主人公の鋭い観察眼と度重なる偶然が危難を潜り抜けるカギであることに気づくだろう。ヨーナソンは二〇一八年に『世界を救う一〇〇歳老人』（*Hundraettåringen som tänkte att han tänkte för mycket*, 中村久里子訳、西村書店、二〇一九年）を出版しているので、わくわく感を味わいたい人にはお勧めである。

〔中嶋瑞枝〕

第49章 トロール・ハンター

原題／Trolljegeren［トロール・ハンター］、監督／アンドレ・ウーヴレダール、製作国／ノルウェー、製作年／二〇一〇年、日本公開年／二〇一二年、上映時間／一〇三分

【主要対象国・地域】 ノルウェー、

【キーワード】 トロール、民話、北欧神話、ノルウェー民話集、モキュメンタリー

〈ストーリー〉

二〇〇八年一〇月一三日、映画会社は匿名でのハードディスク二つの投稿を受け取った。そのディスク中の二八三分に及ぶ記録映像をカット編集したものが、本作品である。そして、専門家が長期間の議論の末フェイクでないと判定した記録映像には、北欧の伝承に語られる存在、「トロール」の姿が世界ではじめて収められていた。

映像を撮影したのは、ヴォルダ大学の三人の学生たち、トマス、ヨハンナ、そしてカッレ。彼らはドキュメンタリーの製作課題でクマの密漁事件を追う中で、ボロボロの奇妙な車に乗り毎晩外出する中年男、ハンスと出会う。ハンスは自分が森で「トロール」を倒すのを目撃した学生たちに対し、ノルウェー政府が「トロール保安機関（Troll-sikkerhetstjeneste）」を通じてトロールの存在を民間人から隠蔽していると打ち明けたうえで、同機関のもとでトロールを駆除するハンターでありながら自分はその姿勢にはもはや同意しない、その存在を世間に公表すべきだ、と依頼をしてきた……。

〈作品の背景と現実〉

本作品は二〇世紀末に公開されたアメリカのホラー映画『ブレア・ウィッチ・プロジェクト』（一九九九）以降メジャーとなった視点ショット（POV）と呼ばれる撮影手法を採用したモキュメンタリー（フェイク・ドキュメンタリー）である。二〇一〇年の本国ノルウェーでの公開後、アメリカでの劇場公開や世界各地の映画祭で話題となり、二〇一二年春には日本でも劇場公開される運びとなった。北欧外では、トロールの映像が早い段階からはっきりと見られることなど、視点ショットという同一撮影手法が多用される娯楽（ホラー）映画という角度から主として受容され、一定水準以上の評価を受けているようである。

だが、「ノルウェー人が本作品を見る際にどのような

文化的コード、フィルターを通している、言い換えるならば彼らのトロール像はどのようなものなのか」に着目した本映画の評論を、少なくとも日本語サイトでほとんど筆者は目にしたことがない。以下では、本書全体の趣旨とはやや外れるかもしれないが、それを理解する手がかりを数点紹介していくことにしよう。

（一）ノルウェー及び北欧の民話・伝承からのオマージュ

　物語中盤でトロールをおびき出すため、ハンターのハンスは三匹のヤギを橋につなぎとめる。双眼鏡でトロールの来訪を遠方からうかがう場面で、『三匹のヤギのがらがらどん』が意識されているのではないか、と気が付く人もいるかもしれない。絵本や岩波少年文庫版などさまざまな形で日本でも刊行されているため、この昔話がおそらく一番知名度が高いと思われるが、昔話の出典となっている一九世紀ノルウェー・フォークロア研究の二人の巨人、ペーテル・クリステン・アスビョルンセン（一八一二～八五）とヨーレン・モー（一八一三～八二）による『ノルウェー民話集』（初版一八四一～四四）には、他にも数多くトロールが登場する話が収録されている。

【図1】死をむかえる山トロール（キッテルセン）1892。出典：wikiart

　トロールとの大食い競争はカメラマンのカッレが複数回言及するのに加え、キリスト教徒、とりわけその血の匂いに敏感、という特性については、本作品独自の設定というわけでなく、『ソリア・モリア城』に出典がある。この話は本作の脚本家のとりわけお気に入りのようで、インタビュアーの学生トマスに画家テオドール・キッテルセン（Theodor Kittelsen）による挿絵（一九一一年版）の真似をさせている程である。ノルウェー人が子供時代に慣れ親しんだ『民話集』はトロールの特性にとどまらず、キッテルセンの挿絵（【図1】）などを通じて本作品でのトロールのビジュアル・デザイン全般のオマージュ元ともなっている（【図2】）。

【図2】本作で登場するトロールの一例

　しかし、ノルウェー

人のトロールについての伝承を現在に伝えるのは『民話集』だけではない。作品中に登場する四種類のトロールは、少なくともさらに二つの出典のものが混じっている。物語中盤に登場する小型のトロール「ドヴレ・グッベン」（日本語・英語版の字幕では「マウンテン・キング」と呼ばれている）を、グリーグ作曲の劇伴組曲が有名なイプセン『ペール・ギュント』中の「山の魔王」と同定することは日本人にはまず無理であろう。さらに、作品中でも全く解説なく言及される最大級のトロール、「ヨットナール（jotner）」は、北欧神話テキストで神々の敵としての役割を担う巨人を指す現代ノルウェー語である。このヨットナール＝ヨートゥンの棲む地、「ヨーツンヘイム」から名が取られているのが、劇中終盤の舞台となるノルウェー南部のヨートゥンハイメン国立公園になる。少なくともヴァイキング時代にキリスト教への改宗前、一〇〇〇年以上前に遡るノルウェー人とトロールとの関係史が本作品のトロールたちには反映されているのである。ただし、「ヨートゥンハイメン」の名付け親は、一九世紀の登山家や詩人であり、とくに古伝承に基づくものではないことをこの場を借りて断っておく。人と超自然的存在との邂逅の舞台としては、歴史的には「ドヴレ・グッベン」のドヴレ山系の方が遥かに有名である。

ハンターのハンスに「おとぎ話と現実は違う」と語らせ、複数の頭部のうち本物は一つ、太陽を浴びると石になるのはカルシウム代謝能力の問題、など疑似動物学的な作品独自の設定の印象が先立つとはいえ、このように見ていくならば、独自設定の基本になる要素についてはノルウェーの民間伝承や文学作品を典拠としていて、かなりしっかりと製作されているという印象を抱いた。

（二）現代ノルウェー社会への風刺

伝承をもとにしたトロールの特性に関してもあちらこちらにブラック・ユーモア的な感性が見て取れる。この種の感性は、二一世紀のノルウェー社会が新たに直面することになった諸問題について、むしろ遺憾なく発揮され、「超常現象を政府機関が大衆から隠蔽している」というSFやホラー映画にお決まりのギミックをいたずらに陳腐化させることなく、一味ひねった形で観客に提示することに一役買っている。

その一例として、作品前半の「ポーランド人塗装会社」を例に簡潔な解説を行なってみたい。トロール保安機関の委託を受け、トロールの被害をクマによるものと偽装すべく替え玉のクマを用意する仕事を請け負っている彼らの描写は、事情を知らない観客には不快感を与えるだけのステレオタイプ的なものとして目に映るかもしれない。しかし、映画が製作された二〇〇〇年代後半は、ポーランドのEU加盟（二〇〇四）を背景にポーランドからノルウェーを含むヨーロッパ各国へ労働者の流入が活発化し、特に建築セクターでのポーランド人労働者の違法労働、不法労働がしばしば新聞の紙面を騒がせていた[1]。劇場で本作を目にしたノルウェー人ならば、トロールの存在を大衆から隠蔽する政府機関が、外国人の違法労働に任務の片棒を担がせている〝皮肉な図式〟を即座にそこに認めることができただろう。さらに、隠蔽工作の杜撰さを指摘された後には、現在頻繁に報道される気候変動に関するニュースを追加で報道させ、在来種でなく用意された外来種のクマが死体として発見される理由をでっちあげている。

また、山岳地帯に立地する高圧送電線ネットワークについても皮肉が効いた理由付けが行なわれている。本作では、送電線網は実はトロールをテリトリーに封じ込めるためのものだった、という理由付けを行ない、ストルテンベルグ首相（当時）が送電線の必要性について行なった答弁を、一部音声編集を施した上で挿入している。トロール対策でなかったとしたならば、送電線網の鉄塔建設にはどのような妥当性があるのか。環境保護運動家ほど積極的に反対の声を挙げずとも、少なからずのノルウェー人の持つそのような疑問がそこには反映されているのかもしれない。

〈さらに興味のある人に〉

このように、本作中に散りばめられているキーワードの端々に、「ノルウェーらしさ」を見て取ることができる。そして、「トロール」という本作の主題と調和する形でそれらが組み合わされている。本作の中盤で、河原に巨岩が散らばる光景について、山トロールと森トロールが争ったかつての戦場である、とハンスは説明を加えた。昔のノルウェー人が不可思議な自然の事象を「トロールのしわざ」として理由付けした心性を今後とも失わないでほしい。トロールをインターネット上ではなく（ネット上のスラングでマナーの悪いユーザーを指す）本映画中で映し出されるノルウェーの野山に棲まわせ続けてほしい、というのが筆者のささやかな願いである。

〔成川岳大〕

註

（1）二〇一〇年代半ばまでのポーランド人労働者の流入とノルウェー社会への統合状況を概観した新聞記事として以下を参照した。Andreas Slettholm, «Polakker flest drar ikke hjem. De kan fort bli Norges nye pakistanere,» *Aftenposten* (Nov. 20, 2016) <https://www.aftenposten.no/meninger/kommentar/i/yjQdr/Polakker-flest-drar-ikke-hjem-De-kan-fort-bli-Norges-nye-pakistanere--Andreas-Slettholm>（二〇一九年八月二六日閲覧）

第6部　現代の北欧文化

第50章 ムンク 愛のレクイエム

原題／Edvard Munch〔エドヴァル・ムンク〕、監督／ピーター・ワトキンス、製作国／ノルウェー・スウェーデン、製作年／一九七六年、日本公開年／一九九一年、上映時間／一七〇分

【主要対象国・地域】 ノルウェー
【キーワード】 ムンク、ピーター・ワトキンス、ドキュドラマ、伝記映画

〈ストーリー〉

湿った匂いのするような、薄暗い寝室のなか。落ち着いた男声のナレーションが始まる。「ムンクは後年の日記の中で、自分をよく第三者として描いた。その時の名はブラントやナンセン、カーレマン」[1]。

カメラは喀血する少女を映し、後年、成人したエドワルド（エドヴァル）・ムンク（一八六三～一九四四）の弟アンドレアスが画面に登場。一八七〇年代に姉ソフィエが患った肺結核のクリスチャニア（現オスロ）の貧しい地域の時代背景を、関係者の思い出のように、あるいは歴史家の調査報告のように、と語っていく。

女性インタビュアーは、住民に質問する。労働時間は「朝六時から晩の六時」、賃金は「週に一五クローネ」。ナレーションが続く。「刑法典は一八四〇年以来のもので、医療手当や養老年金の規定はない。中産階級の売春組織は合法だが、工場で働く子供の待遇は改善されていなかった。」「この年一八八四年の子供の労働時間は法律の限度枠いっぱいの長さだった。囚人や重労働の人々のための限度枠である。この都市の労働力の三分の一は少年少女だった。」一九世紀末のムンクと周囲が生きた近代社会の矛盾と不条理に満ちた実像が、一見モダンで明るくも陰鬱な時代の空気とともに浮かび上がっていく。

ムンクは病弱な少年時代を厳格な医師である父と、母と姉を失ったあと、未婚の叔母や妹たちの女系家族のなかで過ごし、幼少から、死の恐れと女性のコンプレックス、エキセントリックな感情に揺さぶられていた。一八八三年の画壇へデヴューすると、支援者ハイベルク夫人の誘惑とロマンス、「クリスチャニアのボヘミアン」と呼ばれた近代芸術家・作家たちとの交流から大きな影響を受ける。また、パリやベルリンに渡って、写実主義から表現主義へと移り変わる転換期に、個展の開催のたびに、大きなバッシングを受け、病弱で目立たない彼は、一躍、世紀末芸術運動の最先端に突き進んでいた。師と仰いだ画家クリスチャン・クローグや、さらに新しい世

【図1】エドヴァルト・ムンク《マドンナ》1895-1902年
リトグラフ、木版
群馬県立近代美術館

代の旗手・フリッツ・タウロウや友人の画家や詩人たちとの愛人を通しての複雑な関係が、嫉妬や妄想をもとにした《叫び》《マドンナ》（【図1】）など「生のフリーズ」の主要作品を生み出した経緯を、ファム・ファタル（魔性に思える女性たち）が、実はひとりの人間として自立、解放されない時代背景と悲しさを本作は丁寧に人間関係を描いて解読している。

「人間の内面の真実への探求」「人間が持って生まれた、生への不安」というムンクを内から創作に突き動かす衝動を、長時間、執拗に、女性や死に対する幼少期からの不安をフラッシュバックとして織り込むことで、観る者はムンクの記憶の内側に置かれ、まるで自分がムンク自身かその周辺の家族か友人であるかのように感情移入し、ムンクの生きた時代をドキュメンタリーとして追体験していくが、母国や社会、メディアからの疎外感を一番、共感して、自らに重ね合わせているのは、監督ワトキンス自身にほかならない。

〈作品の背景と現実〉

一九七六年公開の本作品の冒頭のシーンには、監督で脚本も書いたワトキンス（Peter Watkins）（一九三五生まれ）の驚くべき独特の手法が、早々にして明らかにされる。過去の歴史的事象を現在のドキュメンタリーとして描く「ドキュドラマ」は、彼が発案者の一人だ。史実を忠実に描き、文献資料による客観的データをシナリオで畳みかけ挿入し、服装に小物から、言葉遣いの再現まで、細部にわたる時代考証にこだわる。が、その精緻な歴史ドラマに、突如、現代のメディアのインタビュアーが登場し、リアルタイムに起こっている現代の現実の事件と同様に、メディアに発信する報道のスタイルをとる。

本作品はムンクの日記に基づいた内容の、とくに三〇代までのムンクの初期にしぼり、彼の複雑な内面と創作活動を、人間関係と情念から捉える。多感な芸術家の内面と芸術の本質を、若き日の家庭環境や友人関係、そして異性との出会いに注目して丹念に描くのは、芸術家の伝記として、芸術史・美術史では一般的な手法で、その意味では、模範的な伝記映画である。

一九六六年、新進気鋭のワトキンスは、突然か当然か、母国イギリスからその作品の過激さ、斬新さから海外に追われることになった。着いた先は、スウェーデンだった。その後、二〇年あまり北欧を中心に活動する。ワトキンスは、二〇〇〇年代以降、フランスに在住、現在八三歳の高齢となって健在だが、一度離れた母国に戻ることはない。問題作を続々と発表した彼が、脂の乗り切った壮年期を、北欧を拠点にして活動、発表していたことは大変注目すべき事実である。

ワトキンスは、北欧移住後にも問題作を発表し続けた。窮地の彼をスウェーデンに招いたのは『ウォー・ゲーム』のスウェーデンでの配給会社となったサンドレウス社（Sandrews）だったが、その会社のためにワトキンスが制作したのが、各国の緊張関係を各国代表の命を懸けたサバイバルゲームとしてテレビ中継する『グラディエーター（平和ゲーム）』で、社会の重要問題から目をそらすメディアを風刺したこの作品も物議をかもした。さらに、近未来の恐怖管理社会における人間狩りをモチーフとし、一九七〇年にアメリカオハイオ州、ケント州立大学でヴェトナム戦争に抗議した学生四人を州兵が射殺した事件をもとにした、国家による暴力を告発する反軍国主義的映画『パニッシュメント・パーク（懲罰大陸）（*Punishment Park*）』（一九七一）はヴェトナム戦争への強烈な風刺であり、ワトキンスは反戦と反体制的な映画作家として名を馳せる。しかし、今までの手法を集大成しパリ・コミューンの実像――名もない市民の現実――をオルセー美術館の援助のもとに五時間四五分の大作にまとめた『コミューン（*La Commune*）』（一九九九）以降、二〇年も映画の構想はあっても制作にまでいたらず、作家として封印されている。最初は平和運動に興味をもっていなかったジョン・レノンにワトキンスが長文の手紙を送り「メディアを世界平和のために利用する責任があるはずだ」と説得したところから、レノンは反戦に導かれ、パフォーマンス「ベッドイン」が生まれたといわれる。

〈さらに興味のある人に〉

ワトキンスの北欧時代の代表作の一つが、北欧移住一〇年後の本作品であることに異論はないだろう。ノルウェーでは劇場版として、スウェーデンではテレビ版として公開された。ノルウェーというより北欧全体で歴史上、もっとも著名な芸術家、画家であるムンクのこの伝記映画といえば、現在まで、この異邦人の映画監督の作に比肩できるものはなく、ワトキンスの力量と指向性が、ムンクという一筋縄では捉えることができないきわめて特異な芸術家の分析にいかんなく発揮されていると、結論づけることもできよう。

ワトキンスがオスロ大学での自作の映画上映の帰りにムンク美術館で、エドワルド・ムンクの作品《叫び》に出会い、特にムンクの親族の悲しい運命に衝撃を受けるのは北欧移住の二年後の一九六八年だった。ワトキンスは、それから三年かけてノルウェーの映画界に働きかけ、制作にこぎつけ、追ってスウェーデンでのテレビ局も制作に加わることになった。素人俳優も多く登用、独自のドキュドラマの手法も冴え、主要作品のほとんどを紹介し、北欧内外で高い評価を得た作品となる。とくに、ムンクの絵画作品の筆遣いや描き方をじっくり再現している箇所、現在ではもっとも重視されている初期の木版作品に注目し、制作プロセスを詳細に紹介するシーンも入れていることは大変評価される。ただし、日本国内では、一九九一年に全国ロードショーで公開されるまで本作品の公開に、約一五年の遅れが生じたのは、二時間五〇分という長尺に加え、多くの作品が公開禁止となってきたワトキンス監督が警戒された、あるいは認知が遅れたゆえではなかったろうか。

本作品はワトキンスの映画作品のなかで、問題的な手法、テーマという作家のポリシーを保ちつつも、専門的評価と興行的成功として、ほとんど唯一の成功例となった。そして、その特異な手法はともかく、映画作家が歴史的人物に向かう姿勢として「伝記映画の手本」ともいわれるほどの、名作となった。本作の公開より、五〇年近い。世界的なムンクへの関心は高くなる一方で、展覧会や出版も加速度的に高まっている。が、皮肉にも、ムンクの伝記映画が、その後、制作されなくなった（しづらくなった）のは、本作の完成度とその癖の強さ、ゆえなのかもしれない。そして、ワトキンスの映画のモデルの時代背景、映画製作の時代状況のそれぞれに、北欧という特殊な環境があったことも、一見目立たないが、実は大きな背景となっていよう。

精神を患い、静謐な風景と狂気を描いたヒル（Carl Fredrik Hill）（一八四九〜一九一一）や血友病を病み、幻想世界を描いたイーヴァル・アロセーニウス（Ivar Arosenius）（一八七八〜一九〇九）など北欧には、ムンクに続く生と不安を描いた画家は数多い。またトム・フーパー監督の『リリーのすべて』（二〇一六、第20章参照）、ドメ・カルコスキ監督の『トム・オブ・フィンランド』（二〇一九）などトランスジェンダーやLGBTなどの問題を扱った芸術家の伝記映画でも北欧は先端的となっている。アウトサイダーの愛の内奥に入り込んだ本作品は、それらの原点といってよい。

（岡部昌幸）

註

（1）細川直子「採録シナリオ」《ムンク　愛のレクイエム》『CINEMA SQUARE MAGAZINE』（シネマスクエアとうきゅう）、第九三号、一九九一年一一月、一二頁。

第51章 ハムスン

原題／Hamsun［ハムスン］、監督／ヤーン・トロエル、製作国／デンマーク・スウェーデン・ノルウェー・ドイツ、製作年／一九九六年、日本公開年／二〇一四年、上映時間／一五九分

【主要対象国・地域】ノルウェー
【キーワード】ノーベル文学賞受賞者、クヴィスリング、ナチス・ドイツ、ヒトラー、反逆罪

〈ストーリー〉

一九二〇年にノーベル文学賞を受賞したクヌート・ハムスンは、イプセンが去った後の二〇世紀初頭のノルウェー文壇を代表する作家である。彼はイプセンの性格論的人物構成を公然と批判し、多面的な人間描写を主張することで、文学の新時代を切り開いた。ナチスを賛美していたため、その思想性や人物が議論の対象とされることが多く、文学作品に対する評価もその影響を受けている。それでも、彼が晩年を暮らしたグリムスタなど、その思想性に反感を持つ人が多い一部の地域を除き、彼の作品は全国的に推薦図書とされており、依然として高い人気を博している。

クヌート・ハムスンとマリーエとの結婚生活は一九三五年頃には事実上破綻していた。マリーエは夫が自らの執筆活動を最優先し、彼女の女優や児童文学作家としてのキャリアを奪った上に、家族をも顧みず、自らの理想も追わなくなったと夫を批判していた。そして、クヌートは家族と離れた。

一九三六年、マリーエはファシズム政党、国民連合（NS）を率いるクヴィスリングの講演会に参加した。その理想は、クヌートのかつての理想と一致するものだった。クヴィスリングは、偉大な作家の妻を利用すべきと考え、彼らの関係をノルウェー人の理想として賞賛した。クヌートは再び家族と同居するが、彼女は夫に対する敬意を既に失っていた。

マリーエはNS党員になった。クヌートと違い、彼女はドイツ語に堪能だったため、ドイツ語圏ではクヌートの影の声となり、夫を利用しながら、自らのキャリアの再評価に結び付けた。

クヌートは、共産主義や英国の帝国主義に対抗するための同盟国としてドイツを捉えていた。ドイツによるノルウェー占領後、クヌートがドイツから派遣されたテアボーフェン国家弁務官に対して、親友ハラル・グリグら、反体制活動家の釈放を求めたが、彼らの釈放は実現され

なかった。それでも、クヌートがナチスのプロパガンダ活動に極めて重要だったため、彼にはいかなる処分も下らなかった。のちに一九四二年、傀儡政権で首相となったクヴィスリングにも彼らの釈放を求めたが、それができるのはテアボーフェンだけという回答が伝えられた。ハムスンの屋敷があるグリムスタの若き反体制活動家が次々に逮捕され、死刑判決を受けた。彼らの母親の一人はハムスンの屋敷で女中をしていた女性で、彼女はクヌートに支援を求めたが、「自分にはドイツを動かすだけの力がない」と述べるにとどまった。この状況を打開するため、妻を通じてテアボーフェンを説得しようとしたが、彼女は「ノルウェー人は親英である罰を受けている」とし、これを断った。その後、彼女は、別件でテアボーフェンに謁見した際、ノルウェー人の処刑はクヌートの名誉を傷つけるものだと伝えたが、決定が翻ることはなかった。この一件以降、クヌートはテアボーフェンの存在に大いなる不満を募らせた。ノルウェーを苦しめる彼の離任を実現するために、クヌートは一九四三年ヒトラーに謁見した。が、この席で、二人の意見が一致することはなかった。

娘と一緒のハムスン（1944 年）

一九四五年五月八日、ドイツ降伏の一報がクヌートらにも届いた。「パパ、ドイツが降伏したわ。すべて終わったの」。クヌートらに降りかかる運命とは……。

〈作品の背景と現実〉

一九四〇年四月九日頃、ドイツは南部の主要都市を制圧した。ノルウェー国内での戦闘は二ヵ月続いたが、四月三〇日、ノルウェー南部の防衛が放棄された。北部ではドイツ軍が降伏寸前という状況にあったが、フランス本土への攻撃が開始されたため、連合軍はノルウェーからの撤退を決定し、その結果、北部も制圧されることになり、六月一〇日ノルウェーは降伏した。ヒトラーはテアボーフェンを国家弁務官として派遣した。これ以降、ノルウェーに対する抑圧が本格的に始まった。ベルリンとの太いパイプを持つクヴィスリングが率いるNSが唯一の政党となり、新聞や雑誌の検閲が開始された。反体制活動家は追跡され、拷問されては、国内外の収容所に送られた。ただ、ノルウェー人は「ゲルマン民族」であるため、積極的な反体制活動家のみが処分の対象とされたという点で、東欧などとは異なっていた。それでも、ユダヤ人は別で、戦時中にはノルウェーにいた七七三人がドイツの強制収容所に移送された。

一九四四年一〇月ソ連軍による最北部フィンマルク県への進軍を機に、ドイツ軍は撤退を開始した。そして、一九四五年五月八日頃、ドイツ軍が降伏した。亡命先の英国からホーコン国王が帰国すると、間もなく連立政権が樹立された。その後、労働党政権が誕生する頃から、ナチスを支援したノルウェー人に対する追及が開始された。

クヌートは、一九四〇年四月に「国王と政府はノルウェーから逃亡したが、ドイツが我々のために戦い、英国の専制君主を倒してくれる」と書いていた。NSを支持し、ヒトラーやテアボーフェンらとも謁見していた。そして、マリーエは正式なNS党員だった。

一九四五年五月、ハムスン夫妻は自宅で軟禁状態となり、六月一四日クヌートは自宅に近いグリムスタに連行された。マリーエはアーレンダールの刑務所に収監された。八五歳を超えていたクヌートは病弱な老人だった。耳もほぼ聞こえなかったために、刑務所ではなく、医療施設に収容された。

六月二〇日、警察による第一回目の事情聴取が行なわれた。クヌートは、自分はNS党員ではなかったが、このようなことになったと説明した。この時でも、ドイツやNSと自らの関係を否定することはなかった。反逆罪に関する審理では、彼が党員だったかどうかという事実が重要な論点になった。

六月二三日、裁判所による事情聴取が行なわれた。クヌートは、プロパガンダによる敵国支援容疑で、反逆罪および刑法違反で訴えられた。耳がほぼ聞こえず、二度の脳出血を経験し、失語症も患っていたために正確な言葉を見つけるのが困難なクヌートに対する審理は困難を極めた。ここでも、彼は、党員ではなかった、党員のような存在だったと答えた。党員であることを裏付ける証拠は何もなかった。クヌートがNSの理念に賛同していたことがNSの実施したアンケートへの回答から読み取れたが、その解釈をめぐっても意見が分かれた。この時、裁判所は十分な証拠が見つけられず、審議の継続と拘留期間の延長、不動産や動産の差し押さえを決定するにとどまった。クヌートは一九四五年夏をグリムスタの医療施設で過ごし、その後はランヴィーク老人ホームで過ごした。九月二二日、警察による再事情聴取が行なわれた。警察は、この後、クヌートが収監するにはあまりに高齢であり、病弱だったことから、彼が残りの拘留期間を自宅で過ごせるように配慮した。「かつては偉大な人物だった」ことから、警察はその判断を地方検察官に委ねることを決めた。

一〇月三日、クヌートは医務官による診断を受けた。精神疾患の疑いがあるとされたため、地方検察官は、高等検察官に判断を求めた。これには、偉大な作家を収監せずに終わらせるという意図もあったと考えられる。高等検察官は、オスロで彼の精神鑑定を実施した。翌年二月五日、精神疾患は認められないとする結果が公表されたが、再犯の危険性がないとされたため、クヌートはグリムスタに戻された。

一九四八年六月二三日、最高裁はクヌートに罰金三二万五〇〇〇クローネの支払いを命じる判決を下した。ユレンダール出版社からの借用により、クヌートはこれを精算し、ネールホルムの自宅も保持することができた。マリーエは、三年の刑期を終えると、一九五二年二月一九日にクヌートが息を引き取るまでの二年を彼と共に過ごした。

〈さらに興味のある人に〉

クヌートは、一八八八年までの自らの生活を描いた『飢え』がベストセラーになり、三〇歳で脚光を浴びた。一八九八年の『ヴィクトリア』で世界的名声を得て、農業をしながら手掛けた『土地の恵み』で一九二〇年にノーベル文学賞を受賞した。彼の作品に興味がある人には、以下の三本の映画を見ることをお勧めしたい。『飢え』（原題／*Sult*, 監督／ヘニング・カールセン、製作国／デンマーク・スウェーデン・ノルウェー、製作年／一九六六年）、『ヴィクトリア』（原題／*Victoria*, 監督／トールン・リアン、製作国／ノルウェー、製作年／二〇一三年）、および『土地の恵み』（原題／*Markens grøde*, 監督／グンナー・ソマーフェルト、製作国／ノルウェー、製作年／一九二一年）。

作家としてのハムスンの人生に興味がある人には次の作品をお勧めする。『謎、クヌート・ハムスン』（原題／*Gåte Knut Hamsun*, 監督／ベンテイン・ボーション、製作国／ノルウェー、製作年／二〇〇六年）。これは、作品を通じて、ハムスンの生きざまを描こうとしたロバート・ファーガソンの『謎（*Enigima*）』に基づいて製作された。

（岡本健志）

第52章 ストックホルムでワルツを

原題／Monica Z［モニカ・Z］、監督／ペール・フリュ、製作国／スウェーデン、製作年／二〇一三年、日本公開年／二〇一四年、上映時間／一一一分

【主要対象国・地域】 スウェーデン、アメリカ
【キーワード】 スウェーデン、ジャズ、モニカ・セッテルルンド（ゼタールンド）、ビル・エヴァンス

〈ストーリー〉

主人公のモニカは、昼間はスウェーデンの田舎町ハーグヴォッシュで電話交換手として働いているが、夜は長距離バスでストックホルムに駆け付け、クラブでジャズを歌うシンガーだ。彼女はシングルマザーで、前夫との間にもうけた娘・エヴァ＝レナがいる。今はまだ無名だが、子育てと仕事を両立させて、いつの日か一流のジャズ・シンガーになることをひそかに夢見ている（【図1】）。

ある晩、クラブで歌っていると、著名なジャズ評論家のレナード・フェザーに声をかけられ、ニューヨークでの仕事のオファーを受ける。仕事はクリスマスの時期に当たり、もし引き受ければ、娘が楽しみにしていた休暇を台無しにしてしまうことになる。迷った挙句、ジャズの本場ニューヨークで歌いたいという気持ちを抑えられず、モニカは仕事を受けることにする。

【図1】歌うモニカを演じるエッダ・マグナソン

しかし結果は無残なものに終わる。ニューヨークのクラブでモニカは、一流の黒人ピアニスト、トミー・フラナガンのトリオと共演することになり、最初こそ、彼女はこの著名な奏者との共演に大喜びする。しかし、その黒人のトリオには楽屋が与えられていないことがわかる。そして演奏が始まると、少しずつ客が席を立ち始めるのだ。どうやら白人と黒人が共演することに不快感を抱いているらしい。

この後、立ち寄ったバーで憧れのジャズ・シンガー、エラ・フィッツジェラルドに会い、モニカは歌を披露し

てみる。しかしエラから「誰かの真似をするのではなく、自分の心を歌うことが大切よ。ビリー・ホリデイがそうしていたように」と言われてしまう。

モニカのニューヨークへの挑戦は失敗に終わったが、それでもそこから得るものは大きかった。まず、エラ・フィッツジェラルドの忠告を生かし、モニカはスウェーデン語でジャズを歌うことを試みる。ベース奏者のストゥーレが貸してくれたスウェーデン語の詩を、デイヴ・ブルーベック四重奏団の名曲「テイク・ファイヴ」に当てはめて歌うと、それが大ヒット。スウェーデン語によるジャズ・ヴォーカルは、モニカの重要なトレードマークになっていく。

モニカの夢が叶いつつあるように見えたのだが……。

ある年、ユーロビジョン・グランプリ（Eurovision Grand Prix 現ソング・コンテスト）で、スウェーデンの代表として歌うようモニカに誘いがかかる。ユーロビジョンというのは、ヨーロッパの国々が参加するポピュラー音楽の祭典で、各国の代表が歌を歌い、演奏して優勝を競う。ただし、ユーロビジョンに熱狂するのは主に若者たちで、案の定、ジャズ歌手のモニカは十分に実力を発揮できず、ひどい成績に終わってしまう。

恋多き女性であるモニカだが、恋愛もうまくいかない。夢も現実も思うようにならず、モニカは次第に人生に行き詰まりを感じ始める。父親には「お前には母親の資格はない」と叱責され、娘のエヴァ＝レナを取り上げられてしまう。八方ふさがりで、酒浸りになったモニカは、ついに大量の薬を飲んで自殺を図る。

そして、何とか一命をとりとめたモニカは一大決心をする。自分が歌ったデモテープを敬愛するジャズ・ミュージシャン、ビル・エヴァンスのもとに送り、共演を願う手紙をしたためたのだ。

〈作品の背景と現実〉

この映画は、その当時（一九六〇年ごろ）は世界的には、まだまだ無名な存在だったスウェーデンのジャズ・シンガー、モニカ・セッテルルンド（英語読みでは「ゼタールンド」と表記される）が、さまざまな苦難の果てに、成功を手に入れる感動の物語である。

北欧は世界の中でも、日本と並んでジャズが盛んなところである。デンマークのコペンハーゲンには、世界的に有名なジャズ・レーベル「スティープル・チェイス」があり、一九七〇年代には、デクスター・ゴードン、スタン・ゲッツ、そしてケニー・ドリューなどアメリカを代表するジャズメンたちの素晴らしい作品を制作・録音して、グローバルなジャズの発展を大いに盛り上げる役割を果たした。

なかでもデクスター・ゴードンは北欧がすっかり気に入り、一九六二年からの一五年間を北欧で過ごした。コペンハーゲンのモンマルトル・クラブを根城にコンサートのシリーズを企画し、ジャズを目指す若者に教え、多くのレコードを吹き込み、そして当時、ヨーロッパの各地で開かれていたジャズ・フェスティバルのほとんどに参加した。コペンハーゲンのジャズ・クラブはアメリカのジャズメンに多くの演奏する機会を提供した。夜ごと活気のあるジャズが流れて、この町は一時期、ニューヨークに次ぐジャズのメッカの様相を呈した。

スウェーデンの人々がジャズを好む気持ちも、デンマークのそれに劣るものではない。ジャズ・レーベルの「メトロノーム」は、数多くのモダンジャズの名盤を世に出してきた。また、ジャズ雑誌『オルケスター・ジャーナル（*Orkester Journalen*）』は一九三三年に創刊された。さらに、ロルフ・エリクソン（トランペット）やスタン・ハッセルガード（クラリネット）のような、スウェーデン出身で後にアメリカのジャズ・シーンで大活躍したジャズ演奏家も少なくない。本作品でも、当時の北欧で、ジャズがとくに中・上流階級の人たちに深く受け入れられていたことがわかる。

また、モニカがニューヨークで黒人奏者たちと共演する場面では、黒人奏者たちには楽屋が与えられないなど、人種差別的な扱いが見られるし、白人と黒人が共演することに対する白人聴衆の嫌悪感も描かれていて興味深い。当時のアメリカは公民権運動の最中だったが、北部のニューヨークですら、まだまだ人種融合が実現していないところもあった。この映画の見どころの一つは、当時のアメリカの人種関係に光を当てているところだろう。黒人であるデクスター・ゴードンがなぜ長期間北欧にとどまったのかも、その問題と無関係ではないと思われる。

〈さらに興味のある人に〉

モニカに大きな影響を与えたビル・エヴァンス（一九二九〜一九八〇）は、モダンジャズの世界でもっとも偉大なピアニストの一人であり、またもっとも愛されたピアニストの一人でもあった。彼のピアノ演奏は、白人アーティストのリリシズムに溢れたもので、ジャズといっても黒人臭さがほとんどなく、エヴァンスは黒人の歌であるブルースを弾くことも少なかった。彼が演奏する曲としては、ミュージカルの曲などが多かったが、そんな耳慣れた曲が彼の手にかかると、リリカルな美しさときらめきを持つまったく新しい音楽に変わって、それが目の前を軽快に駆け巡るのだ。エヴァンスの作品は数多いが、そのなかでも特に人気が高かったのが『ワルツ・

フォー・デビイ』で、このアルバムはその印象的なジャケットとともに、多くの人に愛された。

　モニカがビル・エヴァンス・トリオと共演したアルバムも『ワルツ・フォー・デビイ』というタイトルが付けられている。録音は一九六四年八月二三日で、モニカは英語で六曲、スウェーデン語で四曲を歌っている。エヴァンスのリリシズムと、モニカがスウェーデン語で歌う曲に漂う何とも言えないもの悲しさが混じりあって、とても心に残るアルバムになっている。とくにスウェーデン語で歌われる「ワルツ・フォー・デビイ」は印象深い。本作品を観て、モニカやビル・エヴァンスに興味を持たれた方は、ぜひこのもう一つの『ワルツ・フォー・デビイ』をお聴きになることをお勧めする。

　エヴァンスは、このアルバム『ワルツ・フォー・デビイ』の収録を含めて、一九六四年から七五年の間に、八回もモニカとの共演を行なっている。この事実は、彼がいかにモニカの歌を好み、彼女との共演を楽しんでいたかを物語っているだろう。

　そして、ジャズ・シンガーとしてのモニカの功績の一つは、ジャズ・ヴォーカルを自国語でも歌ったことであっただろう。アメリカ発のスタンダード曲をモニカがあえてスウェーデン語で歌おうとした理由は何だったのか。その答えも、このモニカとエヴァンスの共演アルバムに示されているように思う。

　スウェーデン・ジャズについては、古くは先に挙げたロルフ・エリクソンやスタン・ハッセルガードなどアメリカで活躍したミュージシャンが思い起こされるが、近年はスウェーデン発のミュージシャンがグローバルに活躍している。二〇〇〇年代半ば以降に、日本のジャズ雑誌でも北欧ジャズ、とくにスウェーデン・ジャズが取り上げられるようになったようだ。[1] ミュージシャンやCDの紹介のほか、二〇一〇年に始まったイースタッド・スウェーデン・ジャズ・フェスティバル（Ystad Sweden Jazz Festival）の様子がリポートされている。

　現代のスウェーデン・ジャズに触れるなら、音楽評論家・黒田恭一氏が推薦したジャズCDの中からセレクトされた楽曲集がお勧めである。[2] 雑誌『サライ』で連載されたCD評で取り上げられたものである。ライナーノーツに再録された氏の文章とともに、スウェーデンの透明な空気を運んでくれるような心地よい一枚だ。

〔椿　清文〕

註
（1）「スウェーデン・ジャズ紀行」『jazzLife』二〇〇九年一〇月号、四六―五二頁など。
（2）『私の愛したスウェーデン・ジャズ～黒田恭一さんを偲んで～』スパイスオブライフ、二〇一一年。

第53章

長くつ下のピッピ

原題／På rymmen med Pippi Långstrump［さすらいの長くつ下のピッピ］、監督／オッレ・ヘルボム、製作国／スウェーデン・西ドイツ、製作年／一九七〇年、日本公開年／一九七三年、上映時間／九九分

【主要対象国・地域】 スウェーデン

【キーワード】 児童映画、児童文学、メディア教育、アストリッド・リンドグレーン

〈ストーリー〉

トミーとアニカがピッピの家、「ごたごた荘」で遊んでいると、夕食の時間はとうに過ぎ、家へ帰ると両親が食事の後片付けをしていた。毎日ピッピの家から遅く帰ってくる二人を母親はきびしく注意する。次の日も些細なことから母親と喧嘩を始めた二人はピッピとともに家出することを決意した。

三人が「おじさん」と呼ばれる馬に乗り森の中を進んでいると、突然激しい雷雨にみまわれ、ふと見つけた廃墟で雨宿りをすることにした。その廃墟の中にはコンラッドという行商人がおり、彼は三人に強力のりをプレゼントした（【図1】）。

【図1】三人が森へ入ってゆくシーンより

翌朝、三人はコインを投げて示された道をひたすら進んでいた。ピッピが森で見つけた樽に入ると、そのまま川に流されてしまい三人ははぐれてしまう。ピッピは廃棄場で手に入れた壊れた自転車に乗り、トニーとアニカを探した。街の中で再会した二人の疲労困憊した姿を見て、ピッピは走る列車の上に飛び乗り、二人にも同じように飛び乗るように言った。さらにその列車から農夫が引く荷車に山と積まれた干し草を見ると、彼らはそれに飛び込み、そのまま農場へと連れて行かれてしまう。

農場には五人の子供がおり、ある時、ピッピは一番下の子供、ニルスが凶暴な牛の柵の中へ入ってしまうところを目にする。ピッピはとっさに赤い布をもち、闘牛士のようにその牛を引きつけニルスを助け出した。農夫はその礼としてピッピに故障した車をプレゼントし、ピッピがガソリンの代わりにコンラッドからもらった強力のりを入れると、車は猛スピードで走り出し、やがて空を

飛んで行く。

〈作品の背景と現実〉

本稿で取り上げた『さすらいの長くつ下のピッピ（*På rymmen med Pippi Långstrump*）』は、スウェーデンでは一九七〇年に製作された（【図2】）。日本では一九七三年に『長くつしたのピッピ』として劇場公開され、DVD版では『続・長くつ下のピッピ』というタイトルで流通している。[1] 現在『長くつ下のピッピ』としてDVD化されている作品は一九六九年にスウェーデンと西ドイツで共同製作されたテレビシリーズを再編集したもので、日本では一九七七年に劇場にかけられ、公開当時のタイトルは『ピッピの新しい冒険』であった。[2]

原作者アストリッド・リンドグレーンは映画用に本作品の脚本を執筆し、小さな物語を紡いで一つの映画またはテレビドラマとする従来のやり方ではなく、トミーとアニカの家出を物語の大きな軸とすることで、ストーリー展開の中で時間の流れをわかりやすく表現した。

【図2】

児童書の映画化に関して最も成功した例としてよく知られている彼女の作品が、スウェーデンで初めて映画化されたのは一九四七年の『名探偵カッレくん（*Mästerdetektiven Blomkvist*）』（一九四七）であった。監督を務めたロルフ・ヒュースバリは一九四五年にスウェーデン児童映画の金字塔として名高い『雪わり草』（一九四五）を監督している。

また、一九四九年にペール・グンヴァール監督によって初めて映画化された『長くつ下のピッピ（*Pippi Långstrump*）』では二六歳のヴィヴェカ・サーラシウスがピッピ役を演じているが、彼女は前年にオスカシュテアテルン劇場（Oscarsteatern）で上演された演劇版『長くつ下のピッピ』に出演したことで映画版の主役にも抜擢されたのである。しかし、インゲル・ニルソンのピッピに馴染みのある者には大人のピッピにはいささかの奇妙さを感じざるを得ない。とくに父親の船が帰港した場面で、子どもたちにまざり手を振るサーラシウスのピッピを目にすれば、違和感を抱くとともに、この作品を児童映画と認識するのは非常に困難である。

リンドグレーンはこの四九年版ピッピの失敗もあり、彼女の児童書を原作とする映画のほとんどの脚本を彼女自身で手がけるようになる。そして六〇年代から七〇年代にかけて、オッレ・ヘルボム、オッレ・ノルデマルと共同で数々の作品を作り出し、スウェーデン児童映画界を牽引する存在になったのである。スウェーデン映画協会（Svenska Filminstitutet）が公表している一九六五年から二〇一七年にかけての来場者数の調査では、上位三〇作品中、六作品がリンドグレーン＝ヘルボム＝ノルデマル映画であることからも、世代を超えて愛される児童映画を彼女らが世に送り出していたことがわかる。(3)

しかし、映画のように大衆性と芸術性を併せ持つメディアでは、観客人気と論評には相容れ難い間隙が生じることがしばしばある。たとえば、『スヴェンスカ・ダーグブラーデット』紙では、本作品について次のように論じられている。

「『さすらいのピッピ』は良い作品どころか、逆に悪い作品となっている。おそらく、写実性をおとぎ話へと組み入れたいという願望から、物語のテンポの良さがまったくなくなり、リズム感が失われ、単調になってしまっている」（Hans Schiller, *Svenska Dagbladet*, 1970-11-15）。

また、『エクスプレッセン』紙は「子どもたちの、親や権力への反抗、つまりピッピシリーズに共通する大人たちへの不服従というテーマは、この作品では非常に限られている」と評した（Eric Sjöquist, *Expressen*, 1970-11-15）。

ピッピシリーズに限らず、リンドグレーンは多くの場合、理想的なシチュエーションの中で子どもや家族を描いてきた。子どもたちが自分の置かれている状況や将来についての不安を抱かなくとも成立する牧歌的かつ至高な世界を小説や映画の中で表現してきたともいえる。しかしながら、一九六〇年代から七〇年代にかけて、スウェーデンにおける子どもと家族を取り巻く環境は大きく変化していた。女性の労働市場への参画が急激に進むと、旧来の母と父、そして子どもといった家族像は徐々に解体されてゆくこととなる。女性が一個人として力を持ち始めるのはもちろんのこと、子どももまた大人の所有物としてではなく、個人として社会福祉の対象と考えられるようになった。その社会的背景に反応するかのように、リンドグレーンの描く理想の児童期が同時代の子どもの真の姿ではないとして、「非リンドグレーン」的な映画が七〇年代に入ると次々に登場するのもまた興味深い事実である。

今や世界的に認められているリンドグレーン原作の映画とは別の流れが、一連の児童書の映画化の裏で胎動しているのも、この時代の児童映画に関する特筆すべき特徴なのである。

〈さらに興味のある人に〉

スウェーデンにおける児童映画の一九七〇年代後半は黄金期と認識されることがある。リンドグレーン映画のほかに、それとは性格を異にする良質な児童映画、あるいは子どもを主人公とした映画が六〇年代後半から次々と製作され、七〇年代の終わり頃にはその最盛期を迎えるのである。

たとえば、シェル・グレーデ監督の『天使のともしび』(一九六七)やカイ・ポラック監督の『エルヴィス!エルヴィス!(*Elvis! Elvis!*)』(一九七七)は、現代を代表するスウェーデンの児童文学作家マリーア・グリーペの作品をもとにし、日常生活のなかで子どもと大人が認識する世界の違いを巧みに描き出した。とくに後者では、ポラック監督は子どもの目線に合わせたローポジションのショットを多用し、日常生活で子どもが体験している世界を視覚的に表現するとともに、物語の主人公の心象風景をみごとに示してみせた。また、ロイ・アンデション監督は『スウェーディッシュ・ラブ・ストーリー』(一九七〇)のなかで、みずみずしい田園風景にのせて、子どもたちの淡い青春を繊細に表現している。北欧のヌーヴェル・ヴァーグの担い手として注目されることの多いボー・ヴィーデルバリ監督も一九七四年に『サッカー小僧』を監督し、プロとしてサッカーをする六歳の少年が、普通の子どもの生活が送れないことで葛藤する姿を描いている。

アニメーションでは、一九七四年の『ドゥンデルクルンペン!(*Dunderklumpen*)』(一九七四)も児童映画の名作として名高い。森に住むドゥンデルクルンペンが友達を探すために人間の家のおもちゃに命を吹き込み、さまざまなドラマを繰り広げるというこの作品は、実写とアニメーションを組み合わせて製作され、完成までに四年もの歳月を要した。この作品で監督を務めたアニメーション監督のペール・オリーンは『山賊のむすめローニャ』(一九八四)でアニメーション部分の監督をしている。また、主演のベッペ・ヴォルゲシュはこの作品の脚本も担当しており、ピッピシリーズではピッピの父親役をつとめている。

こうした作品群は、リンドグレーン映画とともにスウェーデンの児童映画の名声を高め、それらを芸術的な類型へと成熟させる大きな原動力となったのだ。

〔新堀太一〕

註

(1)「長くつしたのピッピ」『キネマ旬報』一九七三年三月下旬号、一六〇―一六一頁。
(2)「ピッピの新しい冒険」『キネマ旬報』一九七七年九月下旬号、一七八頁。
(3)スウェーデン映画協会ホームページ、Svenska Filminstitutet Analyser och Statistik,〈https://www.filminstitutet.se/sv/fa-kunskap-om-film/analys-och-statistik/biografstatistik/〉(二〇一九年七月二〇日閲覧)。

第54章

劇場版ムーミン 南の海で楽しいバカンス

原題／Muumit Rivieralla［ムーミン一家 リヴィエラへ］、監督／グザヴィエ・ピカルド、製作国／フィンランド・フランス、製作年／二〇一四年、日本公開年／二〇一五年、上映時間／七七分

【主要対象国・地域】 ムーミン谷、フランス（リヴィエラ）
【キーワード】 ムーミン、トーヴェ・ヤンソン、フィンランド、言語的マイノリティ

〈ストーリー〉

霧立ち込める海。海賊船に、ミムラとリトルミイの姉妹が捕らわれている。ムーミン谷の明かりを見た海賊たちは襲撃を試みるが、あえなく船は座礁する。ミムラとミイを救出したムーミン一家は、座礁した海賊船から花火や本、熱帯植物の種を発見して喜ぶ。彼らは宝箱いっぱいの金貨には目もくれない。海賊たちは呆れて船に戻る。

フローレンがセレブ女優オードリー・グラマーのグラビアを見てため息をつく。南フランスのリゾート地リヴィエラ。そこでは贅沢な暮らしが営まれているという。ムーミンパパは大いに心を動かされる。フローレンの「リヴィエラに行かない？」の一言から、ママの「月が出ているし、いいわね」、パパの「運が良けりゃ嵐に乗ってひとっとびだ」、で旅立ちが決まる。一行は帆を張った小さなボートで海へ漕ぎ出す。ミイも一緒だ。

リヴィエラは、ムーミン谷とは異質の世界である。透きとおった海の水。賑やかなビーチ。豊かに実るオレンジ。そして、どこまで行っても私有地が続く。一行は、「ようこそ」と書かれた邸宅に招かれたと勘違いしたようだ。パパは豪華ホテルで「ド・ムーミン」と名乗り、ロイヤルスイートに案内されてしまう。従業員や宿泊客は、ムーミン一家を大金持ちと思い込む。フローレンは、憧れのセレブ、オードリーやプレイボーイの貴族クラークと接近して浮足立つ。しかし、実際にはお金のないフローレンはビキニを買いに行ったブティックで冷たくあしらわれる。そこで彼女は、カジノに出向き一獲千金を試み、首尾よく成功する。フローレンは、リヴィエラの暮らしをさらに楽しんでいく。ムーミンパパは若かりし頃の冒険譚を語り、風変りな人が好きだというモンガガ侯爵は興味をかきたてられる。一方、ムーミンとムーミンママは窮屈なホテル暮らしをやめ、野宿をはじめるが

……。

〈作品の背景と現実〉

二〇一四年は、トーヴェ・ヤンソン（ヤーンソン）の生誕一〇〇年にあたる。『ムーミン　南の海で楽しいバカンス』は、トーヴェの姪ソフィア・ヤンソンの「手描きのムーミンコミックスをもとにしたアニメーションがあれば」との思いから始まったプロジェクトが、トーヴェの生誕一〇〇年に結実したものである。

ムーミンの親友、スナフキンのハーモニカに始まる本作品は、トーヴェの線描が丁寧に再現されている。冒頭、スナフキンがムーミン屋敷を目指して歩く。彼が歩く風景を眺めていると、まるで自分がムーミン谷を訪れるようだ。辿り着いたムーミン谷では、集った人々にムーミンママが飲み物をふるまっている。トーヴェは著作の中で、ムーミンにこの谷のことを語らせている。「だれでも、すっかり安心していられる谷なんだよ。あそこは。目をさますときはうれしいし、晩にねるのもたのしいのさ。」[1]

しかし、この谷は閉ざされた場所ではない。スナフキンは、秋には谷をあとにして南を目指し、春には再び戻って来る。海賊たちは海からやって来て、また去って行く。

本作品では、ムーミンたちは谷を飛び出し、リヴィエラへ行く。華やかで、何もかもが初めて目にするものばかりだ。そこへいち早く順応するのが、金のアンクレットをつけ、前髪を整え、宝石やダンスが好きな女の子、フローレンである。彼女は、さながら水を得た魚のよう。ビキニが買えないと知りショックを受けるもつかの間、カジノで大金を得るとブティックへ舞い戻る。そこでは、ランウェイを歩くモデルよろしく次々とモード最先端のコレクションを買い求める。リヴィエラ行きへ乗り気だったムーミンパパは、やはりセレブのモンガガ侯爵との交際を楽しむ。モンガガは、パパが貴族を詐称するボヘミアンだと知り、大いに喜び、自分が芸術家であると打ち明ける。彼は憧れのボヘミアン暮らしをしてみたいと浜辺を訪れ、ムーミン一家を運んできたボートの下で一家と一緒に暮らし始める。野に咲くユリのように暮らせないものか、と言っていたモンガガだが、実際のボヘミアン暮らしには耐えられなかった。パパのふるまうワインは、なんともまずく、ボートの下は寒いうえ、体が冷えてもコーヒーが買えない。ひとしきり芸術のための貧しい暮らしを楽しんだモンガガは、元の暮らしに戻る。住む世界が違うのだ。

本作品は、ムーミンとしてはきわめて異色だ。今回の舞台にはリヴィエラが選ばれている。プロデューサーであるハンナ・ヘミラのインタヴューによれば「今までムーミンを知らなかった多くの人にムーミンを知ってもらおう」という狙いがあったとのことだ。「ムーミン谷で物語を展開するよりも全く知らない場所で普段の習慣や文化の違いを見せるほうがより理解できると考えた」という。「いつもと違うキャラクターを登場させるほうがムーミンをわかってもらえると思った」と。本作品はトーヴェ・ヤンソン作のムーミンコミックス『ムーミン南の海へ行く』[2]を軸に、『ご先祖様は難破船あらし!?』[3]、や『ムーミン一家とメイドのミザベル』[4]などの挿話がちりばめられている。冒頭でムーミン谷の穏やかな暮らしぶりやキャラクターを丁寧に描くことによって、中盤からのリヴィエラでの暮らしが鮮やかになる。しかし、映画の終盤、ムーミン谷へと戻るボートは嵐に遭遇し、沈没を避けるため、リヴィエラに由来するものが全て海に投げ捨てられてしまう。それを指揮するのは、今回出番の少なかったミイである。彼女は、やはり重要な場面で活躍する。

いつもならムーミンたちの事件や騒動は、ムーミン谷で繰り広げられる。一九四五年に『小さなトロールと大きな洪水』が、フィンランドとスウェーデンで出版された。大ヘビが棲んでいる沼地やアリジゴク、嵐、そして何よりもパパの不在が読者の不安をかきたてる。当時、フィンランドは第二次世界大戦中に二度の対ソ連戦（第23章参照）を経験している。その世相も反映しているのだろう。挿絵のタッチも、のちのものと比べると暗い。ムーミンの小説は九冊出版された。シリーズの終盤、『ムーミンパパ海へ行く』（一九六五）では、パパの冒険への想いから、一家は谷を出て孤島で暮らし始め、家族の危機が訪れる。ムーミンの最後の小説『ムーミン谷の十一月』（一九七〇）で、読者は一家が再びムーミン谷へ帰ることを予感する。

ムーミンの活躍の場は小説にとどまらない。一九五四年、英国の夕刊紙『イヴニング・ニューズ』で、ムーミンコミックスの連載が始まった。コミックスは小説と比較して、キャラクターの性格が強調されて描かれている。内容も明るく、荒唐無稽だ。四コマ漫画のため、より分かりやすい表現になっている。コミックスにのみ登場するキャラクターもいて、小説とはまた違った味わいがある。本作品はコミックスを原作にすることで、プロデューサーのハンナ・ヘミラの狙いが当たったといえよう。そして、何より、トーヴェの姪ソフィアの「手描きのムーミンコミックスをもとにしたアニメーションがあれば」という思いが叶ったのだ。

〈さらに興味のある人に〉

ムーミンの作者、トーヴェ・ヤンソンは、一九一四年、ロシア帝国フィンランド大公国の首都ヘルシンキに生を享けた。当時のフィンランドはまだ独立を果たしていない。一二世紀からおよそ六五〇年のスウェーデン時代を経て、一九世紀からはロシア領となり、二〇世紀のロシア革命を機に一九一七年に独立を宣言するに至る。過去のスウェーデン支配の影響のため、フィンランドでは現在も公用語として、フィンランド語とともにスウェーデン語が用いられている。人口に占めるスウェーデン語話者の割合は五%ほどである。トーヴェの父で彫刻家のヴィクトル・ヤンソンはスウェーデン語系フィンランド人であり、母の挿絵画家シグネ・ハムマシュテン・ヤンソンはスウェーデン人である。二人は、留学先のパリで出会っている。ふたりの芸術家の子どもトーヴェは、ムーミンをはじめとする作品をスウェーデン語で執筆した。

ロンドンの古書店から購入した1957年版のムーミンコミックス 初版本

彼女は両親から受け継いだ才能を開花させ、その名前を広く世界に響かせてゆく。スナフキンのモデルとなった左派系知識人との恋、その後、同性の伴侶を得て暮らす姿は伝記や映像作品にも詳しい。

今やムーミンは、フィンランドのアイコンである。そして、そのアイコンを作ったのは、小国に生まれた女性、レズビアン、言語的マイノリティであった。監督のグザヴィエ・ピカルドは、この映画に「特別なメッセージは入れていない」という。本作品には、猫しか好きになれない犬のピンプルが登場する。筆者はこのピンプルの姿とトーヴェを重ねてみてしまうのだ。

〔北川美由季〕

註

（1）ヤンソン『ムーミン谷の彗星』山室静訳（講談社文庫、一九七八年）、一一二頁。

（2）トーベ&ラルス・ヤンソン作『ムーミンの冒険日記 ムーミン南の海へ行く』野中しぎ訳（福武書店、一九九二年）。

（3）トーベ&ラルス・ヤンソン作『ムーミンの冒険日記 ご先祖様は難破船あらし!?』、野中しぎ訳（福武書店、一九九一年）。

（4）トーベ&ラルス・ヤンソン作『ムーミンの冒険日記 ムーミン一家とメイドのミザベル』野中しぎ訳（福武書店、一九九二年）。

第55章 オンネリとアンネリのおうち

原題／Onneli ja Anneli［オンネリとアンネリ］、監督／サーラ・カンテル、製作国／フィンランド、製作年／二〇一四年、日本公開年／二〇一八年、上映時間／八〇分

【主要対象国・地域】 フィンランド

【キーワード】 児童文学、仲良しの女の子、家族関係、疎外感

〈ストーリー〉

オンネリとアンネリは、七歳の仲良しの女の子。夏休みも、泳ぎに行ったり、アイスクリームを食べたりして、一緒に過ごしている。たくさんの兄弟姉妹のいる大家族と暮らすオンネリと、お父さんとお母さんが別々に暮らしていて、両親それぞれの家を行ったり来たりしているアンネリの二人は、いつしか、二人だけの家を持つことを夢見るようになる。

ある日、二人は、道端で「正直者にあげます」と書かれた封筒を見つける。警察に届けると、中から出てきたのはお金。「君たちのものだよ」と警察官のリキネンさんから、封筒を手渡されたものの、二人は元にあったところに戻すことにする。封筒を拾ったステキなお家の前にやってきた二人は、そこで、家主の「バラの木」夫人から、この家が売りに出されていることを聞く。ふさわしい買い手である二人の小さな女の子を探しているというバラの木夫人に、今日偶然お金を拾ったことを話す二人。「出来事には理由があるものよ」というバラの木夫人の言葉に導かれるように、二人はその家を購入する。

素敵な調度品、可愛らしいワードローブ、美味しいお菓子がいっぱいの家に二人は夢中。家に帰ることをすっかり忘れていた二人は、翌朝、慌てて自宅に戻る。まず、アンネリのお母さんの家に行くと、人の気配がなく、「月末に帰ります」という書き置きだけが残されていた。アンネリが行くことを、お父さんがお母さんに電話し忘れたのだと肩を落とすアンネリに、オンネリは「出来事には理由があるものよ」と励ます。つぎに、オンネリの家に行ってみると、小さな弟や妹たちにかかりきりのお母さんは、オンネリが夕べ不在であったことにも気づいていない。「出来事には理由があるものよ」というアンネリの言葉に背中を押されるように、「アンネリと二人の家に住んでもいい？」とお母さんに尋ねてみると、聞いているのだか聞いていないのだかわからないような様子で、「いいわよ」という言葉。こうして二人と、可愛い

小鳥のドリンダとカミッラの暮らしが始まる。

お隣に住むのは、少し気難しそうなウメ・ボーシュさん。豚の貯金箱を売っている。もう一方のお隣は、ノッポティーナさんとプクティーナさん。とても楽しい二人のまわりには、一口ごとに味の違うケーキや、赤い毛に青と黄色の眼の猫、エンドウ豆から出てくる素敵なアクセサリー、特別な卵を産むにわとり等々、不思議がいっぱい。

「今日も最高だったね」と語り合いながら眠りにつく二人。そこへ何やら怪しい影が。鳥の鳴き声に不穏な様子を感じ取った二人は、泥棒らしき人影がボーシュさんの家に入っていくのを見る。二人は、泥棒を追ってボーシュさんの家へ。リキネンさんとノッポティーナさん、プクティーナさんも駆け付けたものの、すでに泥棒は逃げたあと。ボーシュさんが大切にしていたお花が描かれたブタの貯金箱が壊れ、ノッポティーナさんとプクティーナさんの大切なにわとりが盗まれてしまう。周囲を巻き込みながら、二人の犯人探しが始まる……。

〈作品の背景と現実〉

原作である「オンネリとアンネリ」シリーズは、本作『オンネリとアンネリのおうち』（一九六六）のほか、『オンネリとアンネリのふゆ』（一九六八）、『オンネリとアンネリとみなしご』（一九七二）、『オンネリとアンネリと眠り時計』（一九八四）の四冊の他、同シリーズに脇役として登場するプッティが主役の関連シリーズ二冊を含め、計六冊が刊行されている。著者のマリヤッタ・クレンニエミ（一九一八〜二〇〇四）は、児童文学・青少年文学の作家として、三〇以上の著作と、二〇〇近い翻訳や再話作品を世に送り出しており[1]、この「オンネリとアンネリ」シリーズは、彼女の代表作である。

いろどり豊かな映像や、子どもの夢が詰まったようなディテールなど、全篇に漂う幸福感とは裏腹に、本作で描かれる家族はいずれも問題を抱えている。主人公のひとり、オンネリは、両親と九人きょうだいの大家族。ただでさえ、賑やかなこの家庭において、まだまだ手がかかる小さい弟妹たちの存在もあって、両親の目は子どもひとりひとりに十分には届かない。もう一方のアンネリも、両親が離婚しており、新たなパートナーと暮らす父の家と大学教員として忙しく働く母の家とを行ったり来たりしながら生活している。

ここで描かれるのは、子どもに向ける関心が薄い親の姿である。二人の両親は、いずれもオンネリやアンネリに対する愛情がないわけではない。映画の冒頭でも、アンネリにやさしく語りかける父の姿が描かれているし、オンネリの両親も忙しくしているが、子どもにつらくあたる訳ではない。様々な理由から、子どもに十分な関心を払うことができていないのである。子どもたちは、そのことに直感的に気づき、寂しさを感じている。

寂しさを感じているのは、主人公二人だけではない。お隣に住むウメ・ボーシュさんは、愛する夫を病気で失って以来、心を閉ざしてしまっている。二人が通うアイスクリーム屋さんは、スロットをしたいからと祖母からお金を無心され、僅かな売り上げからお金を渡す毎日を過ごしている。その祖母から教わったバニラ味だけを売っているその姿からは、祖母への思慕がうかがわれ、切ない。おとぎ話のような夢物語の中には、多様な家族のあり方や家族が抱える問題という「現実」が埋め込まれているのである。こうした人々が持つ「疎外感」は、フィンランドの教育においても、社会においても、大きな問題と考えられているものである。

本作は、大人に邪魔されることなく、美味しいお菓子や素敵な洋服など自分の好きなものに囲まれ、自分たちの好きなように日々を送る子どもたちの「夢の生活」を描きつつ、ままならない現実に希望の光を灯(とも)すように、魔法のような家族再生の物語を紡(つむ)ぐ。オンネリとアンネリの両親は二人に寂しい思いをさせたことを詫び、ウメ・ボーシュさんは新たなパートナーを得、アイスクリーム屋さんはノッポティーナさんとプクティーナさんの協力を得ながら、おばあちゃんとともに新しいフレーバーのアイスクリームの開発に挑む。黒ばかりであったオセロゲームがあっという間に白へと変わるように、ひとつの出来事がみんなの状況を好転させていく、とても幸福な物語が展開されるのである。

そのような中でも、オンネリとアンネリが戻るのが、家族の元ではなく、二人の生活であり、二人の家であるのは、子どもたちの「夢」の物語であり、また、自立心旺盛な北欧の女の子の物語であるからだろうか。

〈さらに興味のある人に〉

「オンネリとアンネリ」シリーズは、本作のほか、『オンネリとアンネリのふゆ（*Onnelin ja Annelin talvi*）』（二〇一五）、『オンネリとアンネリとひみつのさくせん（*Onneli, Anneli ja Salaperäinen muukalainen*）』（二〇一七）の二作品が、同じスタッフ、同じキャストで映画化されている。第一作の世界観をそのままに展開される物語とともに、オンネリとアンネリを演じる二人の少女（アーヴァ・メリカント、リリヤ・レフト）の成長を映画の中で楽しむことができる。

オンネリとアンネリのような自立心と好奇心に溢れる女の子の物語――本書において取り上げられているアストリッド・リンドグレーンのピッピ（『長くつ下のピッ

ピ』第53章など）やロッタちゃん（『ロッタちゃんと赤いじてんしゃ』など）――は、北欧児童文学の得意とするところであるが、本作と同じフィンランドの児童文学を原作とする魅力的な女の子たちの物語として、『ヘイフラワーとキルトシュー（*Heinähattu ja Vilttitossu*）』（二〇〇五）も興味深い作品である。同作は、「オンネリとアンネリ」シリーズ同様、主人公の女の子たちの名前がタイトルに冠されているが、オンネリとアンネリのような「仲のよいともだち」ではなく、姉妹の物語である。同じく姉妹の物語である日本の『となりのトトロ』のサツキとメイのように、しっかり者のお姉ちゃんヘイフラワーが、甘えんぼうの妹キルトシューの世話を焼きながら、研究に没頭しているお父さんと家事が苦手なお母さんのことを気にかけつつ家族のために奮闘する姿を描いている。

また、フィンランドの児童文学を原作として、日本で製作されたフィンランドが舞台の少女の物語に、斎藤博監督の『牧場の少女カトリ』（一九八四）がある。フジテレビ系の「世界名作劇場」の一作品として、日本アニメーション社が製作し、全四九話で、一年間にわたって放送された。これは、一九三六年に書かれたアウニ・ヌオリワーラの『牧場の少女（*Paimen, piika ja emäntä*）』（原題の意味は［羊飼い、メイド、女主人］）を原作とするアニメーション作品であり、九歳で農場に働きに出た少女カトリが、一生懸命働きながら、様々な人との出逢いを通じて読むことを覚え、学ぶことの楽しさを知り、成長していく物語である。そして、困難な家庭環境から自立を求められた少女が、自らの人生を切り拓いていくストーリーが、話の舞台の時代的状況も原因であろうが、日本で作られたことによりどこか「おしん」の幼少時代を彷彿させる物語となっており、オンネリとアンネリやヘイフラワーとキルトシューとは共通点もあるものの、そこには異なるアプローチが存在する。そこで、フィンランドの少女を描いた物語における、日本とフィンランドの比較をしてみるのも面白いかもしれない。

【図１】

〔渡邊あや〕

註

（1）マリヤッタ・クレンニエミ『オンネリとアンネリのおうち』（福音館書店、二〇一五年）（【図1】）の渡部翠による「訳者あとがき」。

第56章 ノーベル殺人事件

原題／Nobels testamente［ノーベルの遺言］、監督／ピーター・フリント、製作国／スウェーデン、製作年／二〇一二年、日本公開年／劇場未公開、二〇一三年DVDのみ発売、上映時間／八九分

【主要対象国・地域】スウェーデン
【キーワード】ノーベル、ノーベル生理学・医学賞、カロリンスカ研究所、授賞者選考、リサ・マルクルンド

〈ストーリー〉

一二月一〇日夜、ストックホルム市庁舎（【図1】）では毎年恒例のノーベル賞晩餐会が開かれていた。取材のため出席していた新聞記者のアニカ・ベングソンは、晩餐会後、「黄金の間」でのダンス・パーティー中、自分のすぐ近くで踊っていた女性が何者かに射殺されるのを目撃した。射殺されたのは、ノーベル生理学・医学賞の選考にかかわるノーベル委員会委員長、キャロリン・フォン・ベーリングであった。犯人の女は現場の混乱を利用して逃走した。

アニカは有力目撃者として警察から事情聴取されるが、犯人逮捕まで事件について口外することを禁じられ、記者として活動できなくなってしまう。しかし、アニカは記者としての使命感から独自に事件の全容を解明すべく取材を重ねる。

【図1】ノーベル賞晩餐会が行なわれるストックホルム市庁舎／筆者撮影

ノーベル生理学・医学賞の選考は、医学の教育・研究を行なうカロリンスカ研究所が担当している。アニカは同研究所の教授たちに接触し、殺された委員長が選考をめぐり何者かに脅されていたことをつかむ。アニカの取材中にも関係者が次々に殺される。

〈作品の背景と現実〉

本作品の原作は、スウェーデンのミステリー作家、リサ・マルクルンドが二〇〇六年に出版した『ノーベルの遺言（*Nobels testamente*）』である。新聞記者アニカ・ベ

ングソンを主人公にする人気シリーズの第六作にあたる。現在、北欧のミステリーは日本でも次々に翻訳されているが、本作品の原作もすでに邦訳が出ている（リザ・マークルンド『ノーベルの遺志』上・下、久山葉子訳、創元推理文庫、二〇一三年）。映画は原作の筋を基本的に踏襲しているが、削除した部分も多いため、是非原作も手に取ってもらいたい。

本作品の題材は、ノーベル賞である。今や世界で最も権威ある賞としてその地位を確立している。日本では毎年一〇月になると、日本人受賞者が出るか否か、その発表に注目が集まる。日本のマスメディアの大騒ぎは秋から冬にかけての風物詩となっている。

【図2】アルフレッド・ノーベル（1885年）
©The Nobel Foundation

日本人はノーベル賞の選考結果に一喜一憂しているが、同賞の詳細について十分理解しているとは言い難い。とくに、選考をめぐる事情は知られていない。ノーベル賞受賞者はいかなる過程を経ていかなる基準で決定されるのであろうか。選考をめぐる事情を知ることで、ノーベル賞を冷静に見ることができよう。

ノーベル賞は、スウェーデンの実業家、アルフレッド・ノーベル（ノベル）（【図2】）の遺言に基づき、その遺産を原資として一九〇一年に始まった賞である。「ダイナマイト」の発明で有名なノーベルは、生涯にわたり爆薬の開発を続け、数多くの特許を取得し、国際的大企業のトップとなった。ノーベルは、一八九六年一二月一〇日、イタリア・サンレモの自宅にて六三歳で死去したが、生涯、独身で子供もいなかったため自分の遺産の扱いについて頭を悩ませた。一八九五年一一月二七日付け遺言は、遺産の大半を基金とし、安全な有価証券に投資し、その利子を「その前年に人類に最大の利益をもたらした人たちに、賞の形で毎年分配されるものとする」と規定していた。さらに遺言は、賞金が授与される五分野（物理学、化学、生理学または医学、文学、平和）と選考母体についても具体的に明記していた[1]。

本作品のテーマである生理学・医学賞は、ノーベルの遺言によれば、「生理学または医学の領域で最も重要な発見をした人物」に与えられる。しかし、考えてみれば、この「最も重要な発見」について、毎年誰もが認めるものが一つ見つかるわけではない。生理学、医学分野にも多様な研究領域がある。また、自然科学系のノーベル賞の場合、その発見が学界において検証され、誰もが認めるまでには通常長い時間が必要となる。「発見」から二〇年、三〇年経ってからの授賞もありうる。さらに、一つの賞につき授賞者は最大三名という枠もある。研究が複雑化、巨大化し、多数の研究者がチームになって研究する時代に一つの「発見」を三名に帰することはますます難しくなっている。そのため、賞を選考する側は、順番待ちをしている多数の領域の「発見」の中から授賞者を最大三名選び出すという困難な作業を強いられる。いかなる領域のいかなる「発見」の誰に賞を与えるのか、それは選考する側の極めて恣意的な判断にゆだねられている。重要な「発見」をし、学界でノーベル賞に値すると考えられていても、結局受賞に至らなかった科学者も多い。また、現在のノーベル賞の規定によれば、授賞者は少なくとも発表日まで存命でなければならない。

ノーベル生理学・医学賞の選考は、カロリンスカ研究所のノーベル会議（研究所の教授五〇名で構成）が最終決定権をもつが、候補を絞り込む作業は同会議の任命するノーベル委員会（委員五名と書記で構成）が行なう。選考の流れは、以下の通りである。

前年九月、カロリンスカ研究所から推薦有資格者に対して候補の推薦依頼状が出される。物理学賞、化学賞と同様に生理学・医学賞も、推薦依頼状を受け取った者にのみ推薦を限定している。これは、推薦者に高水準の専門性を要求する結果であろう。推薦状の締め切りは、翌年一月三一日である。二月以降、提出された推薦状は、カロリンスカ研究所のノーベル委員会で審査される。三月以降、同委員会は授賞対象の領域を議論し、候補に関して評価報告書を各分野の専門家に依頼し、さらに提出された報告書に基づき、候補の絞り込みを行なう。九月、ノーベル委員会は最終候補に関して報告書をノーベル会議に提出する。一〇月の第一月曜日、ノーベル会議は多数決で授賞者を決定し、直ちに発表する。

以上のように、ノーベル生理学・医学賞の授賞者は最終的にノーベル会議が投票で決定する。五〇名による投票であるため、買収などの工作は難しく、公平な決定になると考えられている。しかし、候補の絞り込みでは五名のノーベル委員会が大きな権限をもつことがわかる。そのため、本作品ではこのノーベル委員会の委員長が脅迫の対象になり、晩餐会会場で殺されたのである。本作品は、あくまでもフィクションであるが、選考をめぐる事情を踏まえたストーリーになっている。特に、生理学・医学賞をはじめとする自然科学三賞の場合、その発見や発明の特許がビジネスに直結し、莫大なお金が動くこともある。実際に、ノーベル賞の対象になった研究について、報酬や研究開発費をめぐり科学者と企業がもめた事例もある。ノーベル賞は、真理の探究、平和の追求という高邁な理想だけではなく、ノーベルが想定していなかった人間の名誉欲、金銭欲、国の威信なども映し出す鏡のような存在かもしれない。

〈さらに興味のある人に〉

授賞通知を受けてから授賞式までの約二ヵ月間、ノーベル賞受賞者がいかに過ごすかについては、ノーベル文学賞受賞者を事例にした以下のフィクション映画が詳しい。到着後の目の回るようなスケジュールがわかる。『天才作家の妻　四〇年目の真実』（原題／*The Wife*［妻］、監督／ビョルン・ルンゲ、製作国／スウェーデン、アメリカ、イギリス、製作年／二〇一七年、日本公開年／二〇一九年、上映時間／一〇一分）。

ノーベル賞が実際にいかに決まったかを明らかにするのは、困難な作業である。というのも、ノーベル賞の選考文書は五〇年間非公開となっているからである。現在、開示された選考文書に基づき選考過程を分析した研究が徐々に出ている。たとえば、自然科学分野ではカロリンスカ研究所教授としてノーベル生理学・医学賞の選考に長くかかわり、その後、スウェーデン王立科学アカデミー事務局長として化学賞、物理学賞にもかかわったノルビによる研究がある。[2] また、日本人候補に関しては岡本拓司東京大学教授や筆者による一連の研究がある。[3]

（吉武信彦）

註

（1）経済学賞は、一九六八年にスウェーデンの中央銀行が創立三〇〇周年を記念して経済学賞を設けることを提案し、翌六九年からノーベル賞と同等の扱いをする賞として始まった。正式名称は、「アルフレッド・ノーベルを記念するスウェーデン銀行経済学賞」である。

（2）アーリング・ノルビ『ノーベル賞はこうして決まる——選考者が語る自然科学三賞の真実』千葉喜久枝訳（創元社、二〇一一年）、同『ノーベル賞の真実——いま明かされる選考の裏面史』井上栄訳（東京化学同人、二〇一八年）。

（3）最近の研究として、岡本拓司「日本の物理学とノーベル賞——湯川秀樹と朝永振一郎の受賞まで」『現代思想』第四四巻第一二号、二〇一六年。拙稿「ノーベル賞からみた日本・スウェーデン関係——その歴史的展開と今後の課題」岡澤憲芙監修、日瑞一五〇年委員会編『日本・スウェーデン交流一五〇年——足跡と今、そしてこれから』（彩流社、二〇一八年）。

第57章 ミレニアム　ドラゴン・タトゥーの女

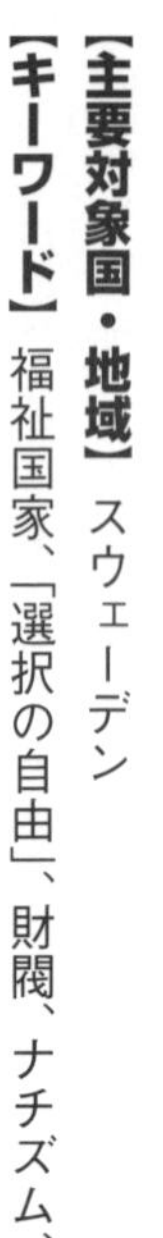

原題／Män som hatar kvinnor〔女たちを憎む男たち〕、監督／ニルス・アーデン・オプレヴ／製作国／スウェーデン・デンマーク・ドイツ、製作年／二〇〇九年、日本公開年／二〇一〇年、上映時間／一五二分

【主要対象国・地域】 スウェーデン

【キーワード】 福祉国家、「選択の自由」、財閥、ナチズム、女性虐待

〈ストーリー〉

実業家ヴェンネルストゥルムの不正な利益取得を記事にして名誉毀損の有罪判決を受けた雑誌『ミレニアム』の発行責任者ミーカエルは、ヴァンゲル財閥の老総帥ヘンリックの依頼で彼の姪孫ハリエット失踪の調査依頼を受けた。調査を開始したミーカエルはヴァンゲル一族の過去を探るも、ハリエットの日記に遺された暗号の意味をわかりかねていた。

【図1】謎に挑むリースベットとミーカエル

背中にドラゴンの刺青をもつリースベットは、かつてミーカエルの身辺調査中にハッキングした彼のパソコンからハリエットの調査資料を盗み見し、彼女が残した暗号が聖書の文言に関連するとの示唆をミーカエルに与え、彼と接触した。ミーカエルは天才的なハッキング技術をもつリースベットをパートナーに迎え、暗号に記された猟奇的な殺人事件の調査に乗り出していく（【図1】）。

本作は、二〇〇四年に急逝したジャーナリスト、スティーグ・ラーションの処女作にして絶筆となった推理小説『ミレニアム』シリーズの第一作『女たちを憎む男たち（*Män som hatar kvinnor*）』を原作としている。スウェーデンに潜む女性虐待の闇を伏線に大財閥の周囲で起きた謎に迫った本作は世界的な成功を博し、二〇一一年にはハリウッドでリメイクされた。

〈作品の背景と現実〉

犯罪をめぐる謎の解明に面白みを見出すミステリーは

日本でも人気のジャンルだが、スウェーデン・ミステリーの性格は日本とは多少異なる。スウェーデンで犯罪推理を扱うミステリーは「デッカレ（deckare）」と呼ばれる。これは「探偵小説」を意味する"detektiveroman"の略語だが、探偵だけでなく警察官、ジャーナリスト、心理学者、前科者などが活躍する作品も含まれる。いずれにせよ「デッカレ」は犯罪の謎解きだけに主眼が置かれてはいない。スウェーデン・ミステリーの特徴は、犯罪の裏に隠された家庭内暴力や性差別、人身売買など、社会の闇に潜む問題を暴露し、批判する媒体となっている点にある。

スウェーデン・ミステリーのなかで幾度も映像化された「デッカレ」として、マイ・シューヴァルとペール・ヴァールー夫妻原作の『刑事マルティン・ベック』シリーズやヘニング・マンケル原作の『刑事ヴァランダー』シリーズを思い起こす人は多いだろう。前者は、ストックホルム警視庁殺人課に務める中年刑事のベックと同僚たちが、福祉国家の全盛期と言われた一九六〇年代後半から七〇年代にストックホルム社会が抱えた闇を背景に起きた犯罪を捜査する。後者は、スウェーデン南端に位置するイースタードの警察署に務める中年刑事ヴァランダー（ヴァランデル）が、冷戦後の一九九〇年代にバルト海をはさんで旧社会主義圏と接していた地方社会で起きる怪事件に挑む。それらは、犯罪推理というフィクションの体裁をとりながら、研究書などに書かれることのない「もうひとつ」の福祉国家の姿を教えてくれている。

本作もそうしたスウェーデン・ミステリーの特徴を引き継いでいる。本作が描く二〇〇〇年代のスウェーデンには、高負担・高福祉の仕組みに基づき個々の市民に手厚いサービスが提供されていた福祉国家の姿は存在しない。ミーカエルは雑誌『ミレニアム』を経営しながら、自らのジャーナリストとしての能力を活かして実業家ヴェンネルストゥルムのような巨悪を糾弾し、最後には自らの名声も回復する。もうひとりの主人公リースベットは、幼き日に父を自らの手で焼いた過去から社会生活不適合者の烙印が押され、コミューンから成年後見を受ける立場にある。しかし実際には高度なハッキング技術を駆使して自活する能力があり、自らに性的虐待を働いた後見人のビュルマン弁護士に復讐を果たして、最後にはヴェンネルストゥルムの口座から大金を引き出し自由な立場を獲得する。ふたりには、国家や組織の支援に頼らず、自らの能力を頼りに自助の道を貫く姿が共通している。

スウェーデン・モデルと呼ばれる福祉国家の姿が限界に達した今日のスウェーデンでは、新自由主義的な方策を取り入れながらポスト福祉国家の姿が模索されている。その一例が公的サービスの民間市場への開放を図る改革である。一九九〇年代以降、コミューン・レベルで公的サービス運営の裁量権を拡大する改革が進められ、二〇〇九年には国家レベルで公的制度の選択自由化を定める「選択の自由」法が制定された。「選択の自由」革命とも呼ばれる福祉国家の方針転換は、市民に民間企業が提供する多様な選択肢を与えるとともに、サービスの自由化を通じて税収の基盤となる民間経済の活性化を目指すものだった。「選択の自由」革命は、確かに国家からの公的サービスを一方的に与えられるだけだった受動的な市民生活を改めたようにみえる。しかし教育サービスの多様化によって学力低下の問題が深刻化したように、自助能力の高い者とそうでない者との間で格差を生み出してもいる。自らの能力でもって自助の道を切り開くミーカエルとリースベットの姿は、ポスト福祉国家のスウェーデン社会に生きる等身大の市民そのものである。

本作は、ヴァンゲル財閥で起きたハリエット失踪事件の解明を軸に物語が進む。ミーカエルとリースベットがポスト福祉国家に生きる市民の姿を意識させるのに対して、ヴァンゲル財閥の姿は福祉国家の昔日の面影と重なる。同族によるコンツェルン経営を特徴とするスウェーデンの財閥は、一九世紀後半から今日に至るまで国を支える経済の拡張に貢献している。とりわけ一九三二年から一九七六年まで続いたスウェーデン社会民主労働者党の長期単独政権の時代には、財閥がスウェーデン経営者連盟（ＳＡＦ）の中核にあって、一九三八年に締結されたサルトシューバード協定以降はスウェーデン労働者総同盟（ＬＯ）と協調しながら「経済の民主化」を進め、スウェーデン・モデルの実現に大きな役割を担った。

ヴァンゲル財閥をめぐって明かされる話のなかでも、老総帥ヘンリックの兄ハラルドと甥ゴットフリードがナチズムの信奉者だった点は本作の鍵となっている。第二次世界大戦前のスウェーデンには、シルクロード探検で知られるスヴェン・ヘディーンのようにナチズムの信奉者が少なからず存在した。ドイツのように大衆運動としてナチズムに支持が拡がることはなかったが、第二次大戦で体制転換を経験しなかったスウェーデンでは、戦後すぐに今日まで活動を続けるようなナチズム政党が勃興し、一九九〇年代には過激な人種差別を主張するネオナチ団体も台頭した。財閥関係者にどの程度ナチズム信奉者がいたかは不明だが、少なくともイケアの創業者イングヴァル・カンプラードは若き日にナチズム運動に加わっていたことが知られており、晩年にもナチズムへの共感を語っていたという話がスキャンダルとなった。

本作の原作者ラーションは雑誌『エクスポ』を発行して、スウェーデン社会に潜む人種差別を鋭く批判してきた人物でもある。彼が本作でナチズム信奉者を登場させたとなれば、多くの者は猟奇殺人や失踪事件と人種差別の問題を結びつけながら結末を予想する。しかし本作の結末に結びつくスウェーデン社会の闇は女性虐待の問題である。失踪したハリエットと主人公のリースベットはともに過酷な虐待を受けた女性として描かれているが、ふたりが選んだ道は異なる。失踪という受動的な方法を選んだハリエットと復讐という能動的な方法を選んだリースベットの違いは、福祉国家全盛の時代に財閥一族に望まれる姿で生きざるを得なかった女性とポスト福祉国家の時代に自らの力で活路を拓かざるを得ない女性との違いである。本作はスウェーデンの現代史に一貫して存在し続ける女性虐待への視点から、福祉国家からポスト福祉国家へ至るスウェーデンの変化をも語っている。

〈さらに興味のある人に〉

本作が公開された二〇〇九年には、ラーションが遺した『ミレニアム』シリーズの第二作『火と戯れる女（*Flickan som lekte med elden*）』と第三作『膨らまされた妄想（*Luftslottet som sprängdes*）〔邦題／眠れる女と狂卓の騎士〕』も映画化された。第二作と第三作は連作として物語が構成されており、リースベットの親子関係など、第一作では明かされることのなかったリースベットの過去に踏みこみながら、買春問題やスパイ活動を行なう秘密組織や公安警察などの闇が扱われている。

ハリウッドでは、六代目ジェームズ・ボンドとして人気を博したダニエル・クレイグをミーカエル役に招き、デヴィッド・フィンチャー監督によって本作のリメイク版が製作された。さらに監督や配役を一新し、二〇一八年には『蜘蛛の巣を払う女（*The Girl in the Spider's Web*）』が製作された。ＡＩ技術の開発に伴う情報戦を伏線としながら、リースベットと妹の関係を扱った『蜘蛛の巣を払う女』は、実のところラーションの原作ではない。

『ミレニアム』シリーズの版元、ノールステッド社は小説家ダヴィド・ラーゲルクランツに続編執筆を依頼し、二〇一九年までに第四作『我々を殺さぬもの（*Det som inte dödar oss*）〔邦題／蜘蛛の巣を払う女〕』、第五作『影を求めた男（*Mannen som sökte sin skugga*）〔邦題／復讐の炎を吐く女〕』、第六作『死なねばならなかった女（*Hon som måste dö*）〔二〇一九年夏時点で未訳〕』が刊行されている。ラーションが先鞭をつけ、ラーゲルクランツの筆に引き継がれたミーカエルとリースベットの物語は世界的なヒットが望めるコア・コンテンツとなり、かつての『刑事マルティン・ベック』シリーズや『刑事ヴァランダー』シリーズのように各作品の映像化が期待されている。

〔古谷大輔〕

第58章　特捜部Q　キジ殺し

原題／Fasandræberne［キジ殺し］、監督／ミケル・ナアゴー、製作国／デンマーク・ドイツ・スウェーデン、製作年／二〇一四年、日本公開年／二〇一六年、上映時間／一一九分

【主要対象国・地域】デンマーク
【キーワード】コペンハーゲン警察、寄宿学校、ヘアロフスホルム校、パブリック・スクール、シリア難民

〈ストーリー〉

未解決の重大事件を専門に扱うコペンハーゲン警察の「特捜部Q」に、二〇年前に解決したはずの兄妹惨殺事件の再捜査の依頼が届いた。その事件は当初からネストヴィズにある名門寄宿学校生の不良グループの関与が疑われていたが、地元の裕福でない家庭に育つ少年が罪を背負って解決したことになっていた。再捜査の依頼には兄妹惨殺だけでなく、当時頻発した数々の暴力事件にもその裕福な不良グループがかかわっていることが示唆されていた。特捜部Qのカール・マーク警部補と助手で自称シリア難民のアサド（【図1】）、新加入の助手のローセは再捜査に乗り出し、グループの元メンバーのうち、兄妹惨殺事件の第一通報者であり、事件以来行方不明になっているキミーという女性の行方を追い求めた。

しかし、真相の鍵を握るキミーを捜していたのは特捜部Qだけではなかった。不良グループの元メンバーは今や社会での成功者となっており、過去を知るキミーの存在は彼らにとっても危険なのであった。同時に特捜部Qの動きも彼らに筒抜けのようで、なんと警察上層部から捜査を妨害する圧力もかかりはじめた。

一方、コペンハーゲン中央駅付近でホームレス生活をしているキミーも自らの身に迫る危険に気づく。特捜部Qの捜索からも、元メンバーのさしむける殺し屋の手からも逃れ、ただ一人、元メンバーへの復讐に出かけるのであった。

【図1】カール警部補と助手のアサド

〈作品の背景と現実〉

デンマークの学校教育について語られるとき、しばしば大学に至るまで学費無償ということが紹介されると思う。少し教育界に詳しい人であるならば、「国民高等学校」と訳されてきたフォルケ・ホイスコーレ（folke højskole 現在では単にホイスコーレという）の存在や、一四〜一八歳を対象としたエフタスコーレ（efterskole）というものの存在も聞いたことがあるかもしれない。それらの話題の陰に隠れてあまり触れられることのないのが、寄宿学校（kostskole）の存在である。前述のホイスコーレもエフタスコーレも、寄宿制を基本としているのだが、この映画の背景となっているのはこちらの寄宿学校（kostskole）、つまり歴史も伝統もあるエリート校としての寄宿学校である。年齢的にはおよそ中学校・高等学校に相当する私立学校で、日本ではハリーポッターでおなじみの「ホグワーツ」みたいな学校といえば、いちばんイメージしやすいかもしれない。もちろんそのホグワーツもイギリスに実在するイートン校やハロウ校などのパブリック・スクールがモデルになっているということをご存じの方も多いだろう。

さて、本作の背景となっている寄宿学校は、原作小説でも名前は出されていないが、ネストヴィズ市にあることから、デンマーク人ならば実在する「ヘアロフスホルム校」がモデルになっていることはすぐに予想がつく。

同校の創立は一五六五年であるから、イギリスの名門パブリック・スクールのラグビー校よりも二年ほど古い歴史をもつ。時のデンマーク国王フレゼリク二世は王家の城や宮殿、狩猟場などをシェラン島北部に集めようとしていたため、そこにあったデンマーク貴族ヘアロフ・トロレの土地と交換に、もともと修道院であったネストヴィズにある今の校地を与えた。デンマークでは宗教改革期にカトリックの修道院はしだいに廃止されていった。そしてその修道院の施設はここに寄宿学校として生まれ変わることになったのである。

そんな長い歴史をもつヘアロフスホルム校であるが、イギリスの名門パブリック・スクールと同じく学費がかなりかかる。寄宿生の学費は授業料・寄宿料・諸経費を含めて年間五百万円近くになる。公立学校が無償なことを思えば、相当裕福な家庭でなくては入学させられないことは明らかである。そういうリッチな子女が集まる学校はとうぜんステータス・シンボルになるものの、平等を旨（むね）とするデンマーク社会ではいささか浮いた存在になっていることも事実である。

もちろん、それはデンマークに限ったことではなく、数多くの名門パブリック・スクールをもつイギリス社会

【図2】覆面をした不良グループ

の中でも、その問題点が指摘されることが多い。いわく暴力・いじめ・門閥制度の温床といった指摘である。上級生は下級生を使い走り（いわゆるパシリ。英語ではfagという）に使役する。逆らえば上級生から鉄拳制裁を受けるし、阿れば「ごますり」と同級生から非難される。それはけっして学校の裏面なのではなく、教員の鞭による体罰も含めて、そういうタテ社会の管理体制はパブリック・スクールの伝統であったのである。もちろん、それだけが伝統でもないし、昔と違って現在は多くのパブリック・スクールで民主的に個性が尊重されてきていることは間違いない。多感な青少年にとってときに理不尽とも思える集団生活の規律と伝統の中で、ほとんどの生徒は陶冶され、人格者として卒業していく。

ところが、その中で、学校の目標にも手段にも共感できなかった生徒は、反抗し、場合によっては破壊的な行動に出てしまうのである。六〇年代には若者の対抗文化が盛んになり、世界的に学生運動が勃発した。一九六八年公開の映画『Ifもしも……』は、まさしくパブリック・スクールで反逆にでた数名の生徒が学校当局と銃撃戦を展開するといういささかナンセンスな学園ドラマであるが、スタンリー・キューブリック監督はこの映画の主人公を抜擢して暴力的な内容を含む問題作「時計じかけのオレンジ」を撮った。本作『キジ殺し』の原作小説にはこれらの映画を観た不良グループが暴力的・破壊的になっていった（【図2】）と紹介されている。

寄宿学校が一部の不適合生徒を生み出してしまうもう一つの背景に、寄宿学校の生徒たち特有の心の寂しさがある。本作の中でもカール警部補が助手のアサドに「寄宿学校というと」と振ると、アサドは「金持ちの面倒な子どもが送られる所ですね」と答えている。今回の事件の重要人物キミーは父と継母と暮らしていたが、父の死後、継母によって寄宿学校に入れられた。いわば家から追い出されて、棄てられたのである。キミーほどあからさまな例もそうあるものではないが、子育てを面倒に思う親が寄宿学校に子を預けることはあるようだ。愛情の欠乏した子どもはしばしば非行に走る。親に迷惑をかけて注目してもらいたい気持ちもあるだろうし、寄宿学校を退学させられることで親元へ帰りたい気持ちもあるだろう。本人はそんな自分の内面にも気づかずただ自棄（やけ）になっているだけなのかも知れない。キミー以外の不良グループのメンバーは裕福な自分の親を偉大に思い尊敬しながらも、親の権力を恐れてもいる。

最後にメンバーの結束についてであるが、寄宿学校の生徒というものは、非常に結束が強い。ホグワーツの中でもそれぞれの寮（ハウス）は結束が強く、逆に寮が違えば敵対心も強い。本作でもカールが殺人捜査課課長のマークス・ヤコブソンに「あの学校の同窓生は結束が固く、助け合うんです」と報告している。不良グループ内の結束が固いうちは数々の悪行も秘密にできたのであるが、あることからグループ内の結束にほころびができ、とうとうキミーがグループと決別してしまうことが、犯行が明るみに出るきっかけになった。犯罪ドラマそのものは虚構であるが、その背景にある人間心理の真実に注目して、鑑賞してほしい作品である。

〈さらに興味のある人に〉

『キジ殺し』はデンマークの作家ユッシ・エーズラ・オールスン（Jussi Adler-Olsen）の特捜部Qシリーズの第二作であり、現在までに四作が映画化されている。第一作『檻の中の女』では政党の副党首まで務めた女性議員の失踪が、第三作『Pからのメッセージ』ではキリスト教系新興宗教が、第四作『カルテ番号64』では優生法による不妊手術が、それぞれ扱われていて、現代社会のさまざまな問題を題材にしている。原作の小説はすでに第八作まで刊行されており、第五作『知りすぎたマルコ』（原題／*Marco effekten*［マルコ効果］、原作刊行／二〇一二年）ではいわゆるジプシー集団が、第六作『吊るされた少女』（原題／*Den grænseløse*［無限］、原作刊行／二〇一五年）ではスピリチュアル系カルト教団が、第七作『自撮りする女たち』（原題／*Selfies*［自撮り］、原作刊行／二〇一六年）では生活保護の不正受給が、それぞれ取り上げられている。第八作（原題／*Offer 2117*［犠牲者2117］）は二〇一九年六月に刊行されたばかりで、シリーズを通じて謎の多かった自称シリア難民のアサドの過去の一部が、ボートピープルの悲劇的事件を機に明らかになっていく。いずれにしても第五作以降も次々と映画化されていくだろうから、お楽しみはまだまだ続くのである。

〔先山 実〕

第7部　日本・北欧関係

第59章 世界を賭ける恋

原題／同右、監督／滝沢英輔、製作国／日本、製作年／一九五九年、日本公開年／一九五九年、上映時間／一〇四分

【主要対象国・地域】日本、デンマーク、ノルウェー、スウェーデン
【キーワード】日本・北欧関係、スカンジナビア航空、北極航路便、バイキング料理

〈ストーリー〉

新進の建築家で大学助教授の村岡雄二は、作品を出品した日本現代建築展の会場で大学の同僚から建築批評家の野々村欽也を紹介される。その際、野々村の妹、夏子も見かける。その後、村岡と夏子は交流を深めるうちに、お互いに惹かれあうようになった。

村岡は、教授の勧めでローマのビエンナーレに作品を出品することになる。当初は乗り気でなかった村岡であるが、才能を高く買ってくれる野々村の激励もあり、熱心に取り組んだ。その結果、村岡は入選を果たし、ローマ行きが決まる。ちょうど外交官の叔父がストックホルムに赴任しており、叔父のところに厄介になりながら、三ヵ月間ヨーロッパの建築を見て回ることにする。

結婚の約束をした村岡と夏子にとって、離ればなれになる三ヵ月は辛い経験であった。四月初め、村岡は夏子らに見送られて羽田空港を飛び立ち、コペンハーゲン経由で、ストックホルムの叔父宅に到着する。滞在中、叔父の息子、村岡稔の案内でストックホルムのみならず、オスロも見物し、その後は一人でパリ、ローマにも行く。その間、村岡と夏子は毎日のように手紙を書き、近況を伝えあい、結婚を夢見るのであった。

六月末、村岡はストックホルムから夏子の待つ日本に向けて帰国の途に就く。

〈作品の背景と現実〉

本作品は、公開された一九五九年当時、大きな注目を浴びた。主人公の村岡雄二に石原裕次郎、野々村夏子に浅丘ルリ子という若手スターを起用していたからである。また、製作当時、海外ロケは極めて異例のものであった。一九六四年まで日本人の海外旅行は自由化されておらず、外貨の持ち出しも厳しく制限されていた。その状況下で、本作品は日本初のヨーロッパ・ロケを一九五九年六月に敢行し、石原裕次郎と従兄役の二谷英明を同地

に派遣した。作品中で確認できただけでも、石原はコペンハーゲン、ストックホルム、オスロ、パリを実際に訪問し、二谷もストックホルム、オスロで石原と共演している。

本作品の原作は、武者小路実篤の『愛と死』（一九三九）である。無論、これがそのまま映画化されたわけではない。ストーリーは活かしつつも、時代を一九五〇年代末に置き換えている。たとえば、原作の刊行された当時、日本とヨーロッパとの間の交通手段は船あるいは鉄道であり、原作自体は船を使い、渡航期間も半年となっていた。また、原作のヨーロッパへの渡航先は、銀行員の叔父の住むパリであり、北欧が登場することはなかった。そのほか、村岡の職業は原作では小説家であった。

【図1】ＳＡＳ北極航路就航便の羽田空港到着（1957年2月）。H.C. Hansen, *Blandt nye naboer*, København: Fremad, 1957.

映画化に際してこれらの改変が行なわれた背景には、一九五〇年代末の事情が影響している。一九五七年二月、スカンジナビア航空（ＳＡＳ）は世界に先駆けてコペンハーゲン・羽田間の北極航路便を運航し始めた（【図1】）。これは当時としては画期的なことであった。それ以前、すでにＳＡＳは日本に乗り入れていたが、コペンハーゲンから南欧、中東、アジアを回る南回り航路で運航されていた。当時は、プロペラ機であったこともあり、出発から到着まで五〇時間以上を要するものであった。二日以上もかかったのであり、今からは想像できない。それが、一九五七年の北極航路便の開設により、三〇時間あまりに短縮された。実際の航路は、コペンハーゲンから、北極圏を抜け、アラスカのアンカレッジに寄り、羽田に到着するというものである。これにより日本と北欧が一気に近づくことになった。一九五七年二月のコペンハーゲン発就航便には、新航路開設を祝してデンマーク、ノルウェー、スウェーデンの王族、閣僚らが乗っていた。これは、ＳＡＳに出資する三国政府がこの航路便をいかに重視していたかを示すものであろう。ハンセン・デンマーク首相兼外相は、日本訪問後、タイ、ビルマ（ミャンマー）、インド、パキスタンなどアジア諸国を歴訪している。ランゲ・ノルウェー外相は日本・ノルウェー間の通商航海条約に署名している。ＳＡＳの北極航路便は、北欧と日本、アジアとの関係を強める役割を果たした。

この北極航路便は本作品の映画化にも大きく貢献している。SASが全面的に協力したからこそ、厳しい外貨持ち出し制限の下でもデンマーク、スウェーデン、ノルウェー、フランスで精力的な海外ロケが可能になった。そのため、映画の冒頭には「協力　スカンジナビア航空会社」と明記されている。SASの側は、日本人に北極航路便、さらに北欧をPRする絶好の機会としてこの作品を位置づけていたのかもしれない。

本作品からは、現在ではなかなか想像できない開設当初の北極航路便や北欧の様子がわかる。実際に羽田空港では、同便のダグラスDC-7C機（プロペラ機）を利用して主人公の石原が乗り込む場面が撮影されている。また、北極圏やグリーンランド上空からの景色も撮影されている。さらに、コペンハーゲンでは、ストックホルム便に乗り換えるまでの時間を利用して観光する場面があり、市庁舎前広場、フレズレクスボー宮殿、アマリエンボー宮殿、その近くのゲフィオンの泉が紹介されている。SASのストックホルム便にはすでにジェット機が導入されており、ストックホルムのブロンマ空港に到着している。ストックホルムでは、郊外の近代的都市、ヴェーリングビーやメーラレン湖畔の一軒屋が登場する。オスロではフログネル公園のヴィーゲランの彫刻群、ヴァイキング船博物館が出てくる。また、同地の実際の夏至祭で焚火の周りを現地の人と一緒に踊る場面もある。そのほか、パリでは市内の街並みやセーヌ川の遊覧船も登場している。

【図2】ストックホルム郊外のヴェーリングビー。撮影当時の建物が残る／筆者撮影

北欧各地の紹介の中で、有名観光地のみならず、ストックホルム郊外のヴェーリングビーを見せ、近代的な街づくりを紹介している点は大変興味深い。一九五〇年代中葉に建設が始まったこの都市を映画で取り上げようとする発想は、北欧側の提案から出てきたと考えられる。なお、同地区は現在も撮影当時の面影をそのまま残し、健在である（【図2】）。

これらヨーロッパの情景は、第二次世界大戦の敗北後、一〇数年しか経っていない日本人にとっては、まぶしいものであったであろう。本作品は、まだ極めて限られた人しかヨーロッパに行けなかった海外渡航自由化前の時代をよく伝えている。交通手段の発展は、人の移動を左右し、新たな交流を生み出し、国と国との関係も徐々に変えていくことを教えてくれる。

〈さらに興味のある人に〉

一九五九年六月の北欧ロケの詳細は、『全映画アルバム　石原裕次郎滞欧写真集』(ハンドブック社、一九五九年)に詳しい。撮影は同年五月一九日にまず日本国内で始まり、ロケ隊は六月一二日にSAS便で羽田を出発し、翌日コペンハーゲン経由でストックホルムに到着している。一四日から同地でロケが始まり、その後一七日にコペンハーゲン、二二日にオスロに移動している。本作品は七月一二日に封切られており、撮影がいかに強行日程で行なわれたかがわかる。なお、石原は北欧での撮影後、ハンブルグ、パリ、ローマなども訪問し、北欧を含むヨーロッパ訪問記が『裕次郎の欧州駈けある記』(撮影/横山実)という四二分のドキュメンタリー映画になっている(同年八月三〇日公開)。一回の海外ロケで二本の映画を撮ったことになる。

一九五〇年代末当時、北欧を放浪した日本人として、作家の小田実を挙げることができよう。小田の『何でも見てやろう』(河出書房新社、一九六一年)は、彼がフルブライト奨学生としてアメリカに留学し、その帰りにヨーロッパ、アジアを回り世界一周をした時の記録である。北欧ではノルウェー、デンマークに寄っているが、アメリカとは異なり物乞いやスラム街を見かけないことに感銘を受けている。また、日本とデンマークがSASの北極航路便により「隣国」になったという話も出てくる。

この当時、実際に北極航路便を利用して北欧を訪れた日本人に、たとえば帝国ホテル支配人の犬丸一郎がいる。犬丸は、コペンハーゲンでビュッフェ料理に出会い、衝撃を受け、フランスで料理修行中の村上信夫(のちに総料理長)にこれを勉強するようすぐに命じた。その結果、帝国ホテルは同料理を一九五八年八月一日に日本に初めて導入し、「インペリアルバイキング」と名付けた。これが日本における「バイキング料理」の始まりである(犬丸一郎『「帝国ホテル」から見た現代史』東京新聞出版局、二〇〇二年。村上信夫『帝国ホテル厨房物語――私の履歴書』日本経済新聞社、二〇〇二年)。これもSAS北極航路便の副産物といえるかもしれない。

〔吉武信彦〕

第60章 植村直己物語

原題／植村直己物語、監督／佐藤純彌、製作国／日本、製作年／一九八六年、日本公開年／一九八六年、上映時間／一四〇分

【主要対象国・地域】極地、北極域、グリーンランド
【キーワード】植村直己、冒険、単独行、犬ぞり

〈ストーリー〉

世界初の五大陸最高峰登頂、北極圏一万二〇〇〇キロ犬ぞり走破、北極点単独犬ぞり到達（世界初）、グリーンランド三〇〇〇キロ縦断（世界初）、冬季マッキンリー単独登頂（世界初）など、数々の偉業を成し遂げた冒険家・植村直己の生涯を通史的に描いた作品。本作の特徴は、しばしば屈強な人物として静的に理解されがちな植村直己を、不安感や恐怖心といった彼の足跡をなぞるだけでは知ることのできない心の揺れ、さらには伴侶となる公子との出会いや結婚などのストーリーを織り交ぜながら、等身大の人間・植村直己にも迫る構成になっていることである。

〈作品の背景と現実〉

「人間が自然と闘って、どこまでやれるか、その限界に挑むことなんだよ。知恵と体力振り絞って、生きることの限界を試すことなんだよ。（中略）。俺が感じたいのは、たった一つのこの身体、たった一つのこの頭なんだよ。生きる最小体としての俺自身なんだよ。」

植村直己（一九四一～一九八四）が冒険家として生きた時代は、第二次世界大戦後の日本が経済大国としてのし上がっていく時期と重なる。映画の登場人物の一人は、その時代を「コンクリート・ジャングルで、誰しもが生存競争で精一杯の時代」と表現した。植村は、「生存競争で精一杯の時代」のなかで、自身の生をどのように紡いでいこうとしたのだろう。

小熊英二は、著書『１９６８』のなかで、一九六〇年代から七〇年代にかけての時代を「高度成長を経て日本が先進国化しつつあったとき、現在の若者の問題とされている不登校､自傷行為､摂食障害､空虚感､閉塞感といった『現代的』な『生きづらさ』のいわば端緒が出現」[1]した時期であったと述べている。そうであれば、植村直己の冒険心の一端は、こうした成長を追う時代の息苦しさと関係していたのだろうか。少なくとも植村のそれは、小熊が「集団摩擦反応」[2]と呼ぶ、学生運動に代表される

若者の蜂起とは異なる形で、むしろ集団的な動きに合流しない（できない）、若者が抱える生きづらさと共鳴しながら発露したものであったろう。とくに、「集団」なるものを植村が苦手としていたことは、映画を通して随所で確認できる。集団は、人間の（それはもちろん植村自身の）主体性を埋没させ、歯車の一つにしてしまうからである。このようにして考えていくと、月並みだが、社会のなかの歯車にならない（なれない）自分の拠り所を探す旅が、植村にとっての冒険であったと言えるのかもしれない。たとえば、妻・公子は、「社会からは落ちこぼれだけど、人間としては落ちこぼれじゃないってことを証明したかった」ことが、植村の行動の源にあると劇中で語っている。ここでいう「社会」が、「一億総○○」などと呼ばれた時代の、画一性や閉塞感に覆われた場であったであろうことは、容易に想像がつく。

　心に留めておきたいのは、植村自身に、当初から明確な目的や使命があったわけではないということである。彼は、「なんとなく」「五大陸の最高峰登頂を完成」させ[3]、「勝手気ままな夢」から世界初の北極点グリーンランド犬ぞり単独行を完遂したのである[4]。大学卒業に際して就職ではなく外国の山に登る決意をしたのも、彼が四年間所属した山岳部での経験値に支えられてはいたのだろうが、その契機となったのは植村に先駆けて「アラスカに飛んで氷河の山を楽しんで」きた友人への「ライバル意識」からだった[5]。足跡をふり返れば、植村の偉業に「崇高なアルピニズムの真髄」を見出すことはできても、その端緒は、限られた選択肢のなかで、いくつかの偶発的な出来事が積み重なったことで開かれたのである[6]。

　もちろん、機会の窓を開いただけでは、何かを達成したことにはならない。植村直己の選択と行動が、後世まで語り継がれる偉業になったのは、しばしば植村自身も語る彼自身の冒険への意志や、屈強な心身が多分に関係していただろう。そのことは、映画のなかで随所に描かれている。しかし、それだけではないはずだ。本映画の最初のシーンに注目したい。そこでは、グリーンランド北西部の村シオラパルクにおいて、植村とグリーンランド・イヌイット（地元ではイヌフイットと自称する）との密な交流がスナップ的に描かれている。その意味するところは一体何であろうか。映画では語られないが、植村は、彼が夢見た南極大陸単独犬ぞり横断を実現させるために、彼自身が「最後のエスキモー部落」と呼ぶグリーンランド・シオラパルクに一年間住み込み、グリーンランド・イヌイットから極域での生活に係わる知識や狩猟の技術を会得し、それを実践していこうとした。彼の実践の背骨となる経験は、シオラパルクで培われたのである。その意味で、植村の選択と行動を理解する上で、シオラパルクでのグリーンランド・イヌイットとの交流は避けて通れない。これは、植村の人生のなかで唯一といってよい、冒険と直線的に結びつく外国滞在であったからだ。『極北に駆ける』（文藝春秋、一九七四年）などからも読み取れるように、彼のシオラパルクでの人々との交流の深度は深かった。地元の人たちは、親しみを込めて植村を「ジャパニ・エスキモー」と呼び、植村への仲間意識を強く持った。それは、彼が技術の習得のみを目指していたのではなく、技術を規定するイヌイットの生活世界、つまり実践を通して直接的に知覚できる彼・彼女らの生活の全体を知ろうとしていたからであろう。人間と自然とを一元的に捉え、両者が相互に依存し、共生していくことを前提とするイヌイットの世界（観）は、植村が獲得しようとした極域での生活や犬ぞり技術の拠り所でもあった。

【図1】

イヌイットの生活世界の基層には、日和見主義的な思考があると言われる。節操なくといった意味ではない。原理原則に忠実であろうとするよりもむしろ、極域の過酷な自然環境に適応していくための術として、柔軟さ＝臨機応変さを身に付けていこうとする姿勢を指している。これを自らの身体に順化させていくことが、植村のシオラパルク滞在の真の目的であった。植村は、一九七八年三月～八月にかけて、カナダ領コロンビア岬から北極点を経由してグリーンランドを縦断している。その終着地、グリーンランド南部の町ナルサルスアクには、それを称える植村のレリーフが設置されている（【図1】）。到達点となったナルサルスアクのヌナタック峰が、ヌナタック・ウエムラ峰に改称されたことは、知る人ぞ知る事実である。ナルサルスアクを含む南部の行政を司るナルサックの役場には、植村のサイン入りポートレートが掲げられている（【図2】）。二〇一一年には、植村の記念切手が発行された。植村が与えたインパクトは、時空を超え、シオラパルクのみならず、グリーンランド全域に及んでいるのである。

【図2】

〈さらに興味のある人に〉

植村直己が挑んだ極域の過酷な自然環境は、この世に生きるあらゆるものの生死と密接に係わっている。ジョー・ペナ監督の『残された者　北の極地（*Arctic*［北極］）』（二〇一八）は、事故に遭遇して極域の自然環境の只中に放り込まれた主人公が、生きていくことと死んでいくこととの狭間で自己と向き合い、状況を打開していこうとするさまを描いている。セリフがほとんどない映画だが、このことがかえって、圧倒的な自然環境のスケール感を表現することに成功している。これは、グリーンランド縦断のシーンで「何にも見えない。何にも聞こえない。世界中が死んだみたいだ」と植村直己が発したセリフと、相似的である。〝自然〟を通して、植村直己が生きた世界をフォローアップしたい人におすすめである。

今日のグリーンランドに住む人たちの祖先は、今から約一二〇〇年前にチュコトカ半島で発祥し、ベーリング海峡を超え、アラスカ、極北カナダを経て、約一〇〇〇年前にグリーンランドに到達したネオ・エスキモーである。ザカリアス・クヌク監督の『氷海の伝説（*Atanarjuat: The Fast Runner*［アタナグユアト　足の速い人］）』（二〇〇一）は、そのルーツを共有するカナダ・イヌイット社会に伝承する民族叙事詩に基づくものだが、そこで描かれる物語は、イヌイットとしての民族的アイデンティティを、イヌイット外の社会に向けて発信するだけでなく、神話や風習を織り込みながら自民族の歴史を跡付け、後世に語り継いでいくことを目的とするものであり、より内部への意識付けが強く見られる作品になっている。イヌイットの内的世界を理解する上で恰好の材料となる。〝人間〟を通して、植村直己が魅了されたイヌイットの世界（観）を学びたい人におすすめである。

（高橋美野梨）

註

（1）小熊英二『1968【上】若者たちの叛乱とその背景』新曜社、二〇〇九年、一四頁。
（2）小熊英二『1968【下】叛乱の終焉とその遺産』新曜社、二〇〇九年、七七七頁。
（3）植村直己『青春を山に賭けて（新装版）』文藝春秋、二〇〇八年、八・九頁。
（4）植村直己『北極点グリーンランド単独行』文藝春秋、一九七八年、一四六頁。
（5）植村直己『青春を山に賭けて（新装版）』文藝春秋、二〇〇八年、一七頁。
（6）同右。

第61章 かもめ食堂

原題／同右、監督／荻上直子、製作国／日本、製作年／二〇〇五年、日本公開年／二〇〇六年、上映時間／一〇二分

【主要対象国・地域】 フィンランド

【キーワード】 フィンランド、ヘルシンキ、日本食、かもめ、フィンランド・ブーム

〈ストーリー〉

日本人女性サチエがフィンランドの首都ヘルシンキの街角に「かもめ食堂」を開いて一ヵ月が経ったが、客は一人も来ない。いつも外でもの珍しそうに眺める三人のフィンランド人女性はいるが、一向に店に入ってこない。やっと来た初めての客は、赤塚不二夫のキャラクター「ニャロメ」のTシャツを着た、日本語が話せるフィンランド人青年トンミだった。サチエは彼にガッチャマンの歌を聞かれるが、最初の部分しか思い出せない。困ったサチエは、ある日アカデミア書店のカフェで難しい顔をしてムーミンの本を読んでいた日本人女性ミドリに思い切って歌詞を聞いてみたらスラスラと教えてくれた。ミドリは、目をつぶって世界地図を手で指したところがフィンランドだからやってきたと語る。ガッチャマンの歌詞が縁となり、ミドリはサチエの家に泊まり、店を手伝い始める。ふらりと店にやってきて、コーヒーの美味しい淹れ方を教えてくれるフィンランド人男性、店の外からなぜか睨みつけてくるフィンランド人女性など個性的な登場人物が出てくる中、空港で荷物が出てこないマサコがお店にやってくる。

サチエ、ミドリ、マサコの三人の日本人女性、来店するフィンランド人が、美味しい食べ物を通してゆっくり交流していく映画である。

〈作品の背景と現実〉

ロケがすべてフィンランドで行なわれたこの映画は、二〇〇六年に公開されてから現在に至るまで日本の「フィンランド・ブーム」を牽引している。公開当時の二〇〇六年、フィンランドでは二〇〇〇年に女性大統領として初めて選出されたタルヤ・ハロネンが再選した年であり、ヨーロッパの歌の祭典「ユーロヴィジョン・ソング・コンテスト」ではフィンランド代表、怪物のコスチュームバンド「ローディ（Lordi）」が優勝した年でもあった。ちなみに、ヘルシンキのマーケットスクエアで行なわれたローディの凱旋コンサートに、九万人以上の

観客が集まったことは現地で大きな話題となった。しかし、前者のニュース、すなわちフィンランド初の女性大統領の再選も後者のローディのニュースも日本ではあまり知られていないだろう。

この少し前、日本では教育面でフィンランドが話題となっていた。二〇〇〇年からＯＥＣＤ（経済協力開発機構）が三年に一度実施している生徒の学習到達度調査、通称ＰＩＳＡで二〇〇三年にフィンランドが読解力、数学的リテラシー、科学的リテラシー、問題解決能力のすべての領域において好成績を示したことがきっかけであった。この結果が公表されてから、日本では教育関係者のみならず、広くフィンランドの教育面に注目が集まるようになった。むろん、それ以前から建築やデザインといった方面からフィンランドに関心を抱く人はいたが、多くの日本人にとってフィンランドの主なイメージは「ムーミン」であった。そのようなフィンランドのイメージをムーミン以外に広げたのが、ＰＩＳＡの結果とも言えるが、その後、息の長い「フィンランド・ブーム」を巻き起こしたのはこの日本映画である。映画に出てくるフィンランドのおやつ、シナモンロールの知名度も一気に上昇した。また映画公開翌年の二〇〇七年には、Ｐａｓｃｏがこの映画とコラボレートしたパンのＣＭを放映するなど、映画を超えた反響が続いた。

この映画の時期設定ははっきり明言していないが、現代であることは確かである。日本人女性が一人、異国フィンランドでおにぎりや生姜焼きなどの日本食を提供する食堂を開くというシチュエーションは現実には難しそうだが、あり得ないことでもない。客が一人もこなくてもサチエは毎日市場で食材を仕入れ、食器を磨く。店を閉めた後はプールに行って泳ぎ、家でも和食を作り、夜には合気道の座りわざ「膝行（しっこう）」の練習をするなど穏やかで丁寧な日常を過ごしている。

映画ではヘルシンキでの何気ない日々の暮らしが綴られているように見えるが、所々でフィンランドの「観光プロモーション」として上手に映像が機能している。たとえば、サチエがミドリにガッチャマンの歌詞を聞いた場所であるアカデミア書店のアアルトカフェ、ミドリがトナカイの肉を買ったハカニエミのマーケットホール、サチエら女性四人がオープンテラスでビールを飲んでいる場所はカイヴォプイスト公園のカフェで、いずれも観光名所である。また、荷物が出てこないマサコが買い物に行った先はフィンランドの有名ブランドのマリメッコであったりする。よく見ると、毎日冷やかしに外から眺めに来るフィンランド人女性もマリメッコを着たりしている。食堂ではもちろんフィンランドのブランドであるアラビア食器が使用されている。マサコがキノコ狩り

【図１】かもめが沢山いる港近くのヘルシンキ大聖堂／画像提供：Finland Image Bank

をしに行ったヌークシオ国立公園も、ヘルシンキから日帰りで行ける観光名所の一つ。ちなみにマサコのスーツケースにぎっちり入っていた黄色のきのこ「カンタレッリ（アンズタケ）」は、よくフィンランドで食されるきのこで、ソテーにしたり、スープにしたりして食べる。

「かもめ食堂」は実際のカフェ「カハヴィラ・スオミ（フィンランド・カフェ）」を改造して撮影された。観光名所となったこのカフェ自体は二〇一五年に閉店してしまったが、二〇一六年に同じ場所で「ラヴィントラ・カモメ（かもめ・レストラン）」がオープンした（二〇一九年七月現在）。日本人観光客は「かもめ食堂」のロケ地を巡るようになり、「かもめ食堂」ロケ地の観光ガイドブックも発売されている。

しかし、ただの観光プロモーションに終わらない点がこの映画の特徴である。サチエの日常に入ってくるのはどこか傷ついた人たちである。ガッチャマンの歌詞をサチエに教えたミドリはサチエに客を呼ぶ方法を具体的に提案するなど、常識的でしっかりした女性である。しかし、理由ははっきり明言していないが日本で傷ついたミドリは、どこかに旅しようと考えた時に目をつぶって指差した世界地図上の場所であったフィンランドにたどり着いた。また、マサコも特に目的もなくフィンランドにやってきた。両親を二〇年介護した後、たまたまフィンランドのことをテレビで目にしたという理由でやってきた。サチエ自身、おにぎりを食堂のメインメニューにした理由を話す中で、幼い頃に母を亡くしたと語る。

傷ついている人は彼女たちだけではない。コーヒーの淹れ方を教えてくれた謎のフィンランド人中年男性は、かもめ食堂の前身の店のオーナーでどうやら家庭がうまくいっていない。ちなみに、この謎の男性を演じた俳優マルック・ペルトラは、アキ・カウリスマキ映画の『過去のない男』の主人公を演じたことで知られているが、『かもめ食堂』公開翌年の二〇〇七年に死去した。

夫が突然家を出て行き、傷ついたフィンランド人中年女性も登場する。店の外でなぜか睨みつけていた女性で、ある日店に入ってきてコスケンコルヴァ（フィンランドの蒸留酒）を注文し、二杯飲んだら倒れてしまう。彼女の家まで送って行ったミドリは「シャイだけどやさしくて、いつものんびりリラックスして、それが私のフィンランド人のイメージでした。でもやっぱり悲しい人は悲しいんですね」とサチエに言う。サチエはそれに対して、「それはそうですよ。どこにいたって悲しい人は悲しいし、寂しい人は寂しいんじゃないですか」と答える。この会話に日本人が描いているステレオタイプ的なフィンランド・イメージを超えたものを見出せる。

また、サチエたちの言葉は心に残るものが多い。たとえば、ミドリにお客を呼ぶ方法を提案されたサチエは以下のように答える。「毎日真面目にやっていれば、そのうちお客さんも来るようになりますよ。それでもだめなら、まあその時はその時。やめちゃいます。でも大丈夫。」

酔っ払ったフィンランド人女性を家まで送った後に、サチエは「ずっと同じではいられないものですよね。人はみんな変わっていくものですから」と言うと、ミドリは「いい感じに変わっていくといいですね」と言う。

映画の最後では、店に客がたくさんやってくるようになる。夫が出て行った女性もやってきて、夫が戻ってきたと嬉しそうにサチエたちに告げる。行きつけのプールでは店が満席となったことを祝福するかのように、プールにいる人びとがサチエに拍手する。この作品は、別に舞台がフィンランドでなくても成立する映画かもしれない。しかし、フィンランドを舞台にしたことで日本人のフィンランド・イメージを高めた。教育面での「フィンランド・ブーム」はPISAのフィンランドの順位が下がっていくとともに落ち着いていった感がある。一方、この映画は未だに輝きを放っており、これからも息の長い作品として愛されていくであろう。

〈さらに興味のある人に〉

二〇一九年に公開された日本映画『雪の華』は中島美嘉のヒット曲からモチーフを得た映画である。舞台の半分がフィンランドであり、人気俳優が出演したことでも話題となった。幼少から病弱だった主人公平井美雪は、両親が出会った場所ラップランドで赤いオーロラを見ることが夢だった。ある日、病院で余命一年だと告げられた彼女は勇気を振り絞って、ひったくりから助けてもらった男性に百万円で期間限定の恋人になってもらうという恋愛映画である。この映画では夏のヘルシンキと冬のラップランド（レヴィ）が後半の舞台となるが、映像のフィンランドはどこを切っても美しい。カイヴォプイスト公園といった『かもめ食堂』と同じ場所が出てくるが、恋愛映画のせいか少し違った印象を受ける。これが現在の日本における「フィンランド・イメージ」なのだろう。まだ観ていない人は『かもめ食堂』と見比べてほしい。

（石野裕子）

おわりに

現在、日本において北欧への関心が高まっています。それは、本、雑誌、テレビ、新聞など様々な媒体で、北欧に関する紹介を頻繁に目にすることからもわかります。関心のテーマは、福祉に限らず、歴史、政治、経済、産業デザイン、環境、教育、文学、音楽、絵画など幅広い分野に広がっています。そうした関心に基づく北欧紹介や情報が増えていることは大変喜ばしい半面、問題がないとはいえません。文脈を無視した断片的な紹介であったり、興味本位に問題の一部が大きく取り上げられたり、そこでは日本人の関心に合うものが強調され、自分たちのもつ「北欧イメージ」が再確認されるだけのものでしかないことがあります。北欧の事象を北欧の時間的、空間的な文脈から的確に位置づけて、日本に紹介するということが十分になされているとはいえない状況にあります。

以上の状況から、北欧について考える材料を提供し、北欧理解をめぐる現状に疑問を投げかけることに大きな意義があると私たちは考えます。その材料として、多くの人々にとって身近な映画をテーマにすることを選んでみました。北欧をめぐる映画は主に娯楽の対象として視聴され、そこで描かれているものにどのようなメッセージが存在しているのか、それらをどのように解釈すべきかなど、意外と脇に置かれているのではないでしょうか。映画は、その制作にかかわった監督、出演者、スタッフをはじめとする多くの人々、組織、さらにその社会全体の思想——その理想も偏見も含めて——を内包しており、映画を視聴する側がそれに対し何を期待し、いかに観たかを考えることで、視聴する側の個人、社会の思想をも映し出すものです。それらの映画を通して、北欧のもつ「虚像」と「実像」を明らかにし、その「ズレ」を時間的・空間的文脈を考慮しつつ紹介しようとする私たちの試みは、北欧をこれまで以上に掘り下げ、新たな北欧理解を生み出すきっかけになるのではないかと考えました。

本企画は、一九七八年以来、北欧の歴史、政治、経済、社会、文化、国際関係などを研究してきたバルト=スカンディナヴィア研究会の会員、さらに北欧の研究でつながりのある研究者によって執筆されています。当初、二〇〇作品ほどの映画を候補に挙げ、そこから約六〇作品を選び出しました。その上で、できる限り各作品に通じた専門家を配置し、それぞれの専門分野から作品を読み解いてもらいました。右記の目標を十分に果たせているか否かについては、読者のご判断にお任せしたいと思います。読者の皆様におかれまして、もし一つでも新たな発見があるとするならば、執筆者としてこれほど嬉しいことはありません。

なお、本企画の企画委員の不手際で準備に時間を要しました。そのため、各執筆者への原稿依頼から原稿提出まで二ヵ月程の超過密日程となってしまいました。十分な執筆時間を確保し、執筆者の能力を最大限発揮して頂く環境を提供できず、執筆者の皆様には多大なご迷惑をおかけしましたことを、お詫び申し上げる次第です。そうした悪条件にもかかわらず、刺激的な作品紹介をお寄せ下さった皆様にお礼申し上げます。

また、出版事情の厳しい折りにもかかわらず、本企画に理解を示し、編集をして下さった小鳥遊書房の高梨治さんにお礼を申し上げます。大勢の執筆者が参加し、写真などの資料も多数にのぼるため、企画委員ですら編集作業で気が遠くなりましたが、原稿を的確に処理され、迅速にまとめて下さり、感謝申し上げます。

最大限の注意を払い、編集作業をしてまいりましたが、思わぬ誤りが残っているかもしれません。読者の皆様のご叱正を乞う次第です。

二〇一九年九月三〇日

村井誠人
大島美穂
佐藤睦朗
吉武信彦

主要参考文献

邦語文献は著者五十音順。
外国語文献はアルファベット順。

アーヴ、マリアンネ編著『マリメッコのすべて』和田侑子訳（DU BOOKS、二〇一三年）
アスビョルンセン、P・C編『太陽の東　月の西』佐藤俊彦訳（岩波少年文庫、一九五八年。二〇〇五年新版）
アスビョルンセン、P・C／J・モー編『ノルウェーの民話』米原まり子訳（青土社、一九九九年）
アスビョルンセン、P・C／J・モー編『ノルウェーの昔話』大塚勇三訳（福音館書店、二〇〇三年）
足立芳宏「北ドイツ農村におけるスウェーデン人奉公人」（足立芳宏『近代ドイツの農村社会と農業労働者――〈土着〉と〈他所者〉のあいだ』京都大学学術出版会、一九九七年）
荒俣宏『女流画家ゲアダ・ヴィーイナと「謎のモデル」――アール・デコのうもれた美女画』（新書館、二〇一六年）
アンデネス、ヨハンネス／オーラヴ・リステ、マグネ・スコーヴィン『ノルウェーと第二次世界大戦』池上佳助訳（東海大学出版会、二〇〇三年）
石野裕子「フィンランドの映画監督アキ・カウリスマキの世界」（百瀬宏、石野裕子編『フィンランドを知るための四四章』明石書店、二〇〇八年）
石野裕子『「大フィンランド」思想の誕生と変遷――叙事詩カレワラと知識人』（岩波書店、二〇一二年）
石野裕子『物語　フィンランドの歴史――北欧先進国「バルト海の乙女」の800年』（中公新書、二〇一七年）
石原俊時『市民社会と労働者文化――スウェーデン福祉国家の社会的起源』（木鐸社、一九九六年）
植村直己『極北に駆ける』（文藝春秋、一九七四年）
植村直己『北極点グリーンランド単独行』（文藝春秋、一九七八年）
植村直己『青春を山に賭けて（新装版）』（文藝春秋、二〇〇八年）
エバーショフ、デイヴィッド『リリーのすべて』斉藤博昭訳（早川書房、二〇一六年）
大島美穂「第二次世界大戦下のノルウェー亡命政権の外交――戦後構想との関係で」（『国際政治』第八九号、一九八八年）
大島美穂編『EUスタディーズ3　国家・地域・民族』（勁草書房、二〇〇七年）
大島美穂「第二次世界大戦直後のノルウェーにおける暫定政権の形成――戦後世界の考察の一助として」（百瀬宏編著『変貌する権力政治と抵抗――国際関係学における地域』彩流社、二〇一二年）
大島美穂「北欧の市民社会――ノルウェーにおけるNGO」（山本武彦編『市民社会の成熟と国際関係』早稲田大学現代政治経済研究所研究叢書、志學社、二〇一四年）
大島美穂、岡本健志編著『ノルウェーを知るための六〇章』（明石書店、二〇一四年）
岡澤憲芙、斉藤弥生編著『スウェーデン・モデル――グローバリゼーション・揺らぎ・挑戦』（彩流社、二〇一六年）
岡澤憲芙監修、日瑞一五〇年委員会編『日本・スウェーデン交流一五〇年――足跡と今、そしてこれから』（彩流社、

二〇一八年）
小澤実「ノルウェー人物史（二）海上王国の栄華――ホーコン四世（一二〇四～六三）」（『藝術新潮』二〇〇八年一一月号）
小澤実、中丸禎子、高橋美野梨編著『アイスランド・グリーンランド・北極を知るための六五章』（明石書店、二〇一六年）
小澤実「ルーン文字」（大城道則編著『図説　古代文字入門』河出書房新社、二〇一八年）
小内透編著『北欧サーミの復権と現状――ノルウェー・スウェーデン・フィンランドを対象にして』（東信堂、二〇一八年）
カセカンプ、アンドレス『バルト三国の歴史――エストニア・ラトヴィア・リトアニア　石器時代から現代まで』小森宏美、重松尚訳（明石書店、二〇一四年）
カービー、デイヴィッド『フィンランドの歴史』百瀬宏、石野裕子監訳、東眞理子、小林洋子、西川美樹訳（明石書店、二〇〇八年）
カールソン、グンナー『アイスランド小史』岡澤憲芙監訳、小森宏美訳（早稲田大学出版部、二〇〇二年）
カルニエテ、サンドラ『ダンスシューズで雪のシベリアへ――あるラトビア人家族の物語』黒沢歩訳（新評論、二〇一四年）
川名晋史『基地の政治学――戦後米国の海外基地拡大政策の起源』（白桃書房、二〇一二年）
クリストッフェション、サーラ『イケアとスウェーデン――福祉国家イメージの文化史』太田美幸訳（新評論、二〇一五年）
ケリー、ジョン『黒死病――ペストの中世史』野中邦子訳（中央公論新社、二〇〇八年）
コック、ハル『グルントヴィ――デンマーク・ナショナリズムとその止揚』小池直人訳（風媒社、二〇〇七年）
小松弘監修、渡辺芳子責任編集『北欧映画完全ガイド』（新宿書房、二〇〇五年）
小松弘『ベルイマン』（清水書院、二〇一五年）
小森宏美、橋本伸也『バルト諸国の歴史と現在』（東洋書店、二〇〇二年）
小森宏美『エストニアの政治と歴史認識』（三元社、二〇〇九年）
小森宏美編著『エストニアを知るための五九章』（明石書店、二〇一二年）
佐藤睦朗「一九～二〇世紀初めにかけての北欧からの海外移民」・「一八～一九世紀のスウェーデンにおける農業革命」（北欧文化協会、バルト＝スカンディナヴィア研究会、北欧建築・デザイン協会編『北欧文化事典』丸善出版、二〇一七年）
志摩園子『物語　バルト三国の歴史――エストニア・ラトヴィア・リトアニア』（中公新書、二〇〇四年）
志摩園子編著『ラトヴィアを知るための四七章』明石書店、二〇一六年）
庄司博史「サーミ――先住民権をもとめて」（原聖、庄司博史編『講座　世界の先住民族　ファースト・ピープルズの現在〇六　ヨーロッパ』明石書店、二〇〇五年）
ステーネシェン、エイヴィン／イーヴァル・リーベク『ノルウェーの歴史――氷河期から今日まで』岡澤憲芙監訳、小森宏美訳（早稲田大学出版部、二〇〇五年）
高橋美野梨『自己決定権をめぐる政治学――デンマーク領グリーンランドにおける「対外的自治」』（明石書店、二〇一三年）
高橋美野梨「開発と先住民族」（『北極の人間と社会』北海道大学

出版会、近刊）
津田由美子、吉武信彦編著『北欧・南欧・ベネルクス』（ミネルヴァ書房、二〇一一年）
都村敦子「家族政策の国際比較」（国立社会保障・人口問題研究所編『少子社会の子育て支援（社会保障研究シリーズ）』東京大学出版会、二〇〇二年）
ディーネセン、イサク『バベットの晩餐会』桝田啓介訳／解説・田中優子（筑摩書房・ちくま文庫、一九九二年）
トーレクル、バッティル『イケアの挑戦――創業者は語る』楠野透子訳（ノルディック出版、二〇〇八年）
中里巧『キルケゴールとその思想風土――北欧ロマンティークと敬虔主義』（創文社、一九九四年）
中嶋瑞枝「資料紹介：タピオ・リッツマネン及びマッティ・コヨ〈原子力を排除せず――フィンランドにおける原子力政策アレンジメントの原動力及び安定性〉」『総合環境科学ジャーナル』、二〇一一年、一七一―一九四頁――解説と考察」（『北欧史研究』第三五号、二〇一八年）
成川岳大「遥かなるローマ――ノルウェー王スヴェッレにとっての教会権威と教皇庁」（甚野尚志、踊共二編著『中近世ヨーロッパの宗教と政治』ミネルヴァ書房、二〇一四年）
成川岳大「中世ノルウェーの商業と経済――北方のタラ、ハンザ商館、そして黒死病」（斯波照雄、玉木俊明編『北海・バルト海の商業世界』悠書館、二〇一五年）
橋本伸也編『せめぎあう中東欧・ロシアの歴史認識問題――ナチズムと社会主義の過去をめぐる葛藤』（ミネルヴァ書房、二〇一七年）
長谷川紀子『ノルウェーのサーメ学校に見る先住民族の文化伝承――ハットフェルダル・サーメ学校のユニークな教育』（新評論、二〇一九年）
パットナム、ロバート・D編著『流動化する民主主義――先進八ヵ国におけるソーシャル・キャピタル』猪口孝訳（ミネルヴァ書房、二〇一三年）
フォン・バーグ、ペーター『アキ・カウリスマキ』森下圭子訳（愛育社、二〇〇七年）
ペタション、オロフ『北欧の政治――デンマーク・フィンランド・アイスランド・ノルウェー・スウェーデン』岡澤憲芙監訳、斉藤弥生、木下淑恵訳（早稲田大学出版部、一九九八年）
ヘルムス、ニコリーネ・マリーイ『デンマーク国民をつくった歴史教科書』村井誠人、大溪太郎訳（彩流社、二〇一三年）
北欧文化協会、バルト＝スカンディナヴィア研究会、北欧建築・デザイン協会編『北欧文化事典』（丸善出版、二〇一七年）
ボーリシュ、スティーヴン『生者の国――デンマークに学ぶ全員参加の社会』難波克彰監修、福井信子監訳（新評論、二〇一一年）
村井誠人「ゲオーグ・ブランデスと一九世紀デンマーク社会」（『社会科学討究』第二六巻第一号、一九八〇年）
村井誠人、奥島孝康編『ノルウェーの社会――質実剛健な市民社会の展開』（早稲田大学出版部、二〇〇四年）
村井誠人編著『スウェーデンを知るための六〇章』（明石書店、二〇〇九年）
村井誠人編著『デンマークを知るための六八章』（明石書店、二〇〇九年）
村山朝子『『ニルス』に学ぶ地理教育――環境社会スウェーデンの

原点』（ナカニシヤ出版、二〇〇五年）

百瀬宏『北欧現代史』（山川出版社、一九八〇年）

百瀬宏、村井誠人監修『読んで旅する世界の歴史と文化　北欧』（新潮社、一九九六年）

百瀬宏、熊野聰、村井誠人編『北欧史』（山川出版社、一九九八年）

百瀬宏、石野裕子編著『フィンランドを知るための四四章』（明石書店、二〇〇八年）

ヤコブセン、ヘリエ・サイゼリン『デンマークの歴史』村井誠人監修、高藤直樹訳（ビネバル出版、一九九五年）

山川亜古「先住民サーミの人びと――暮らしと言語的状況・文化継承」（村井誠人編著『スウェーデンを知るための六〇章』明石書店、二〇〇九年）

山室静訳著『抵抗の牧師カイ・ムンク――その生涯・説教・戯曲』（教文館、一九七六年）

吉武信彦『日本人は北欧から何を学んだか――日本−北欧政治関係史入門』（新評論、二〇〇三年）

レックム市原奈緒美「若者文化――『人民を映す鏡』のなかの若者たち」（大島美穂、岡本健志編著『ノルウェーを知るための六〇章』明石書店、二〇一四年）

ワーナー、エミー・E『ユダヤ人を救え！――デンマークからスウェーデンへ』池田年穂訳（水声社、二〇一〇年）

Borneskans, Fredrik. “Så blev IKEA en succé.” *Populär Historia*, 5, 2008.

Hansen, Thorkild. *Processen mod Hamsun*. København: Gyldendal, 1978.

Hansson, Lars. “Den glömda utvandringen.”Emigranternas Hus のホームページ、〈https://emigranternashus.se/?page_id=1515〉.

Jakobsson, Ármann. “The Trollish Acts of Þorgrímr the Witch: The Meaning of *Troll and Ergi* in Medieval Iceland,” in Ármann Jakobsson, *Nine Saga Studies: The Critical Interpretation of the Icelandic Sagas*. Reykjavík: University of Iceland Press, 2013.

Harty, Kevin J., (ed.), *The Vikings on Film. Essays on Depictions of the Nordic Middle Ages*. Jefferson, NC: McFarland & Company, 2011.

Helgason, Jon Karl. *Echoes of Valhalla. The Afterlife of the Eddas and Sagas*. London: Reaktion Books, 2017.

Lundh, Christer & Kerstin Sundsberg, (red.), *Gatehus och gatehusfolk i skånska gödsmiljöer*. Lund: Nordic Academic Press, 2003.

Nordqvist, Anna. “*Nu er vi ikke mere piger*”*: identitetsprocesser bland svenska tjänstekvinnor i Köpenhamn 1880-1920*. Lund: Lunds universitet, 2011.

Schön, Lennart. *Sweden's Road to Modernity: An Economic History*. Stockholm: SNS Förlag, 2010.

Smith, Peter Scharff. “Helge　Hagemann, *Under Tvang. Minderydningen ved den jyske vestkyst 1945*. (Akademisk Forlag,1998).” *Historie*, Bind 2000, Jysk selskab for historie, Litteraturnyt.（ピーター・シャーフ・スミトの書評、デンマーク、オーフース大学歴史学科発行雑誌）

年デンマーク映画アカデミー・ローバト賞最優秀音響賞（Peter Albrechtsen）、2016年北京国際映画祭最優秀監督賞

リリーのすべて

①リリーのすべて／② The Danish Girl（ザ・デイニッシュ・ガール）／③トム・フーパー（Tom Hooper）／④エディー・レッドメイン（Eddie Redmayne）、アリーシア・ヴィーカンデル（Alicia Vikander）／⑤イギリス、アメリカ、ドイツ、デンマーク、ベルギー、日本／⑥ 2015年／⑦ 2016年／⑧ 120分／⑨ 2015年ヴェネチア映画祭銀獅子賞（Tom Hooper）、2016年アカデミー賞最優秀助演女優賞（Alicia Vikander）

ル・アーブルの靴みがき

①ル・アーブルの靴みがき／② Le Havre（ル・アーヴル）／③アキ・カウリスマキ（Aki Kaurismäki）／④アンドレ・ウィルム（André Wilms）、カティ・オウティネン（Kati Outinen）、ジャン＝ピエール・ダルッサン（Jean-Pierre Darroussin）、ブロンダン・ミゲル（Blondin Miguel）／⑤フィンランド、フランス、ドイツ／⑥ 2011年／⑦ 2012年／⑧ 93分／⑨ 2011年カンヌ国際映画祭FIPRESCI賞など3部門、2011年シカゴ国際映画祭インターナショナル・コンペティション部門ゴールド・ヒューゴ賞（最優秀作品賞）、2011年ミュンヘン国際映画祭最優秀外国語映画賞、2012年フィンランド・フィルミアウラ協会ユッシ賞最優秀作品賞、最優秀監督賞（Aki Kaurismäki）など6部門

レインマン

①レインマン／② Rain Man（レイン・マン）／③バリー・レヴィンソン（Barry Levinson）／④ダスティン・ホフマン（Dustin Hoffman）、トム・クルーズ（Tom Cruise）／⑤アメリカ／⑥ 1988年／⑦ 1989年／⑧ 134分／⑨ 1989年アカデミー賞最優秀作品賞、最優秀監督賞（Barry Levinson）、最優秀主演男優賞（Dustin Hoffman）、最優秀脚本賞（Ronald Bass、Barry Morrow）、1989年ゴールデン・グローブ賞最優秀作品賞、最優秀男優賞（Dustin Hoffman）

ロイヤル・アフェア 愛と欲望の王宮

①ロイヤル・アフェア　愛と欲望の王宮／② En kongelig affære（王家の情事）／③ニコライ・アーセル（Nikolaj Arcel）／④マッツ（マス）・ミケルセン（Mads Mikkelsen）、アリーシア・ヴィーカンデル（Alicia Vikander）、ミケル・ボー・フルスゴー（Mikkel Boe Følsgaard）／⑤デンマーク、スウェーデン、チェコ／⑥ 2012年／⑦ 2013年／⑧ 137分／⑨ 2013年デンマーク映画批評家協会ボーディル賞最優秀主演男優賞（Mikkel Boe Følsgaard）など3部門、2013年デンマーク映画アカデミー・ローバト賞最優秀監督賞（Nikolaj Arcel）など10部門、2013年アカデミー賞最優秀外国語映画賞ノミネート作品

ムンク　愛のレクイエム
①ムンク　愛のレクイエム／② Edvard Munch（エドヴァル・ムンク）／③ピーター・ワトキンス（Peter Watkins）／④ガイル・ヴェストビュー（Geir Westby）、グロ・フロース（Gro Fraas）／⑤ノルウェー、スウェーデン／⑥ 1976 年／⑦ 1991 年／⑧ 170 分／⑨ 1977 年イギリス映画テレビ芸術アカデミー（BAFTA）TV 賞最優秀外国語番組賞

名探偵カッレくん
①劇場未公開のため、なし／② Mästerdetektiven Blomkvist（名探偵カッレくん）／③ロルフ・ヒュースバリ（Rolf Husberg）／④オッレ・ヨーハンソン（Olle Johansson）、スヴェン＝アクセル・アッケ・カールソン（Sven-Axel “Akke” Carlsson）、アン＝マリー・スコーグルンド（Ann-Marie Skoglund）／⑤スウェーデン／⑥ 1947 年／⑦劇場未公開／⑧ 91 分／⑨なし

◉や行

やかまし村の子どもたち
①やかまし村の子どもたち／② Alla vi barn i Bullerbyn（わたしたち「やかまし村」の子どもたちみんな）／③ラッセ・ハルストゥルム（Lasse Hallström）／④リンダ・バリストゥルム（Linda Bergström）／⑤スウェーデン／⑥ 1986 年／⑦ 2000 年／⑧ 90 分／⑨なし

やかまし村の春・夏・秋・冬
①やかまし村の春・夏・秋・冬／② Mer om oss barn i Bullerbyn（もっとわたしたち「やかまし村」の子どもたちについて）／③ラッセ・ハルストゥルム（Lasse Hallström）／④リンダ・バリストゥルム（Linda Bergström）／⑤スウェーデン／⑥ 1987 年／⑦ 2000 年／⑧ 86 分／⑨なし

裕次郎の欧州駈けある記
①裕次郎の欧州駈けある記／②同左／③横山実（撮影）／④石原裕次郎／⑤日本／⑥ 1959 年／⑦ 1959 年／⑧ 42 分／⑨なし

雪わり草
①雪わり草／② Barnen från Frostmofjället（雪山からの子供たち）／③ロルフ・ヒュースバリ（Rolf Husberg）／④ハンス・リンドグレーン（Hans Lindgren）、シーヴ・ハンソン（Siv Hansson）、アンデシュ・ニーストゥルム（Anders Nyström）／⑤スウェーデン／⑥ 1945 年／⑦ 1970 年／⑧ 102 分／⑨なし

ヨウンとグヴェンドゥルの冒険
①未詳／② Ævintýri Jóns og Gvendar（ヨウンとグヴェンドゥルの冒険）／③ロフトゥル・グズムンソン（Loftur Guðmundsson）／④トリクヴィ・マグヌソン（Tryggvi Magnússon）、アイリークル・ベック（Eiríkur Beck）／⑤アイスランド／⑥ 1923 年／⑦未詳／⑧未詳／⑨未詳

◉ら行

ラスト・キング
王家の血を守りし勇者たち
①ラスト・キング　王家の血を守りし勇者たち（劇場未公開のためＤＶＤの表題）／② Birkebeinerne（ビルケベイナル［白樺の脚党の戦士たち］）／③ニルス・ガウプ（Nils Gaup）／④ヤーコブ・オフテブロー（Jakob Oftebro）、クリストファー・ヒヴュ（Kristofer Hivju）、ポール・スヴェッレ・ハーゲン（Pål Sverre Hagen）、アーネ・ウーリムン・ウーヴェリ（Ane Ulimoen Øverli）／⑤ノルウェー、デンマーク、スウェーデン、アイルランド、ハンガリー／⑥ 2016 年／⑦劇場未公開、2016 年 DVD のみ発売／⑧ 99 分／⑨ 2017 年トロンハイム国際映画祭最優秀音楽賞（Gaute Storaas）

理想主義者
①劇場未公開のため、なし／② Idealisten（理想主義者）／③クリスティーナ・ローセンデール（Christina Rosendahl）／④ピータ・プロウボー（Peter Plaugborg）、セーアン・マリング（Søren Malling）／⑤デンマーク／⑥ 2015 年／⑦劇場未公開／⑧ 114 分／⑨ 2016 年デンマーク映画批評家協会ボーディル賞特別賞（Peter Albrechtsen）、2016

年スウェーデン映画協会グルドバッゲ賞最優秀作品賞、最優秀主演男優賞（Anton Glanzelius）、1987年ニューヨーク映画批評家協会賞最優秀外国語映画賞、1988年ゴールデン・グローブ賞最優秀外国語映画賞

マリメッコの奇跡
①マリメッコの奇跡（劇場未公開のためDVDの表題）／② Marimekko unikkoja aallokossa（波の中のウニッコ）／③ニーナ・ステンロース（Nina Stenros）／④キルスティ・パーッカネン（Kirsti Paakkanen）、石本藤雄／⑤フィンランド／⑥ 2004年／⑦劇場未公開、2009年DVDのみ発売／⑧ 54分／⑨なし

みじかくも美しく燃え
①みじかくも美しく燃え／② Elvira Madigan（エルヴィーラ・マディガン）／③ボー・ヴィーデルバリ（Bo Widerberg）／④ピア・デーゲルマルク（Pia Degermark）、トムイ・バリグレーン（Thommy Berggren）／⑤スウェーデン／⑥ 1967年／⑦ 1968年／⑧ 91分／⑨ 1967年カンヌ国際映画祭最優秀主演女優賞（Pia Degermark）

未来を生きる君たちへ
①未来を生きる君たちへ／② Hævnen（復讐）／③スサンネ（スサネ）・ビア（Susanne Bier）／④ミーカエル・パーシュブラント（Mikael Persbrandt）、トリーネ・デュアホルム（Trine Dyrholm）／⑤デンマーク、スウェーデン／⑥ 2010年／⑦ 2011年／⑧ 112分／⑨ 2011年デンマーク映画批評家協会ボーディル賞最優秀主演女優賞（Trine Dyrholm）、2011年デンマーク映画アカデミー・ローバト賞最優秀主演女優賞（Trine Dyrholm）、2011年アカデミー賞最優秀外国語映画賞、2011年ゴールデン・グローブ賞最優秀外国語映画賞

ミレニアム
ドラゴン・タトゥーの女
①ミレニアム　ドラゴン・タトゥーの女／② Män som hatar kvinnor（女たちを憎む男たち）／③ニルス・アーデン・オプレウ（Niels Arden Oplev）／④ミーカエル・ニークヴィスト（Michael Nyqvist）、ノオミ・ラパス（Noomi Rapace）／⑤スウェーデン、デンマーク、ドイツ／⑥ 2009年／⑦ 2010年／⑧ 152分／⑨ 2010年スウェーデン映画協会グルドバッゲ賞最優秀作品賞、最優秀主演女優賞（Noomi Rapace）、観客賞、2011年イギリス映画テレビ芸術アカデミー（BAFTA）映画賞最優秀外国語映画賞

ミレニアム2　火と戯れる女
①ミレニアム2　火と戯れる女／② Flickan som lekte med elden（火と戯れる女）／③デイニエル・アルフレッドソン（Daniel Alfredson）／④ミーカエル・ニークヴィスト（Michael Nyqvist）、ノオミ・ラパス（Noomi Rapace）／⑤スウェーデン、デンマーク、ドイツ／⑥ 2009年／⑦ 2010年／⑧ 129分／⑨なし

ミレニアム3　眠れる女と狂卓の騎士
①ミレニアム3　眠れる女と狂卓の騎士／② Luftslottet som sprängdes（膨らまされた妄想）／③デイニエル・アルフレッドソン（Daniel Alfredson）／④ミーカエル・ニークヴィスト（Michael Nyqvist）、ノオミ・ラパス（Noomi Rapace）／⑤スウェーデン、デンマーク、ドイツ／⑥ 2009年／⑦ 2010年／⑧ 147分／⑨なし

ムービー・デイズ
①ムービー・デイズ／② Bíódagar（映画の日々）／③フリズリク・ソウル・フリズリフソン（Friðrik Þór Friðriksson）／④エルヴァル・イェンス・アルナルソン（Örvar Jens Arnarsson）、ルーリク・ハラルソン（Rúrik Haraldsson）／⑤アイスランド、ドイツ、デンマーク／⑥ 1994年／⑦ 1999年／⑧ 82分／⑨ 1994年ノルウェー国際映画祭（ハウゲスン）アマンダ賞最優秀北欧映画賞、1994年ロカルノ国際映画祭金豹賞ノミネート作品、1995年アカデミー賞外国語映画賞アイスランド代表作品

不良少女モニカ
①不良少女モニカ／② Sommaren med Monika（モニカと一緒の夏）／③イングマール・ベルイマン（イングマル・バリマン）（Ingmar Bergman）／④ハリエット・アンデション（Harriet Andersson）、ラーシュ・エクボリ（Lars Ekborg）、ダグマル・エッベセン（Dagmar Ebbesen）、ジョン・ハルイソン（John Harryson）、イェーオリ・スカーシュテット（Georg Skarstedt）、ユスタ・エーリクソン（Gösta Ericsson）／⑤スウェーデン／⑥ 1953 年／⑦ 1955 年／⑧ 97 分／⑨なし

ヘイフラワーとキルトシュー
①ヘイフラワーとキルトシュー／② Heinähattu ja Vilttitossu（ヘイナハットゥとヴィルッティトッス）／③カイサ・ラスティモ（Kaisa Rastimo）／④カトリーナ・タヴィ（Katriina Tavi）、ティルダ・キーアンレヘト（Tilda Kiianlehto）／⑤フィンランド／⑥ 2002 年／⑦ 2005 年／⑧ 75 分／⑨ 2003 年フィンランド・フィルミアウラ協会ユッシ賞最優秀衣裳賞（Tiina Kaukanen）・最優秀舞台美術賞（Katriina Ilmaranta）、2003 年ストックホルム国際児童映画祭グランプリ、2003 年シカゴ国際児童映画祭児童審査員賞（Kaisa Rastimo）

ペレ
①ペレ／② Pelle Erobreren（征服者ペレ）／③ビレ・アウグスト（アウゴスト）（Bille August）／④マックス・フォン・シドウ（Max von Sydow）、ペッレ・ヴェネゴード（Pelle Hvenegaard）／⑤デンマーク、スウェーデン／⑥ 1987 年／⑦ 1989 年／⑧ 150 分／⑨ 1988 年デンマーク映画批評家協会ボーディル賞最優秀作品賞、最優秀主演男優賞（Max von Sydow）など 4 部門、1988 年デンマーク映画アカデミー・ローバト賞最優秀作品賞、最優秀主演男優賞（Max von Sydow）など 8 部門、1988 年スウェーデン映画協会グルドバッゲ賞最優秀作品賞、最優秀主演男優賞（Max von Sydow）、1988 年カンヌ国際映画祭パルム・ドール、1989 年アカデミー賞最優秀外国語映画賞、1989 年ゴールデン・グローブ賞最優秀外国語映画賞

ぼくのエリ　200 歳の少女
①ぼくのエリ　200 歳の少女／② Låt den rätte komma in（正しい者を招き入れよ）／③トーマス・アルフレッドソン（Tomas Alfredson）／④コーレ・ヘーデブラント（Kåre Hedebrant）、リーナ・レアンデション（Lina Leandersson）／⑤スウェーデン／⑥ 2008 年／⑦ 2010 年／⑧ 115 分／⑨ 2008 年トライベッカ国際映画祭審査員賞最優秀作品賞、2008 年オースティン映画批評協会最優秀外国語映画賞、2009 年スウェーデン映画協会グルドバッゲ賞最優秀監督賞（Tomas Alfredson）など 5 部門、2009 年アメリカ SF・ファンタジー・ホラー映画アカデミー・サターン賞最優秀インターナショナル映画賞

ホワイトウィザード
①ホワイトウィザード／② Veiviseren/Ofelaš（英 Pathfinder、道を示す者）／③ニルス・ガウプ（Nils Gaup）／④ミッケル・ガウプ（Mikkel Gaup）、ニルス・ウーツスィ（Nils Utsi）／⑤ノルウェー／⑥ 1987 年／⑦ 1990 年／⑧ 86 分／⑨ 1988 年ノルウェー国際映画祭（ハウゲスン）アマンダ賞最優秀作品賞、1988 年アカデミー賞最優秀外国語映画賞ノミネート作品、1989 年ロンドン映画祭サザーランド杯（新人監督賞）（Nils Gaup）、1990 年ゆうばり国際冒険・ファンタスティック映画祭ヤング・ファンタスティック・グランプリ部門グランプリ（Nils Gaup）

◉ま行

マイライフ・アズ・ア・ドッグ
①マイライフ・アズ・ア・ドッグ／② Mitt liv som hund（犬のようなぼくの人生）／③ラッセ・ハルストゥルム（Lasse Hallström）／④アントン・グランセリーウス（Anton Glanzelius）、トーマス・フォン・ブルムセン（Tomas von Brömssen）、アンキ・リデーン（Anki Lidén）、メリンダ・シンナマン（Melinda Kinnaman）／⑤スウェーデン／⑥ 1985 年／⑦ 1988 年／⑧ 102 分／⑨ 1986

メ（Catharina Palme）、リースベット・パルメ（Lisbeth Palme）／⑤スウェーデン／⑥ 2012 年／⑦劇場未公開／⑧ 103 分／⑨ 2013 年グルドバッゲ賞最優秀編集賞（Hanna Lejonqvist、Andreas Jonsson、Nils Pagh Andersen）、最優秀音楽賞（Benny Andersson）

ハロルドが笑うその日まで
①ハロルドが笑うその日まで／② Her er Harold（ここにハーロルはいる）／③グンナル・ヴィケネ（Gunnar Vikene）／④ビョルン・スンクヴィスト（Bjørn Sundquist）、ビョルン・グラナート（Björn Granath）、ファンニ・ケッテル（Fanny Ketter）／⑤ノルウェー、スウェーデン／⑥ 2014 年／⑦ 2016 年／⑧ 88 分／⑨ 2015 年ノルウェー国際映画祭（ハウゲスン）アマンダ賞最優秀主演男優賞（Bjørn Sundquist）、最優秀撮影賞（Simon Pramsten）

ヒトラーに屈しなかった国王
①ヒトラーに屈しなかった国王／② Kongens nei（国王の拒絶）／③エーリック・ポッペ（Erik Poppe）／④イェスパ・クリステンセン (Jesper Christensen)、アナシュ・ボースモ・クリスチャンセン（Anders Baasmo Christiansen）、カール・マルコヴィッチ（Karl Markovics）／⑤ノルウェー、アイルランド、デンマーク、スウェーデン／⑥ 2016 年／⑦ 2017 年／⑧ 133 分／⑨ 2017 年ノルウェー国際映画祭（ハウゲスン）アマンダ賞最優秀作品賞、最優秀助演男優賞（Karl Markovics）など 8 部門、2017 年アカデミー賞最優秀外国語映画賞ノルウェー代表作品

ヒトラーの忘れ物
①ヒトラーの忘れ物／② Under sandet（砂の下）／③マーティン・サントフリート（Martin Zandvliet）／④ローラン・ムラ（Roland Møller）、ミケル・ボー・フルスゴー（Mikkel Boe Følsgaard）、ルイ・ホフマン（Louis Hofmann）／⑤デンマーク、ドイツ／⑥ 2015 年／⑦ 2016 年／⑧ 101 分／⑨2015年東京国際映画祭コンペティション部門最優秀男優賞（Roland Møller、Louis Hofmann）、2016 年デンマーク映画批評家協会ボーディル賞最優秀作品賞、最優秀主演男優賞（Roland Møller）、最優秀助演男優賞（Louis Hofmann）、2016 年デンマーク映画アカデミー・ローバト賞最優秀作品賞、最優秀監督賞（Martin Zandvliet）など 6 部門、2017 年アカデミー賞最優秀外国語映画賞ノミネート作品

100 歳の華麗なる冒険
① 100 歳の華麗なる冒険／② Hundraåringen som klev ut genom fönstret och försvann（窓から逃げ、姿を消した 100 歳老人）／③フェーリクス・ハーングレン（Felix Herngren）／④ローバト・グスタフソン（Robert Gustafsson）、イーヴァル・ヴィクランデル（Iwar Wiklander）／⑤スウェーデン、ロシア、イギリス、フランス、スペイン、ドイツ／⑥ 2013 年／⑦ 2014 年／⑧ 115 分／⑨ 2014 年スウェーデン映画協会グルドバッゲ賞観客賞

氷海の伝説
①氷海の伝説／② Atanarjuat: The Fast Runner（アタナグユアト　足の速い人）／③ザカリアス・クヌク（Zacharias Kunuk）／④ナタール・ウンガラーック（Natar Ungalaaq）、シルヴィア・イヴァル（Sylvia Ivalu）／⑤カナダ／⑥ 2001 年／⑦ 2003 年／⑧ 172 分／⑨ 2001 年カンヌ国際映画祭カメラドール（新人監督賞）（Zacharias Kunuk）

ファブリックの女王
①ファブリックの女王／② Armi elää!（アルミは生きている！）／③ヨールン・ドンネル (Jörn Donner) ／④ミンナ・ハープキュラ (Minna Haapkylä)、ラウラ・ビルン (Laura Birn) ／⑤フィンランド／⑥ 2015 年／⑦ 2016 年／⑧ 85 分／⑨ 2016 年フィンランド・フィルミアウラ協会ユッシ賞最優秀脚本賞（Karoliina Lindgren）、最優秀美術監督賞（Otso Linnalaakso）

残された者　北の極地
①残された者　北の極地／② Arctic（北極）／③ジョー・ペナ（Joe Penna）／④マッツ（マス）・ミケルセン（Mads Mikkelsen）、マリーア・テルマ・スマウラドッティル（María Thelma Smáradóttir）／⑤アイスランド／⑥ 2018 年／⑦ 2019 年／⑧ 97 分／⑨なし

ノーベル殺人事件
①ノーベル殺人事件（劇場未公開のためＤＶＤの表題）／② Nobels testamente（ノーベルの遺言）／③ピーター・フリント（Peter Flinth）／④マリーン・クレーピン（Malin Crépin）／⑤スウェーデン／⑥ 2012 年／⑦劇場未公開、2013 年 DVD のみ発売／⑧ 89 分／⑨なし

◉は行

バトル・オブ・リガ
①バトル・オブ・リガ（劇場未公開のためＤＶＤの表題）／② Rigas sargi（リーガの防御者たち）／③アイガルス・グラウバ（Aigars Grauba）／④ヤーニス・レイニス（Jānis Reinis）、エリタ・クラヴィニャ（Elita Kļaviņa）／⑤ラトヴィア／⑥ 2007 年／⑦劇場未公開、2009 年 DVD のみ発売／⑧ 119 分／⑨ 2009 年ラトヴィア国民映画祭最優秀助演女優賞（Ināra Slucka）、最優秀美術監督賞（Martiņš Milbrets）

バベットの晩餐会
①バベットの晩餐会／② Babettes gæstebud（バベットの晩餐会）／③ゲーブリエル・アクセル（Gabriel Axel）／④ステファーヌ・オードラン (Stéphane Audran)、ビアギテ・フィーザスピール (Birgitte Federspiel)、ボーディル・ケーア (Bodil Kjer) ／⑤デンマーク／⑥ 1987 年／⑦ 1989 年／⑧ 102 分／⑨ 1987 年カンヌ国際映画祭ある視点賞、1988 年デンマーク映画アカデミー・ローバト賞最優秀主演女優賞 (Stéphane Audran) 、1988 年アカデミー賞最優秀外国語映画賞、1989 年イギリス映画テレビ芸術アカデミー（BAFTA）映画賞最優秀外国語映画賞

ハムスン
①ハムスン／② Hamsun（ハムスン）／③ヤーン・トロエル（Jan Troell）／④マックス・フォン・シドウ（Max von Sydow）、イータ・ヌルビー（Ghita Nørby）／⑤デンマーク、スウェーデン、ノルウェー、ドイツ／⑥ 1996 年／⑦ 2014 年／⑧ 159 分／⑨ 1997 年デンマーク映画批評家協会ボーディル賞最優秀主演男優賞（Max von Sydow）、1997 年デンマーク映画アカデミー・ローバト賞最優秀衣装賞（Lotte Dandanell）、1997 年スウェーデン映画協会グルドバッゲ賞最優秀作品賞、最優秀主演男優賞（Max von Sydow）、最優秀主演女優賞（Ghita Nørby）、最優秀脚本賞（Per Olov Enquist）

バルト・キングダム
①バルト・キングダム／② Nameja gredzens（ナメイの指輪）／③アイガルス・グラウバ（Aigars Grauba）／④エドヴィン・エンドレ（Edvin Endre）、ジェームズ・ブルーア（James Bloor）／⑤ラトヴィア、イギリス／⑥ 2018 年／⑦ 2019 年／⑧ 110 分／⑨ 2018 年ラトヴィア国民映画祭最優秀助演男優賞（Ivo Martinsons）、最優秀衣装賞（Sandra Sila）2 部門ノミネート作品

春にして君を想う
①春にして君を想う／② Börn náttúrunnar（自然の子供たち）／③フリズリク・ソウル・フリズリフソン（Friðrik Þór Friðriksson）／④ギースリ・ハルドウルソン（Gísli Halldórsson）、シグリードゥル・ハガリーン（Sigríður Hagalín）／⑤アイスランド、ノルウェー、ドイツ／⑥ 1991 年／⑦ 1994 年／⑧ 82 分／⑨ 1991 年ヨーロッパ映画賞最優秀作曲賞（Hilmar Örn Hilmarsson）、1992 年アカデミー賞最優秀外国語映画賞ノミネート作品

パルメ
①劇場未公開のため、なし／② Palme（パルメ）／③モード・ニカンデル (Maud Nycander)、クリスティーナ・リンドストゥルム (Kristina Lindström) ／④オーロフ・パルメ（Olof Palme)、カタリーナ・パル

ゲン (Pål Sverre Hagen)、ヤーコブ・オフテブロー (Jakob Oftebro) ／⑤デンマーク、ドイツ、スウェーデン、ノルウェー／⑥ 2016 年／⑦ 2017 年／⑧ 112 分／⑨ 2017 年デンマーク映画批評家協会ボーディル賞ストリーミング賞 (Hans Petter Moland)

ドラゴン・タトゥーの女
①ドラゴン・タトゥーの女／② The Girl with the Dragon Tattoo（ドラゴン・タトゥーの女）／③デヴィッド・フィンチャー (David Fincher) ／④ダニエル・クレイグ (Daniel Craig)、ルーニー・マーラ (Rooney Mara) ／⑤アメリカ、スウェーデン、イギリス、ドイツ／⑥ 2011 年／⑦ 2012 年／⑧ 158 分／⑨ 2012 年アカデミー賞最優秀映画編集賞（Angus Wall、Kirk Baxter）

トロール・ハンター
①トロール・ハンター／② Trolljegeren（トロール・ハンター）／③アンドレ・ウーヴレダール (André Øvredal) ／④オットー・イェスパセン (Otto Jespersen)、グレン・エルランド・トステルード (Glenn Erland Tosterud)、ヨハンナ・ムルク (Johanna Mørck) ／⑤ノルウェー／⑥ 2010 年／⑦ 2012 年／⑧ 103 分／⑨ 2011 年ノルウェー国際映画祭（ハウゲスン）アマンダ賞最優秀視覚効果賞 (Marcus B. Brodersen、Øystein Larsen)、観客賞、2011 年ブリュッセル国際ファンタスティック映画祭特別賞、2011 年パームスプリングス国際映画祭注目監督賞 (André Øvredal)

◉な行

長くつ下のピッピ（1949 年版）
①劇場未公開のため、なし／② Pippi Långstrump（長くつ下のピッピ）／③ペール・グンヴァール (Per Gunvall) ／④ヴィーヴェカ・サーラシウス (Viveca Serlachius)、ベンクト＝オーケ・ベンクトソン (Benkt-Åke Benktsson) ／⑤スウェーデン／⑥ 1949 年／⑦劇場未公開／⑧ 90 分／⑨なし

長くつ下のピッピ
①長くつ下のピッピ／② På rymmen med Pippi Långstrump（さすらいの長くつ下のピッピ）／③オッレ・ヘルボム (Olle Hellbom) ／④インゲル・ニルソン (Inger Nilsson)、マリア・ペーション (Maria Persson)、ペール・スンドバリ (Pär Sundberg) ／⑤スウェーデン、西ドイツ／⑥ 1970 年／⑦ 1973 年／⑧ 99 分／⑨なし

ナチス、偽りの楽園
ハリウッドに行かなかった天才
①ナチス、偽りの楽園　ハリウッドに行かなかった天才／② Prisoner of Paradise（楽園の囚人）／③マルコム・クラーク (Malcolm Clarke) ／④クルト・ゲロン (Kurt Gerron) ／⑤アメリカ、カナダ、ドイツ、イギリス／⑥ 2003 年／⑦ 2011 年／⑧ 93 分／⑨ 2003 年アカデミー賞長編ドキュメンタリー部門ノミネート作品

ナチスが最も恐れた男
①ナチスが最も恐れた男（劇場未公開のためＤＶＤの表題）／② Max Manus（マックス・マヌス）／③ヨアキム・ルニング (Joachim Rønning)、エスペン・サンバルグ (Espen Sandberg) ／④アクセル・ヘンニ (Aksel Hennie)、アグネス・キッテルセン (Agnes Kittelsen)、ニコライ・クレーヴェ・ブロック (Nicolai Cleve Broch) ／⑤ノルウェー、デンマーク、ドイツ／⑥ 2008 年／⑦劇場未公開、2011 年 DVD のみ発売／⑧ 113 分／⑨ 2009 年ノルウェー国際映画祭（ハウゲスン）アマンダ賞最優秀作品賞、最優秀主演男優賞 (Aksel Hennie)、最優秀助演女優賞 (Agnes Kittelsen)、観客賞など 7 部門、2010 年アカデミー賞最優秀外国語映画賞ノルウェー代表作品

偽の売国奴
①偽の売国奴／② The Counterfeit Traitor（偽の売国奴）／③ジョージ・シートン (George Seaton) ／④ウィリアム・ホールデン (William Holden)、リリー・パルマー (Lilli Palmer)、ヒュー・グリフィス (Hugh Griffith) ／⑤アメリカ／⑥ 1962 年／⑦ 1963 年／⑧ 140 分／⑨なし

ハリス (Richard Harris) ／⑤イギリス、アメリカ／⑥ 1965 年／⑦ 1965 年／⑧ 130 分／⑨ 1966 年の「イギリス 15 大人気映画」にランクイン

天才作家の妻　40 年目の真実

①天才作家の妻　40 年目の真実／② The Wife（妻）／③ビョルン・ルンゲ（Björn Runge）／④グレン・クローズ（Glenn Close）、ジョナサン・プライス（Jonathan Pryce）／⑤スウェーデン、アメリカ、イギリス／⑥ 2017 年／⑦ 2019 年／⑧ 101 分／⑨ 2019 年アカデミー賞最優秀主演女優賞ノミネート作品（Glenn Close）、2019 年ゴールデン・グローブ賞最優秀主演女優賞（Glenn Close）

天使のともしび

①天使のともしび／② Hugo och Josefin（ヒューゴとヨセフィーン）／③シェル・グレーデ（Kjell Grede）／④フレードリク・ベックレーン（Fredrik Becklén）、マリー・ウーマン（Marie Öhman）／⑤スウェーデン／⑥ 1967 年／⑦ 1970 年／⑧ 82 分／⑨ 1968 年スウェーデン映画協会グルドバッゲ賞最優秀作品賞、最優秀監督賞（Kjell Grede）

ドゥンデルクルンペン！

①劇場未公開のため、なし／② Dunderklumpen!（ドゥンデルクルンペン！）／③ペール・オリーン（Per Åhlin）／④ベッペ・ヴォルゲシュ（Beppe Wolgers）、イェンス・ヴォルゲシュ（Jens Wolgers）／⑤スウェーデン／⑥ 1974 年／⑦劇場未公開／⑧ 98 分／⑨ 1975 年スウェーデン映画協会グルドバッゲ賞審査員特別賞（Per Åhlin）

特捜部Q　檻の中の女

①特捜部Q　檻の中の女／② Kvinden i buret（檻の中の女）／③ミケル・ナアゴー（Mikkel Nørgaard）／④ニコライ・リー・コース（Nikolaj Lie Kaas）、ファーアス・ファーアス（Fares Fares）、セーアン・ピルマーク（Søren Pilmark）、ソーニァ・リイタ (Sonja Richter)、ミケル・ボー・フルスゴー (Mikkel Boe Følsgaard)、ピータ・プロウボー (Peter Plaugborg) ／⑤デンマーク、ドイツ、スウェーデン、ノルウェー／⑥ 2013 年／⑦ 2015 年／⑧ 96 分／⑨ 2014 年デンマーク映画批評家協会ボーディル賞 Henning Bahs 賞 (Rasmus Thjellesen)

特捜部Q　カルテ番号 64

①特捜部Q　カルテ番号 64 ／② Journal 64（カルテ 64）／③クリストファ・ボー (Christoffer Boe) ／④ニコライ・リー・コース（Nikolaj Lie Kaas）、ファーアス・ファーアス（Fares Fares）、ヨハネ・ルイーセ・スミト（Johanne Louise Schmidt）、セーアン・ピルマーク（Søren Pilmark）、アナス・ホーヴェ (Anders Hove)、ファニ・ボーネデール (Fanny Bornedal) ／⑤デンマーク、ドイツ／⑥ 2018 年／⑦ 2019 年／⑧ 119 分／⑨ 2019 年デンマーク映画アカデミー・ローバト賞最優秀助演男優賞（Fares Fares）

特捜部Q　キジ殺し

①特捜部Q　キジ殺し／② Fasandræberne（キジ殺し）／③ミケル・ナアゴー（Mikkel Nørgaard）／④ニコライ・リー・コース（Nikolaj Lie Kaas）、ファーアス・ファーアス（Fares Fares）、ヨハネ・ルイーセ・スミト（Johanne Louise Schmidt）、セーアン・ピルマーク（Søren Pilmark）、ピルウ・アスベク（Pilou Asbæk）、デーヴィド・デンシク（David Dencik）、デーニカ・クルチッチ（Danica Curcic）／⑤デンマーク、ドイツ、スウェーデン／⑥ 2014 年／⑦ 2016 年／⑧ 119 分／⑨ 2015 年デンマーク映画アカデミー・ローバト賞最優秀助演男優賞 (Fares Fares)、観客賞

特捜部Q　Pからのメッセージ

①特捜部Q　Pからのメッセージ／② Flaskepost fra P（Pからのボトルメール）／③ハンス・ピータ・モーラン (Hans Petter Moland) ／④ニコライ・リー・コース (Nikolaj Lie Kaas)、ファーアス・ファーアス（Fares Fares）、ヨハネ・ルイーセ・スミト（Johanne Louise Schmidt）、セーアン・ピルマーク (Søren Pilmark)、ポール・スヴェッレ・ハー

賞など4部門

ストックホルムでワルツを
①ストックホルムでワルツを／② Monica Z（モニカ・Z）／③ペール・フリュ（Per Fly）／④エッダ・マグナソン（Edda Magnason）、スヴェリル・グドナソン（Sverrir Gudnason）、シェル・バリクヴィスト（Kjell Bergqvist）／⑤スウェーデン、デンマーク／⑥ 2013年／⑦ 2014年／⑧ 111分／⑨ 2014年スウェーデン映画協会グルドバッゲ賞最優秀監督賞（Per Fly）、最優秀主演女優賞（Edda Magnason）、最優秀助演男優賞（Sverrir Gudnason）、最優秀衣装賞（Kicki Ilander）

精霊の島
①精霊の島／② Djöflaeyjan（悪魔の島）／③フリズリク・ソウル・フリズリフソン（Friðrik Þór Friðriksson）／④バルタザール・コルマウクル（Baltasar Kormákur）、ギースリ・ハルドウルソン（Gísli Halldórsson）／⑤アイスランド、ドイツ、ノルウェー、デンマーク／⑥ 1996年／⑦ 1998年／⑧ 99分／⑨ 1997年ノルウェー国際映画祭（ハウゲスン）アマンダ賞最優秀北欧映画賞、1997年カルロヴィ・ヴァリ国際映画祭国際批評家連盟賞

世界を賭ける恋
①世界を賭ける恋／②同左／③滝沢英輔／④石原裕次郎、浅丘ルリ子／⑤日本／⑥ 1959年／⑦ 1959年／⑧ 104分／⑨なし

1944　独ソ・エストニア戦線
① 1944　独ソ・エストニア戦線（劇場未公開のためＤＶＤの表題）／② 1944（1944年）／③エルモ・ニュガネン（Elmo Nüganen）／④カスパル・ヴェルベルク（Kaspar Velberg）、クリスチャン・ユクスキュラ（Kristjan Üksküla）、マイケン・シュミット（Maiken Schmidt）／⑤エストニア、フィンランド／⑥ 2015年／⑦劇場未公開、2016年ＤＶＤのみ発売／⑧ 96分／⑨ 2016年アカデミー賞最優秀外国語映画賞エストニア代表作品

◉た行

誰がため
①誰がため／② Flammen & Citronen（フラメンとシトローネン）／③オーレ・クレスチャン・マセン（Ole Christian Madsen）／④トゥーア・リントハート（Thure Lindhardt）、マッツ（マス）・ミケルセン（Mads Mikkelsen）／⑤デンマーク、チェコ、ドイツ、スウェーデン、ノルウェー、フィンランド／⑥ 2008年／⑦ 2009年／⑧ 136分／⑨ 2009年デンマーク映画アカデミー・ローバト賞最優秀衣装賞（Manon Rasmussen）など5部門

たちあがる女
①たちあがる女／② Kona fer í stríð（女、闘いにいく）／③ベネディクト・エルリンクソン（Benedikt Erlingsson）／④ハルドラ・ゲイルハルズドッティル（Halldóra Geirharðsdóttir）／⑤アイスランド、フランス、ウクライナ／⑥ 2018年／⑦ 2019年／⑧ 101分／⑨ 2018年カンヌ国際映画祭劇作家作曲家協会賞、2018年モントリオール・ニューシネマ祭最優秀女優賞（Halldóra Geirharðsdóttir）、2019年アイスランド映画テレビアカデミー・エッダ賞（Edda Award）最優秀作品賞、最優秀監督賞（Benedikt Erlingsson）など10部門

追想
①追想／② Anastasia（アナスターシア）／③アナトール・リトヴァク（Anatole Litvak）／④イングリッド・バーグマン（Ingrid Bergman）、ユル・ブリンナー（Yul Brynner）／⑤アメリカ／⑥ 1956年／⑦ 1957年／⑧ 105分／⑨ 1957年アカデミー賞最優秀主演女優賞（Ingrid Bergman）、1957年ゴールデン・グローブ賞最優秀主演女優賞（Ingrid Bergman）

テレマークの要塞
①テレマークの要塞／② The Heroes of Telemark（テレマークの英雄たち）／③アンソニー・マン（Anthony Mann）／④カーク・ダグラス（Kirk Douglas）、リチャード・

術貢献賞）など2部門

幸せになるためのイタリア語講座
①幸せになるためのイタリア語講座／② Italiensk for begyndere（イタリア語初級講座）／③ローネ・シェルフィグ（シェアフィ）(Lone Scherfig）／④アナス・W・ベアテルセン（Anders W. Berthelsen)、アネテ・ストゥーヴェルベク（Anette Støvelbæk)、ピータ・ガンツラ（Peter Gantzler)、アン・エレオノーラ・ヤアアンセン（Ann Eleonora Jørgensen)、ラース・コーロン（Lars Kaalund)、サーラ・インドリオ・イェンセン（Sara Indrio Jensen）／⑤デンマーク、スウェーデン／⑥ 2000年／⑦ 2004年／⑧ 112分／⑨ 2001年デンマーク映画批評家協会ボーディル賞最優秀助演女優賞（Lene Tiemroth)、2001年デンマーク映画アカデミー・ローバト賞最優秀助演男優賞（Peter Gantzler)、最優秀助演女優賞 (Ann Eleonora Jørgensen)、最優秀脚本賞 (Lone Scherfig)、2001年ベルリン国際映画祭銀熊賞（審査員賞）(Lone Scherfig) など4部門

実験
①劇場未公開のため、なし／② Eksperimentet（実験）／③ルイーセ・フリードベア（Louise Friedberg）／④エレン・ヒリングスー(Ellen Hillingsø)、ラウラ・スコーロプ・イェンセン（Laura Skaarup Jensen）／⑤デンマーク／⑥ 2010年／⑦劇場未公開／⑧ 93分／⑨なし

100,000年後の安全
① 100,000年後の安全／② Into Eternity（永遠の中へ）／③マイケル・マドセン（マセン）(Michael Madsen）／④マイケル・マドセン（マセン）(Michael Madsen)／⑤デンマーク、フィンランド、スウェーデン、イタリア／⑥ 2009年／⑦ 2011年／⑧ 79分／⑨ 2009年コペンハーゲン国際ドキュメンタリー祭観客賞、2010年パリ国際環境映画祭グランプリ、2010年アムステルダム国際ドキュメンタリー映画祭最優秀グリーン・ドキュメンタリー賞

新開拓民たち
①劇場未公開のため、なし／② Nybyggarna（新開拓民たち）／③ヤーン・トロエル（Jan Troell）／④マックス・フォン・シドウ（Max von Sydow)、リヴ(リーヴ)・ウルマン（Liv Ullmann)、エッディ・アクスバリ（Eddie Axberg）／⑤スウェーデン／⑥ 1972年／⑦劇場未公開／⑧ 204分／⑨ 1973年アカデミー賞最優秀外国語映画賞ノミネート作品、1973年ゴールデン・グローブ賞最優秀外国語映画賞（『移民者たち』とともに）

真実と正義
①劇場未公開のため、なし／② Tõde ja õigus（真実と正義）／③タネル・トーム（Tanel Toom）／④プリート・ローク（Priit Loog)、マイケン・シュミット（Maiken Schmidt)、プリート・ヴォイケマスト（Priit Võigemast）／⑤エストニア／⑥ 2019年／⑦劇場未公開／⑧ 165分／⑨なし

シンプル・シモン
①シンプル・シモン／② I rymden finns inga känslor（感情なき宇宙で）／③アンドレーアス・ウーマン（Andreas Öhman）／④ビル・スカシュゴード（Bill Skarsgård)、マッティン・ヴァルストゥルム（Martin Wallström)、セシーリア・フォシュ（Cecilia Forss）／⑤スウェーデン／⑥ 2010年／⑦ 2014年／⑧ 86分／⑨ 2010年アカデミー賞最優秀外国語映画賞スウェーデン代表作品、2011年ユーテボリ映画祭ユーテボリ市賞（Andreas Öhman)、2011年ＳＫＩＰシティ国際Dシネマ映画祭（埼玉県川口市）長編部門審査員特別賞（Andreas Öhman）

スウェーディッシュ・ラブ・ストーリー（純愛日記）
①スウェーディッシュ・ラブ・ストーリー（純愛日記）／② En kärlekshistoria（恋愛物語）／③ロイ・アンデション（Roy Andersson）／④アン＝ソフィー・シリーン（Ann-Sofie Kylin)、ロルフ・ソールマン（Rolf Sohlman）／⑤スウェーデン／⑥ 1970年／⑦ 2008年（1971年）／⑧ 120分／⑨ 1970年ベルリン国際映画祭 UNICRIT

コールド・アンド・ファイヤー　凍土を覆う戦火
①コールド・アンド・ファイヤー　凍土を覆う戦火／② 1864（1864 年）／③オーレ・ボーネデール (Ole Bornedal)／④ヤーコブ・オフテブロー（Jakob Oftebro)、イェンス・セタ＝ラセン（Jens Sætter-Lassen)、ピルウ・アスベク（Pilou Asbæk）／⑤デンマーク、スウェーデン、ノルウェー、チェコ、ドイツ／⑥ 2014 年／⑦ 2018 年／⑧ 126 分／⑨なし

コールド・フィーバー
①コールド・フィーバー／② Á köldum klaka（冷たい氷の上で）／③フリズリク・ソウル・フリズリフソン（Friðrik Þór Friðriksson）／④永瀬正敏、リリ・テイラー（Lili Taylor）／⑤アメリカ、日本、アイスランド、デンマーク、ドイツ／⑥ 1995 年／⑦ 1995 年／⑧ 87 分／⑨ 1995 年エディンバラ国際映画祭チャンネル 4 監督賞 (Friðrik Þór Friðriksson)、1996 年フェストロイア（トロイア国際映画祭）ゴールデン・ドルフィン賞

◉さ行

サウンド・オブ・レボリューション　グリーンランドの夜明け
①サウンド・オブ・レボリューション　グリーンランドの夜明け／② Sumé: Mumisitsinerup nipaa（スミ：サウンド・オブ・レボリューション）／③イヌック・シリス・フー（Inuk Silis Høegh）／④マリク・フー(Malik Høegh)、ピア・ベアテルセン(Per Berthelsen）／⑤グリーンランド、デンマーク、ノルウェー／⑥ 2014 年／⑦ 2016 年／⑧ 71 分／⑨ 2014 年 ImagineNATIVE Film and Media Arts Festival 新人監督賞など 2 部門

サッカー小僧
①サッカー小僧／② Fimpen（ちびっこ）／③ボー・ヴィーデルバリ（Bo Widerberg）／④ヨーハン・ベルイマン(バリマン)(Johan Bergman）／⑤スウェーデン／⑥ 1974 年／⑦ 1976 年／⑧ 88 分／⑨なし

ザ・ハント　ナチスに狙われた男
①ザ・ハント　ナチスに狙われた男（劇場未公開のためＤＶＤの表題）／② Den 12. mann（12 番目の男）／③ハーラル・スヴァルト（Harald Zwart）／④トーマス・グッレスタッド（Thomas Gullestad)、ジョナサン・リース・マイヤーズ（Johathan Rhys Meyers）／⑤ノルウェー／⑥ 2017 年／⑦劇場未公開、2018 年ＤＶＤのみ発売／⑧ 135 分／⑨ 2018 年ノルウェー国際映画祭（ハウゲスン）アマンダ賞最優秀音響賞（Christian Schaanning)、最優秀視覚効果賞（Lars Erik Hansen、Morten Jacobsen、Alexander Kadim、Arne Kaupang)、観客賞

サーミの血
①サーミの血／② Sameblod（サーミの血）／③アマンダ・シェーネル（Amanda Kernell）／④レーネ＝セシリア・スパルロク（Lene Cecilia Sparrok)、ミーア＝エーリカ・スパルロク（Mia Erika Sparrok）／⑤スウェーデン、ノルウェー、デンマーク／⑥ 2016 年／⑦ 2017 年／⑧ 108 分／⑨ 2016 年ヴェネツィア国際映画祭最優秀新人監督賞（Amanda Kernell)、ヨーロッパ・シネマ・レーベル賞（Amanda Kernell)、2016 年東京国際映画祭審査委員特別賞 (Amanda Kernell)、最優秀女優賞（Lene Cecilia Sparrok)、2017 年ユーテボリ国際映画祭最優秀ノルディック映画賞（Amanda Kernell)、撮影賞（Sophia Olsson)、2018 年スウェーデン映画協会グルドバッゲ賞最優秀主演女優賞（Lene Cecilia Sparrok)、観客賞など 4 部門

山賊のむすめローニャ
①劇場未公開のため、なし／② Ronja Rövardotter（山賊のむすめローニャ）／③ターゲ・ダーニエルソン（Tage Danielsson）／④ハンナ・セッテルバリ（Hanna Zetterberg)、ダーン・ホーフストゥルム（Dan Håfström)、ベリエ・アールステッド（Börje Ahlstedt）／⑤スウェーデン、ノルウェー／⑥ 1984 年／⑦劇場未公開／⑧ 126 分／⑨ 1985 年ベルリン国際映画祭銀熊賞（芸

ククーシュカ ラップランドの妖精
①ククーシュカ ラップランドの妖精／② Kukushka, Куќушка (ククーシュカ）／③アレクサンドル・ロゴシュキン（Aleksandr Rogozhkin）／④アンニ=クリスティーナ・ユーソ（Anni-Kristiina Juuso)、ヴィッレ・ハーパサロ（Ville Haapasalo)、ヴィクトル・ブィチコフ（Viktor Bychkov）／⑤ロシア／⑥ 2002 年／⑦ 2006 年／⑧ 104 分／⑨ 2002 年モスクワ国際映画祭最優秀監督賞（Aleksandr Rogozhkin)、最優秀男優賞（Ville Haapasalo)、批評家連盟賞（Aleksandr Rogozhkin)、2003 年サンフランシスコ国際映画祭観客賞

蜘蛛の巣を払う女
①蜘蛛の巣を払う女／② The Girl in the Spider's Web（蜘蛛の巣の女）／③フェデ・アルバレス（Fede Álvarez）／④スヴェリル・グドナソン（Sverrir Gudnason)、クレア・フォイ（Claire Foy）／⑤イギリス、ドイツ、スウェーデン、カナダ、アメリカ／⑥ 2018 年／⑦ 2019 年／⑧ 115 分／⑨なし

ゲアトルーズ
①ゲアトルーズ／② Gertrud（ゲアトルーズ）／③カール・Th・ドライヤー（ドライア）(Carl Th. Dreyer）／④ニーナ・ペンス・ローゼ（Nina Pens Rode)、ベント・ローテ（Bendt Rothe)、エッベ・ローゼ（Ebbe Rode)、ボーア・オーヴェ（Baard Owe)、アクセル・ストレービュー（Axel Strøbye）／⑤デンマーク／⑥ 1964 年／⑦ 2003 年／⑧ 119 分／⑨ 1965 年デンマーク映画批評家協会ボーディル賞最優秀作品賞、1965 年ヴェネチア映画祭 FIPRESCI 賞（Carl Th. Dreyer）

刑事マルティン・ベック
①刑事マルティン・ベック／② Mannen på taket（屋根の上の男）／③ボー・ヴィーデルバリ（Bo Widerberg）／④カール=グスタフ・リンドステット（Carl-Gustaf Lindstedt）／⑤スウェーデン／⑥ 1976 年／⑦ 1978 年／⑧ 110 分／⑨ 1977 年スウェーデン映画協会グルドバッゲ賞最優秀作品賞

劇場版ムーミン
南の海で楽しいバカンス
①ムーミン　南の海で楽しいバカンス／② Muumit Rivieralla（ムーミン一家　リヴィエラへ）／③グザヴィエ・ピカルド（Xavier Picard）／④日本語版声・高山みなみ（ムーミン)、かないみか（フローレン）／⑤フィンランド、フランス／⑥ 2014 年／⑦ 2015 年／⑧ 77 分／⑨ 2015 年上海国際映画祭最優秀アニメーション映画賞ノミネート作品

氷の国のノイ
①氷の国のノイ／② Nói albinói（アルビノのノイ）／③ダーグル・カウリ（Dagur Kári）／④トーマス・レマルキス（Tómas Lemarquis)、エリーン・ハンスドッティル（Elín Hansdóttir）／⑤アイスランド、ドイツ、イギリス、デンマーク／⑥ 2003 年／⑦ 2004 年／⑧ 93 分／⑨ 2003 年アイスランド映画テレビアカデミー・エッダ賞最優秀作品賞、最優秀監督賞（Dagur Kári)、最優秀主演男優賞（Tómas Lemarquis）など 6 部門、2003 年アンジェ映画祭審査員大賞・音楽賞、2003 年ルーエン北欧映画祭審査員大賞、2003 年デンバー国際映画祭最優秀ヨーロッパ映画賞

こころに剣士を
①こころに剣士を／② Miekkailija/Vehkleja（フェンサー）／③クラウス・ハロ（Klaus Härö）／④マルコ・アヴァンティ（Märt Avandi)、ウルスラ・ラタセップ（Ursula Ratasepp)、リーサ・コッペル（Liisa Koppel）／⑤エストニア、フィンランド、ドイツ／⑥ 2015 年／⑦ 2016 年／⑧ 98 分／⑨ 2015 年ミュンヘン映画祭平和のためのドイツ映画賞ザ・ブリッジ特別賞、2015 年タリン・ブラックナイツ映画祭エストニア映画賞、2016 年フィンランド・フィルミアウラ協会ユッシ賞最優秀作品賞、最優秀撮影賞（Tuomo Hutri)、2016 年アカデミー賞最優秀外国語映画賞フィンランド代表作品

賞(Aki Kaurismäki)、最優秀主演女優賞(Kati Outinen) など6部門、2003年アカデミー賞最優秀外国語映画賞ノミネート作品

かもめ食堂
①かもめ食堂/②同左/③荻上直子/④小林智美、片桐はいり、もたいまさこ、ヤルッコ・ニエミ (Jarkko Niemi)、タリア・マルクス (Tarja Markus)、マルック・ペルトラ (Markku Peltola) /⑤日本/⑥2005年/⑦2006年/⑧102分/⑨2006年新藤兼人賞銀賞 (荻上直子)

奇跡
①奇跡/②Ordet(言葉)/③カール・Th・ドライヤー(ドライア)(Carl Th. Dreyer) /④ヘンリク・マルベア (Henrik Malberg)、イミール・ハス・クレステンセン (Emil Hass Christensen)、プレーベン・リアドーフ・リュー (Preben Lerdorff Rye)、ビアギテ・フィーザスピール (Birgitte Federspiel) /⑤デンマーク/⑥1955年/⑦1979年/⑧124分/⑨1955年デンマーク映画批評家協会ボーディル賞最優秀作品賞、最優秀主演男優賞 (Emil Hass Christensen)、最優秀主演女優賞 (Birgitte Federspiel)、1955年ヴェネチア国際映画祭金獅子賞(最優秀作品賞)、1956年ゴールデン・グローブ賞最優秀外国語映画賞

北の果ての小さな村で
①北の果ての小さな村で/②Une année polaire(極年)/③サミュエル・コラルデ (Samuel Collardey) /④アナス・ヴィーゼゴー (Anders Hvidegaard)、アサ・ボアセン (Asser Boassen) /⑤フランス/⑥2017年/⑦2019年/⑧94分/⑨2018年ヴァランシエンヌ映画祭審査員賞

キッチン・ストーリー
①キッチン・ストーリー/②Salmer fra kjøkkenet(キッチンからの賛歌)/③ベント・ハーメル (Bent Hamer) /④ヨアキム・カルメイヤー (Joachim Calmeyer)、トーマス・ノーシュトゥルム (Tomas Norström) /⑤ノルウェー、スウェーデン/⑥2003年/⑦2004年/⑧95分/⑨2003年ノルウェー国際映画祭(ハウゲスン)アマンダ賞最優秀作品賞、2003年トロムソ国際映画祭国際批評家連盟賞 (Bent Hamer)、2003年コペンハーゲン国際映画祭最優秀監督賞 (Bent Hamer)

きっと、いい日が待っている
①きっと、いい日が待っている/②Der kommer en dag(日はやってくる)/③イェスパ・W・ニルセン (Jesper W. Nielsen) /④アルバト・ルズベク・リンハート (Albert Rudbeck Lindhardt)、ハーラル・カイサ・ヘアマン (Harald Kaiser Hermann)、ラース・ミケルセン (Lars Mikkelsen) /⑤デンマーク/⑥2016年/⑦2017年/⑧119分/⑨2017年デンマーク映画批評家協会ボーディィル賞最優秀助演男優賞 (Lars Mikkelsen)、2017年デンマーク映画アカデミー・ローバト賞最優秀作品賞、最優秀助演男優賞 (Lars Mikkelsen)、最優秀助演女優賞 (Sofie Gråbøl) など6部門

希望のかなた
①希望のかなた/②Toivon tuolla puolen(希望の向こう側)/③アキ・カウリスマキ (Aki Kaurismäki) /④サカリ・クオスマネン (Sakari Kuosmanen)、シェルワン・ハジ (Sherwan Haji) /⑤フィンランド、ドイツ/⑥2017年/⑦2017年/⑧98分/⑨2017年ベルリン国際映画祭銀熊賞(最優秀監督賞)(Aki Kaurismäki)、2017年ダブリン国際映画祭ダブリン映画批評家協会賞・最優秀男優賞 (Sherwan Haji)、2017年ミュンヘン映画祭平和のためのドイツ映画賞ザ・ブリッジ監督賞インターナショナル部門 (Aki Kaurismäki)

91番カールソン
①劇場未公開のため、なし/②91:an Karlsson(91番カールソン)/③ヒューゴ・ボーランデル (Hugo Bolander) /④グース・ダールストゥルム (Gus Dahlström)、シーヴ・トゥリーン (Siv Thulin) /⑤スウェーデン/⑥1946年/⑦劇場未公開/⑧88分/⑨なし

エスケープ　暗黒の狩人と逃亡者
①エスケープ　暗黒の狩人と逃亡者（劇場未公開のためＤＶＤの表題）／② Flukt（逃亡）／③ローアル・ユートハウグ（Roar Uthaug）／④イングリッド・ボルスー・バールダール（Ingrid Bolsø Berdal）、イサベル・クリスティーネ・アンドレアセン（Isabel Christine Andreasen）、ミッラ・オリーン（Milla Olin）、トビーアス・サンテルマン（Tobias Santelmann）、ビョルン・モーアン（Bjørn Moan）／⑤ノルウェー／⑥ 2012 年／⑦劇場未公開、2013 年ＤＶＤのみ発売／⑧ 82 分／⑨なし

エルヴィス！エルヴィス！
①劇場未公開のため、なし／② Elvis! Elvis!(エルヴィス！エルヴィス！)／③カイ・ポラック（Kay Pollak）／④レーレ・ドラツィオ（Lele Dorazio）／⑤スウェーデン／⑥ 1977 年／⑦劇場未公開／⑧ 101 分／⑨ 1977 年モスクワ国際映画祭特別賞（若手俳優賞）（Lele Dorazio）

エルヴィーラ・マディガン
①劇場未公開のため、なし／② Elvira Madigan（エルヴィーラ・マディガン）／③オーケ・オーバリ（Åke Ohberg）／④オーケ・オーバリ（Åke Ohberg）、エーヴァ・ヘニング（Eva Henning）／⑤スウェーデン／⑥ 1943 年／⑦劇場未公開／⑧ 108 分／⑨なし

女ならやってみな！
①女ならやってみな！／② Ta' det som en mand, frue（男性のようにやってみな、奥さん）／③メテ・クヌセン（Mette Knudsen）、イリサベト・リュゴー（Elisabeth Rygård）、リー・ヴィルストロプ（Li Vilstrup）／④トーヴェ・メース（Tove Maës）、アルフ・ラセン（Alf Lassen）／⑤デンマーク／⑥ 1975 年／⑦ 1978 年自主上映／⑧ 96 分／⑨なし

オンネリとアンネリと
ひみつのさくせん
①オンネリとアンネリとひみつのさくせん／② Onneli, Anneli ja Salaperäinen muukalainen（オンネリとアンネリとひみつのさくせん、ただし、原作の題名は「オンネリとアンネリとみなしご」）／③サーラ・カンテル（Saara Cantell）／④アーヴァ・メリカント（Aava Merikanto）、リリヤ・レフト（Lilja Lehto）／⑤フィンランド／⑥ 2017 年／⑦ 2019 年／⑧ 75 分／⑨なし

オンネリとアンネリのおうち
①オンネリとアンネリのおうち／② Onneli ja Anneli（オンネリとアンネリ）／③サーラ・カンテル（Saara Cantell）／④アーヴァ・メリカント（Aava Merikanto）、リリャ・レフト（Lilja Lehto）／⑤フィンランド／⑥ 2014 年／⑦ 2018 年／⑧ 80 分／⑨ 2015 年フィンランド・フィルミアウラ協会ユッシ賞最優秀衣装賞（Auli Turtiainen-Kinnunen）

オンネリとアンネリのふゆ
①オンネリとアンネリのふゆ／② Onnelin ja Annelin talvi（オンネリとアンネリのふゆ）／③サーラ・カンテル（Saara Cantell）／④アーヴァ・メリカント（Aava Merikanto）、リリヤ・レフト（Lilja Lehto）／⑤フィンランド／⑥ 2015 年／⑦ 2018 年／⑧ 81 分／⑨なし

◉か行

過去のない男
①過去のない男／②Mies vailla menneisyyttä（過去のない男）／③アキ・カウリスマキ（Aki Kaurismäki）／④マルック・ペルトラ（Markku Peltola）、カティ・オウティネン（Kati Outinen）、ユハニ・ニエメラ（Juhani Niemelä）、カイヤ・パカリネン (Kaija Pakarinen)、サカリ・クオスマネン（Sakari Kuosmanen）、アンニッキ・タハティ（Annikki Tähti）／⑤フィンランド、ドイツ、フランス／⑥ 2002 年／⑦ 2003 年／⑧ 97 分／⑨ 2002 年北欧会議映画賞、2002 年カンヌ国際映画祭審査員グランプリ（Aki Kaurismäki）、最優秀主演女優賞 (Kati Outinen)、パルムドッグ賞など 4 部門、2003 年フィンランド・フィルミアウラ協会ユッシ賞最優秀作品賞、最優秀監督

エーロ・アホ（Eero Aho）、ヨハンネス・ホロパイネン（Johannes Holopainen）、ユッシ・ヴァタネン（Jussi Vatanen）、アク・ヒルヴィニエミ（Aku Hirviniemi）／⑤フィンランド／⑥ 2017 年／⑦ 2019 年／⑧ 132 分／⑨ 2018 年フィンランド・フィルミアウラ協会（Filmiaura ry）ユッシ賞（Jussi）最優秀主演男優賞（Eero Aho）、観客賞（Aku Louhimies）など 5 部門

田舎と息子たち
①未詳／② Land og synir（田舎と息子たち）／③アウグスト・グズムンソン（Ágúst Guðmundsson）／④シグルドゥル・シグルヨンソン（Sigurður Sigurjónsson）、ヨウン・シグルビョルンソン（Jón Sigurbjörnsson）／⑤アイスランド／⑥ 1980 年／⑦未詳／⑧ 93 分／⑨ 1981 年アカデミー賞外国語映画賞アイスランド代表作品

移民者たち
①移民者たち／② Utvandrarna（移民者たち）／③ヤーン・トロエル（Jan Troell）／④マックス・フォン・シドウ（Max von Sydow）、リヴ(リーヴ)・ウルマン（Liv Ullmann）、エディ・アクスバリ（Eddie Axberg）／⑤スウェーデン／⑥ 1971 年／⑦劇場未公開、1979 年短縮版テレビ放送／⑧ 191 分／⑨ 1971 年スウェーデン映画協会グルドバッゲ賞最優秀作品賞、1972 年スウェーデン映画協会グルドバッゲ賞最優秀主演男優賞（Eddie Axberg）、1972 年アカデミー賞最優秀外国語映画賞ノミネート作品、1973 年同賞最優秀作品賞、最優秀監督賞など 4 部門ノミネート作品、1973 年ゴールデン・グローブ賞最優秀外国語映画賞（『新開拓民たち』とともに）、最優秀女優賞（Liv Ullmann）

ヴァイキング　海の覇者たち
①ヴァイキング　海の覇者たち／② Vikings（ヴァイキング）／③マイケル・ハースト（Michael Hirst）など／④トラヴィス・フィメル（Travis Fimmel）、キャサリン・ウィニック（Katheryn Winnick）、クライヴ・スタンデン（Clive Standen）、グスタフ・スカーシュゴード（Gustaf Skarsgård）／⑤アイルランド、カナダ／⑥ 2013 年～／⑦ 2015 年～／⑧ 1 話 44 分（シーズン 1 は 9 話）／⑨ 2014 年カナダ・スクリーン賞（Canadian Screen Awards）視覚効果賞など毎年受賞

植村直己物語
①植村直己物語／②同左／③佐藤純彌／④西田敏行、倍賞千恵子／⑤日本／⑥ 1986 年／⑦ 1986 年／⑧ 140 分／⑨ 1986 年毎日映画コンクール録音賞（橋本文雄）、日本映画ファン賞、1987 年日本アカデミー賞最優秀録音賞（橋本文雄、橋本泰夫）

受け継ぐ人々
①受け継ぐ人々／② Firekeepers（火の守り手、伝統の継承者）／③ロッセッラ・ラガツィ（Rossella Ragazzi）／④ラウラ・ソンビュ（Lawra Somby）、サーラ・マリエル・ガウプ（Sara Marielle Gaup）／⑤ノルウェー／⑥ 2007 年／⑦劇場未公開、2016 年国立民族学博物館にて上映／⑧ 57 分／⑨ 2009 年イギリス王立人類学協会フィルムフェスティバル無形文化映画賞

うたかたの恋
①うたかたの恋／② Mayerling（マイヤーリンク）／③テレンス・ヤング（Terence Young）／④オマー・シャリフ（Omar Sharif）、カトリーヌ・ドヌーブ（Catherine Deneuve）／⑤イギリス、フランス／⑥ 1968 年／⑦ 1969 年／⑧ 140 分／⑨なし

ウトヤ島、7 月 22 日
①ウトヤ島、7 月 22 日／② Utøya 22. juli（ウトヤ島、7 月 22 日）／③エーリック・ポッペ（Erik Poppe）／④アンドレーア・ベルンツェン（Andrea Berntzen）、エッリ・リアノン・ミュラー・オズボーン（Elli Rhiannon Müller Osbourne）／⑤ノルウェー／⑥ 2018 年／⑦ 2019 年／⑧ 93 分／⑨ 2018 年ノルウェー国際映画祭（ハウゲスン）アマンダ賞（Amandaprisen）最優秀主演女優賞（Andrea Berntzen）、最優秀助演女優賞（Solveig Koløen Birkeland）、2018 年ベルリン国際映画祭エキュメニカル審査員賞スペシャルメンション

【作品の詳細情報】

※本書で取り上げた主な作品の詳細情報を作品題名の五十音順で列挙した。
①日本公開時題名／②原題／③監督／④主要出演者／⑤製作国／⑥製作年／⑦日本公開年／⑧上映時間／⑨代表的受賞歴

◉あ行

愛と哀しみの果て
①愛と哀しみの果て／② Out of Africa（アウト･オブ･アフリカ）／③シドニー・ポラック（Sydney Pollack）／④メリル・ストリープ（Meryl Streep）、ロバート・レッドフォード（Robert Redford）／⑤アメリカ、イギリス／⑥ 1985 年／⑦ 1986 年／⑧ 161 分／⑨ 1986 年アカデミー賞最優秀作品賞、最優秀監督賞（Sydney Pollack）など 7 部門

あこがれ美しく燃え
①あこがれ美しく燃え／② Lust och fägring stor（大いなる悦びと輝き）／③ボー・ヴィーデルバリ（Bo Widerberg）／④ヨーハン・ヴィーデルバリ（Johan Widerberg）、マリーカ・ラーゲルクランツ（Marika Lagercrantz）／⑤デンマーク、スウェーデン、イギリス／⑥ 1995 年／⑦ 1997 年／⑧ 130 分／⑨ 1996年スウェーデン映画協会グルドバッゲ賞（Guldbagge）最優秀作品賞、最優秀監督賞（Bo Widerberg）最優秀助演男優賞（Tomas von Brömssen）、1996 年アカデミー賞最優秀外国語映画賞ノミネート作品、1996 年ベルリン国際映画祭銀熊賞審査員特別賞（Bo Widerberg）など 2 部門

ある愛の風景
①ある愛の風景／② Brødre（兄弟）／③スサンネ（スサネ）・ビア（Susanne Bier）／④コニ・ニルセン（Connie Nielsen）、ウルリク・トムセン（Ulrich Thomsen）／⑤デンマーク、イギリス、スウェーデン、ノルウェー／⑥ 2004 年／⑦ 2007 年／⑧ 117 分／⑨ 2005 年デンマーク映画批評家協会ボーディル賞（Bodilprisen）最優秀主演女優賞（Connie Nielsen）、2005 年デンマーク映画アカデミー・ローバト賞（Robert Prisen）最優秀脚本賞（Anders Thomas Jensen）、2005 年 SKIP シティ国際Ｄシネマ映画祭（埼玉県川口市）長編部門最優秀作品賞

ある戦争
①ある戦争／② Krigen（戦争）／③トビーアス・リンホルム（Tobias Lindholm）／④ピルー･アスベク（Pilou Asbæk）、ツーヴァ・ノヴォトニ（Tuva Novotny）／⑤デンマーク／⑥ 2015 年／⑦ 2016 年／⑧ 115 分／⑨ 2016 年デンマーク映画アカデミー・ローバト賞最優秀主演女優賞（Tuva Novotny）、2016 年アカデミー賞最優秀外国語映画賞ノミネート作品

アルマジロ
アフガン戦争最前線基地
①アルマジロ　アフガン戦争最前線基地／② Armadillo（アルマジロ）／③イェーヌス・メツ（Janus Metz）／④ドキュメンタリーのため俳優不参加／⑤デンマーク／⑥ 2010 年／⑦ 2013 年／⑧ 105 分／⑨ 2010 年・2011 年デンマーク映画批評家協会ボーディル賞最優秀ドキュメンタリー映画賞、2011 年デンマーク映画批評家協会ボーディル賞最優秀撮影賞（Lars Skree）、2010 年・2011 年デンマーク映画アカデミー・ローバト賞最優秀長編ドキュメンタリー映画賞、2010 年カンヌ国際映画祭批評家週間グランプリ

暗殺の瞬間
①暗殺の瞬間／② Sista kontraktet（最後の契約）／③チェル・スンドヴァル（Kjell Sundvall）／④ミーカエル・パーシュブラント（Mikael Persbrandt）、マイケル・キッチン（Michael Kitchen）／⑤スウェーデン、ノルウェー、フィンランド／⑥ 1998 年／⑦ 1999 年／⑧ 110 分／⑨なし

アンノウン・ソルジャー
英雄なき戦場
①アンノウン・ソルジャー　英雄なき戦場／② Tuntematon sotilas（無名戦士）／③アク・ロウヒミエス（Aku Louhimies）／④

監督名索引

【監督名索引】

※五十音順
※数字は該当する章の番号を示す。

【作品名索引】

※五十音順
※数字は該当する章の番号を示す。

【編著者】

村井誠人

（むらい　まこと）

早稲田大学名誉教授。早稲田大学大学院文学研究科史学（西洋史）博士課程単位取得退学。
専攻:北欧史。主著:『北欧史』（山川出版社、共編著）、『デンマークを知るための 68 章』（明石書店、編著）、『日本＆デンマーク 私たちの友情 150 年』（日本デンマーク協会、編著）など

大島美穂

（おおしま　みほ）

津田塾大学教授。津田塾大学大学院国際関係学研究科博士課程単位取得退学。
専攻:国際政治、北欧研究。主著:『環バルト海——地域協力のゆくえ』（岩波新書、岩波書店、共著）、『ノルウェーを知るための 60 章』（明石書店、共編著）、『ＥＵスタディーズ 3 国家・地域・民族』（勁草書房、編著）など

佐藤睦朗

（さとう　むつお）

神奈川大学准教授。一橋大学大学院経済学研究科博士課程単位取得退学。
専攻：スウェーデン農村史・西洋経済史。主著：「18-20 世紀スウェーデンにおける世襲農場の成立過程」、（加藤彰彦・戸石七生・林研三（編）『家族研究の最前線① 家と共同性』日本経済評論社）

吉武信彦

（よしたけ　のぶひこ）

高崎経済大学教授。慶應義塾大学大学院法学研究科後期博士課程単位取得退学。
専攻:国際関係論、地域研究（北欧）。主著:『日本人は北欧から何を学んだか——日本‒北欧政治関係史入門』（新評論）、『国民投票と欧州統合——デンマーク・ＥＵ関係史』（勁草書房）、『北欧・南欧・ベネルクス（世界政治叢書第 3 巻）』（ミネルヴァ書房、共編著）など

映画のなかの「北欧」
その虚像と実像

2019年11月29日　第1刷発行

【編著者】
村井誠人
大島美穂、佐藤睦朗、吉武信彦

発行者：高梨 治
発行所：株式会社**小鳥遊書房**
〒102-0071　東京都千代田区富士見1-7-6-5F
電話 03 (6265) 4910（代表）／FAX　03 (6265) 4902
http://www.tkns-shobou.co.jp

装幀　中城デザイン事務所
印刷　モリモト印刷株式会社
製本　株式会社村上製本所

ISBN978-4-909812-21-6　C0074